Cora Besser-Siegmund

Mentales Selbst-Coaching

Die Kraft der eigenen Gedanken positiv nutzen

Cora Besser-Siegmund

Mentales Selbst-Coaching

Die Kraft der eigenen Gedanken positiv nutzen

Junfermann Verlag • Paderborn
2010

2. Auflage 2010
Überarbeitete Fassung des 1998 unter dem Titel „Mentales Training" (Südwest) erschienenen Buches
Covergestaltung/Reihenentwurf: Christian Tschepp

Satz: Junfermann Druck & Service, Paderborn

Bibliografische Information der Deutschen Bibliothek

Die Deutsche Bibliothek verzeichnet diese Publikation in der Deutschen Nationalbibliografie; detaillierte bibliografische Daten sind im Internet über http://dnb.ddb.de abrufbar.

ISBN 978-3-87387-631-6

Inhalt

Eine Gebrauchsanweisung für dieses Buch

Dieses Buch beschäftigt sich mit einer Fülle von Lebensthemen: sowohl mit alltäglichen Anliegen wie morgendliches Aufstehen, als auch mit „großen“ Zielen wie ein langes und gesundes Leben. Selbstverständlich schaffen Sie es nicht schon beim einmaligen Durchlesen, sich das komplette beschriebene mentale Selbst-Coaching zu den einzelnen Themen zu erobern. Vielmehr möchte ich Sie ausdrücklich dazu auffordern, sich zunächst einfach durch die vorgestellten Möglichkeiten inspirieren zu lassen. Lassen Sie das Buch auf sich wirken und überlegen Sie dann, welche Themen für Sie persönlich am interessantesten sind. Das Buch ist nämlich extra so aufgebaut, dass Sie später immer wieder „quer“ hineinlesen können.

Jedes Kapitel ist eine Trainingseinheit für sich. Im Textteil lesen Sie über den Hintergrund und Nutzen der jeweiligen Imaginationstechnik, im Übungsteil sind dann die wichtigsten Trainingsschritte kurz zusammengefasst. Auf diese Weise finden Sie in Minutenschnelle jederzeit wieder Zugang zu Ihren Lieblingsthemen, mit denen Sie sich gern ausführlicher beschäftigen möchten. Selbstverständlich ist dabei „Rosinenpicken“ erlaubt: Wählen Sie nur die Bereiche zum Trainieren aus, die Sie für Ihre Lebenssituation besonders interessant und hilfreich finden.

Lassen Sie sich dann jeweils eine Woche zum Eintrainieren der Übung Zeit. Sie können sich auch gern pro Woche mit mehreren Übungen vertraut machen. Beschäftigen Sie sich täglich aber durchschnittlich nur zehn Minuten mit einer einzelnen Übung – das reicht für einen guten Lerneffekt völlig aus. In den ersten Kapiteln finden Sie noch gezielt Hinweise für den zeitlichen Einsatz bei den Übungen. Danach haben Sie dann ein zeitliches „Feeling“ für die Übungen in diesem Training entwickelt und können dann Ihren Zeitplan nach Ihrem individuellen Tempo selbst gestalten.

Ich möchte Sie noch darauf aufmerksam machen, dass viele Textstellen auch einen Lerneffekt auslösen, ohne dass ein besonderes Mentaltraining erforderlich ist. Es ist so, als würde es „Klick“ machen, und Sie haben den „richtigen Dreh“ verstanden. Man nennt dieses Lernphänomen das „One-Trial-Learning“ (Lernen mit dem ersten Versuch) oder auch das „Aha-Lernen“. Ein einfaches Beispiel macht Ihnen diesen Effekt deutlich:

Stellen Sie sich vor, Ihr Lebenspartner oder ein nahestehender Verwandter ruft Sie an und erzählt am Telefon: „Stell dir vor, ich habe im Lotto gespielt und dabei drei Millionen Euro gewonnen. Wir sind reich!“ Nun frage ich Sie: Wie oft müsste diese Person Ihnen vom Lottogewinn erzählen, bis Sie die Nachricht in Ihr Gedächtnis eingespeichert haben? Sicher doch nur ein einziges Mal. Es gibt Dinge, die behält man für immer und ewig – wenn sie für uns und unser Leben von Bedeutung sind. Sind Sie also der Meinung, eines der im Buch beschriebenen Themen hat eine Aha-Wirkung auf Sie, brauchen Sie die dazugehörige Übung für eine Verinnerlichung auch nur ein- oder zweimal zu wiederholen.

Ich möchte noch darauf eingehen, dass viele Übungen mit der Fähigkeit des inneren Sehens zu tun haben. Erfahrungsgemäß gibt es einige Leser, denen das bildhafte Denken nicht so leicht fällt. Sie werden auch einige Übungen entdecken, die mit Sätzen und Worten oder mit körperlichem Spüren zu tun haben. Hier sind also mehr das „Hör-Denken“ und das „Fühl-Denken“ gefragt. Konzentrieren Sie sich dann auf diese Kapitel, um von dem mentalen Selbst-Coaching zu profitieren. Am Schluss des ersten Teils finden Sie ein kleines Trainingsprogramm zur Schulung der bildhaften Vorstellung. Leser, denen das bildliche Denken leicht fällt, können dieses Kapitel überspringen.

Abschließend möchte ich alle Leser dazu ermutigen, die für Sie uninteressanten Themen zwar auch zu lesen – sie aber bei Ihrem persönlichen Training einfach zu übergehen. Es können nicht alle Leser jedes Thema gleich bedeutsam finden – dazu sind wir Menschen viel zu verschieden. Konzentrieren Sie sich auf die Bereiche, die Ihnen wichtig sind und die Ihnen Spaß machen.

Stell dir vor

Der Mensch hat viele Lebensräume: seine Wohnung, das Haus, den Arbeitsplatz, die Landschaft, in der er lebt. Der wichtigste Raum ist jedoch die Welt der Gedanken. Dort gibt es ebenfalls Wände und Türen, Enge und Weite, Beschränkt-Sein oder grenzenlose Freiheit. Das in diesem Buch vorgestellte mentale Selbst-Coaching erweitert den Blickwinkel für die verborgenen Welten im Kopf. Es eröffnet der Vorstellungskraft neue Horizonte – und dieses Imaginieren, das intensive Wahrnehmen der Lebensmöglichkeiten, ist die beste Voraussetzung, Chancen im realen Leben wahrzunehmen.

Die Macht der Gedanken

„Worte sind die mächtigste Droge, welche die Menschheit benutzt." – ***Rudyard Kipling***

Man hat herausgefunden, dass Menschen mit einer lebhaften Vorstellungskraft ihr Leben besonders erfolgreich gestalten können. Das liegt an der besonderen Struktur der Gedanken, denn obwohl man sie nicht sehen oder greifen kann, bestehen sie durchaus nicht aus Luft. Ihre Entstehung geht mit messbaren Stoffwechselprozessen einher. Der Schriftsteller Rudyard Kipling sagte einmal: „Worte sind die mächtigste Droge, welche die Menschheit benutzt." Ein eindrucksvoller Beweis für diese These ist der bekannte Placeboeffekt.

Vorstellungen als innere Kraftquelle

Bei den Chinesen fällt das Bild des alten Menschen viel positiver aus: Er ist wegen seiner Lebenserfahrung hoch angesehen und wird von Familie und Gesellschaft respektvoll behandelt.

Welchen Placebo-Einfluss Gedanken auf die Lebensqualität haben können, zeigt ein Test, den Wissenschaftler mit Chinesen und Nordamerikanern durchführten. Auf ihr Intelligenzniveau hin untersucht, erzielten sowohl Chinesen als auch Amerikaner in jungen und mittleren Jahren vergleichbare Ergebnisse. Im hohen Alter war jedoch das Intelligenzniveau der Chinesen dem der Amerikaner deutlich überlegen. Die Erklärung für dieses Phänomen fanden die Forscher in dem unterschiedlichen Bild, das beide Kulturen vom Alter haben: Die meisten Amerikaner stellen sich einen alten Menschen als hilfsbedürftigen Greis vor, den man zwar zuvorkommend behandeln, aber nicht besonders ernst nehmen muss. Bei den Chinesen fällt das Bild des alten Menschen viel positiver aus: Er ist wegen seiner Lebenserfahrung hoch angesehen und wird von Familie und Gesellschaft respektvoll behandelt.

Der „programmierte" Lebensweg

Welche konkreten Auswirkungen hat nun aber die positive Vorstellung vom Alter auf die „Intelligenzpflege"? Der Mensch verwandelt seine Zukunftsvisionen unbewusst in gelebte Realität. Sucht beispielsweise ein 40-jähriger Amerikaner seinen Schlüssel, dann könnte er dabei denken: „So, nun geht es also bergab mit meinem Gedächtnis – ich werde alt." Er wartet förmlich auf die ersten Vorzeichen des geistigen Verfalls, die zu seinem Bild vom Altern gehören, und wird dann natürlich auch fündig.

Wenn Ideen zur Fessel werden

In dem Moment, wo der 40-Jährige seine eigentlich normale Vergesslichkeit als Vorboten des Alters interpretiert, entsteht der Teufelskreis. Nehmen wir einmal an, er könnte eine bessere Stelle bekommen, müsste dafür aber sein Englisch wieder etwas auffrischen. Unser Kandidat wird zögern: Schließlich hat der verlegte Schlüssel ja bewiesen, dass sein Gedächtnis nicht mehr das ist, was es einmal war. Folglich kann man ihm von nun an auch keine neuen Vokabeln zumuten. Er lässt es also lieber und bewirbt sich nicht um den Posten. Die Vorstellung von den eingeschränkten Möglichkeiten im Alter verwandelt sich zur realen Behinderung im Hier und Jetzt.

Mentale Erfolgskonzepte

Stellen wir uns im Gegensatz nun einen 40-jährigen Chinesen vor, der von einem Familienmitglied oder Freund um Rat gefragt wird. Der „Zukunftszauber" fängt also schon durch die Mitmenschen und deren Bild im Kopf an: Der Ratsuchende hätte vielleicht vor drei Jahren unseren 40-Jährigen noch nicht gefragt. Aber jetzt kann man ja schon etwas erwarten, denn der Freund nähert sich ja demnächst dem weisen Alter. Der Ratgeber wiederum fühlt sich nun auch in seinen Zukunftsbildern bestätigt: „Da man mich um Rat fragt, werden die anderen offensichtlich meine beginnende Weisheit bemerkt haben", sagt er sich. Dieses Denken macht gute Laune, beflügelt die Kreativität – und so kommt tatsächlich ein recht guter Rat zustande. Der Ratsuchende ist glücklich, der 40-jährige Chinese zufrieden: „Aha, es zeigen sich jetzt also tatsächlich die ersten Anzeichen meines geistigen Aufstiegs – na ja, ich bin ja auch schon vierzig!" Ermutigt durch dieses schöne Erlebnis wird diese Person ab jetzt offen für Neuigkeiten, schärft die Sinne durch aufmerksames Hinhören und Beobachten und trainiert die Kreativität für das Finden von Lösungen und Ratschlägen. Kurzum: Unser 40-Jähriger beginnt unbewusst mit gezieltem Gehirnjogging. Macht er so weiter, ist es kein Wunder, dass er mit 80 Jahren immer noch geistig fit ist und im Intelligenztest gut abschneidet.

Gedanken als Wegweiser in die Zukunft

Gedanken können ein Reiseführer für die individuelle Lebensqualität sein.

So können Gedanken also ein Reiseführer für die individuelle Lebensqualität sein. Dabei kann man sogar äußerlich am selben Ort verweilen und dennoch innerlich weiter kommen. Beispielsweise muss man nicht zwangsläufig den Partner wechseln, um eine glücklichere Beziehung zu leben. Man kann auch neue Möglichkeiten des Zusammenseins mit ein und demselben Menschen entdecken und auf diese Weise sein Leben bereichern und in den Gefühlen Fortschritte machen. In unseren äußeren Lebensräumen finden wir es doch auch selbstverständlich, Reiseführer zu benutzen, Landkarten zu lesen, einen Grundriss vom Architekten zu betrachten oder Kataloge, Prospekte und auch Preise zu studieren, um uns in Dimensionen zu orientieren, die das bloße Auge zurzeit real nicht sieht. Mit anderen Worten: Jeder Mensch benutzt schon tagtäglich Imaginationstechniken in den äußeren Räumen. Wie sonst könnte man erfolgreich ein Haus bauen, eine neue Kücheneinrichtung auswählen oder sich in einer fremden Stadt orientieren?

Bewusstes Selbstmanagement

Der gleiche Zusammenhang gilt auch für den Lebensraum Zukunft: Ausführliche Gedanken über beruflichen Erfolg, Gesundheit und Lebensfreude geben uns gezielte Impulse für reales Handeln – wie beispielsweise für die Anmeldung zum Fortbildungskurs. Hat ein Mensch keine Bilder und Gedanken von seinen positiven Zukunftsmöglichkeiten, tappt er auch als Handelnder im Dunkeln. Jedoch allein das Visualisieren einer erfolgreichen Zukunft reicht für ein erfülltes Leben immer noch nicht aus. Ebenso wenig ist ein Reiseführer schon der Ersatz für das Reiseziel. Und wenn ich einen Architektenplan betrachte, steht dadurch nicht schon automatisch das Haus.

Von der Idee zur Realisierung

Erfolgreiches Mentaltraining heißt also nicht nur, sich die richtigen Gedanken zu machen, sondern auch innere Kräfte zu entwickeln, um Bilder in Taten und somit in Realität zu verwandeln. Insofern spricht man auch heute vom „Imagineering". Dieser Begriff wurde geprägt von dem Arzt Heinrich Klaus. Er ist eine Kombination aus zwei Wörtern: „Image" und „Engineering". Mit „Image" ist natürlich das Wort „Bild" oder die „Vorstellung" gemeint und „Engineering" bedeutet ganz nüchtern „Ingenieurswesen". Die meisten Brücken, die Sie sehen, wurden von Ingenieuren konstruiert, bevor man sie erbaute. Die Bauarbeiten für eine Brücke müssen nicht nur geplant, sondern auch praktisch durchgeführt werden. Das ist Imagineering: der Weg vom Bild zur Realisierung. Wenn man den Begriff „in Erfüllung gehen" auf sich wirken lässt, so ist hierin auch das wertvolle Wort „gehen" enthalten. Da stellt sich die Frage: Was soll bei einem Imaginations- oder Mentaltraining eigentlich gehen? Soll das Ziel gehen? Oder muss man selbst am Ende gehen? Das Letztere ist der Fall. Genau an diesem Punkt setzt unser mentales Selbst-Coaching an. Es hilft nicht nur dabei, sich etwas Schönes für sein Leben auszudenken, sondern zeigt konkret, wie man Kraft und Mut für Veränderung, Anstrengung oder gar Fehlschläge findet. Sie lernen, Ihr eigener Motor für die Verwirklichung Ihrer Lebenswünsche zu werden. Ihnen wird nicht nur gezeigt, wie Sie sich ein tolles Fahrrad vorstellen können, sondern wie Sie durch die Kraft der richtigen Gedanken Fahrrad fahren lernen können. Denn es ist viel wichtiger, etwas zu können als etwas zu sein.

Erfolgreiches Mentaltraining heißt nicht nur, sich die richtigen Gedanken zu machen, sondern auch innere Kräfte zu entwickeln, um Bilder in Taten zu verwandeln.

Risiken kalkulieren

Außerdem werden Sie auch mit den „Nebenwirkungen" von mentalem Selbst-Coaching vertraut gemacht. Wie bei einer guten Arznei kommt es nämlich auf die richtige Dosierung an, um in den vollen Genuss der erfolgreichen Wirkung von positiven Gedanken zu kommen. Denn Ziele können auch lähmen statt beleben, wenn sie jenseits vom Horizont – also außerhalb unserer Reichweite – liegen. Ist Ihr Ziel beispielsweise eine Villa auf dem Mars, dann werden Sie jeden Tag registrieren, wie weit Sie von Ihrem Ziel in diesem Leben noch entfernt sind. Sie erleben jahrelang keinen Millimeter Fortschritt und werden unglücklich. Deshalb müssen Ziele auch lebbar sein. Eine weitere Nebenwirkung von positiven Lebenszielen sind die negativen Konsequenzen, die jedes auch noch so faszinierende

Ziele können auch lähmen statt beleben, wenn sie jenseits vom Horizont – also außerhalb unserer Reichweite – liegen.

Erfolgsziel mit sich bringt. So kann es sein, dass ein Student von einem gut bezahlten Managerposten träumt und dabei gar nicht überlegt, dass er dann kaum mehr Zeit für sein über alles geliebtes Windsurfen hat – um nur ein harmloses Beispiel zu nennen. Oft sind die privaten Einschränkungen bei beruflichem Erfolg noch gravierender. Hier hilft unser Training, die negativen Konsequenzen ernst zu nehmen und in positive Energie zu verwandeln.

Innerlich flexibel bleiben

Weiterhin zeigt Ihnen dieses Training kein Happy End. Denn in diesem Begriff steckt das Wort „end" und Lebensziele dürfen niemals Endstationen sein. Das Leben wird immer wieder neue Anforderungen an Sie stellen – auch, wenn Sie bereits erfolgreich waren. Es ist weniger wichtig Erfolg zu haben als Erfolg zu aktiv zu leben. So kann man beispielsweise ein sehr guter Fahrradfahrer sein und dennoch aus Versehen über ein Schlagloch fahren und in ein Gebüsch stürzen. Doch obwohl nun der Po weh tut, das Fahrrad verbeult oder das Gesicht mit Schrammen verziert ist, bedeutet das nicht, dass man gleichzeitig mit dem Sturz nicht mehr Fahrrad fahren kann. Jedes Können ist ein Teil des Menschen – unabhängig vom äußeren Geschehen. Und keine Panne kann dem inneren Erfolgspotenzial ernsthaft etwas antun.

Es ist weniger wichtig Erfolg zu haben als Erfolg zu aktiv zu leben.

Methoden für Erfolg im Leben

Um all die erwähnten Qualitätskriterien zu erfüllen, beruht dieses Mentaltraining auf den folgenden drei Pfeilern bewährter Selbst-Coaching-Methoden, die im Buch noch näher vorgestellt werden:

1. **Kognitives Verhaltenstraining** – zur Programmierung von erfolgreichen Gedanken,
2. **Selbsthypnose** – zur Wahrnehmungsvertiefung und Verinnerlichung von wichtigen Lebenszielen,
3. **Neurolinguistisches Programmieren (NLP)** – für die Umsetzung der Gedanken in reale Taten und
4. **wingwave-Coaching** – für das „Einweben" von Ressourcen und positiven Zuständen in unsere gesamte Neurologie.

DIE INNERE KRAFT WECKEN

Der wichtigste Schlüssel für die Realisierung Ihrer Ziele sind Sie selbst. Da können Ihnen andere noch so viel zureden – es nützt nichts, wenn Sie nicht auch eine innere Kraft spüren, die Sie zu Ihren kleinen und großen Erfolgen führt. Man hat beispielsweise untersucht, welche Personen nach einer erfolgreichen Diät ihr neues Gewicht über mehr als zwei Jahre halten können. Wurden diese Menschen durch andere Personen – wie Ehepartner, Freunde oder Ärzte – zu einer Diät motiviert, erreichten sie bereits nach kurzer Zeit wieder ihr Ausgangsgewicht. Zu den dauerhaft Schlanken zählten nur jene, die von Anfang an aus sich heraus den Wunsch zum Abnehmen spürten. Zwar scheiterten die Selbstmotivierten teilweise auch – aber die Untersuchung zeigt deutlich, dass sie im Vergleich zu den Fremdmotivierten weitaus höhere Chancen für eine langfristige Verhaltensänderung hatten und haben.

Der wichtigste Schlüssel für die Realisierung Ihrer Ziele sind Sie selbst.

Der richtige Motivationsstil

Daher werden Sie in der ersten Trainingseinheit dieses Buches mit verschiedenen Möglichkeiten der Eigenmotivation vertraut gemacht. Die entsprechenden Selbst-Coaching-Techniken können Sie erlernen wie das Autofahren oder das Einmaleins. Der Satz „Man muss nur wollen" beschreibt nämlich nur eine Halbwahrheit für das Thema Lebenserfolge. Stellen Sie sich einmal vor, in Ihrer Straße würde ein kleines Sportflugzeug landen und Ihr Auto zuparken. Sie benötigen Ihren Wagen jetzt gerade dringend, aber als Sie auf die Straße laufen, ist der Pilot verschwunden. Da sagt Ihr Nachbar: „Fliegen Sie das Flugzeug doch einfach weg!" Sollten Sie keinen Flugschein besitzen, würden Sie bestimmt fragen: „Aber wie soll ich das denn machen?" – „Das ist doch ganz einfach", antwortet der Nachbar, „Sie müssen es eben nur wirklich wollen."

Mentale Durststrecken überwinden

Diese Geschichte macht klar, dass Sie hier mit dem reinen Wollen nur bedingt Erfolg haben werden. Denn die spontane Antwort wäre doch: „Das kann ich doch gar nicht!" Vielleicht erwidert der Nachbar dann noch: „Es dürfte eigentlich kein Problem sein, denn das Flugzeug funktioniert, das habe ich eben selbst gesehen. Es sieht auch ganz heil aus." – „Aber ich habe nicht gelernt, wie man ein Flugzeug fliegt!" würde man sofort entgegnen. Ähnlich verhält es sich oft mit den brachliegenden Fähigkeiten und Talenten bei uns Menschen. Die Möglichkeiten liegen in uns, aber das reine Wollen ersetzt noch lange kein gutes Know-how über erfolgreiches Selbstmanagement, so wie es in diesem Buch beschrieben wird.

Strategien der kleinen Schritte

Sollten Sie sich nun aufgrund dieses Erlebnisses tatsächlich bei einer Flugschule anmelden, so wird man Sie dort auch nicht gleich in der ersten Stunde mit einem Airbus fliegen lassen. Angehende Piloten bauen ihre Flugfähigkeit Schritt für Schritt auf. Aus diesem Grund beginnt dieses mentale Selbst-Coaching auch nicht mit den Themen der großen Dimension wie ewige Jugend, Reichtum und die große Liebe. Dieser erste Abschnitt zeigt vielmehr das Prinzip eines solchen Trainings anhand verschiedener Beispiele aus dem täglichen Leben.

Der Alltag als Experimentierfeld

Als praktischen Einstieg in Ihr persönliches Imaginationstraining möchte ich Ihnen daher vorschlagen, zunächst mit einigen „mittelwichtigen“ Alltagsthemen zu arbeiten, denn jedes sinnvolle Training beginnt in einem „harmlosen“ Rahmen, damit man sich besonders gut auf die Technik konzentrieren kann. Kein Sportler würde erst mitten im Wettkampf mit dem Üben beginnen. Wenn Sie sich die Grundtechniken angeeignet haben, verfügen Sie über einen gut funktionierenden mentalen Handwerkskasten, mit dem Sie dann später auch Ihre Kraftquellen für die „großen“ Lebensthemen wecken und einsetzen können.

Wenn Sie sich die Grundtechniken angeeignet haben, verfügen Sie über einen gut funktionierenden mentalen Handwerkskasten, mit dem Sie dann später auch Ihre Kraftquellen für die „großen“ Lebensthemen wecken und einsetzen können.

Verhaltensweisen neu einführen

Die Kunst, morgens aus dem Bett zu kommen

Das erste praktische Beispiel bezieht sich auf einen so unspektakulären Vorgang wie das morgendliche Aufstehen. Der Medizinstudent Frank hatte damit ein Problem. Er nahm sich in der Woche fast täglich vor, abends früher ins Bett zu gehen. Aber so oft er sich dieses Ziel auch vergegenwärtigte – es klappte einfach nicht. „Ich bekomme irgendwie nicht die Kurve. Da sitze ich bis in die Puppen am Computer oder zappe mich durch alle Fernseh-Programme – und tagsüber bin ich dann schrecklich müde." Er hatte sein Glück sogar schon mit Affirmationen versucht, indem er immer wieder zu sich sagte „Ich gehe gerne ins Bett, ich lege mich gern schlafen." Aber die Sätze kamen offensichtlich nie bei seinem Unbewussten an. Frank schaffte es einfach nicht, sich selbst rechtzeitig ins Bett zu schicken.

Die Struktur von Franks Problem

21.00 bis 24.00 Uhr abends
In diesem Zeitraum müsste Frank für sein Ziel aktiv etwas tun, nämlich ins Bett gehen – aber er macht es nicht.

6.30 Uhr morgens
Für diesen Zeitpunkt wünscht Frank sich einen positiven Zustand – was aber bisher nicht klappt.

Verhaltensthema: Hier geht es darum, dass Frank ein Verhalten einsetzen möchte, das er schon kann, denn eigentlich ist es ja sehr einfach, ins Bett zu gehen. Aber irgendwie fehlt ihm der nötige „Kick", um das Verhalten zu aktivieren. Dieses Verhalten hätte für ihn positive Konsequenzen.

Zeitthema: Die positiven Konsequenzen wären für Frank schon am nächsten Tag spürbar.

Ziele klar definieren

Franks Problem eignet sich sehr gut, um die Wirkungsweise eines erfolgreichen Selbst-Coachings zu erklären. Denn seine Vorstellungen hatten gar keine Chance auf Verwirklichung. Ich fragte ihn als Erstes, warum er überhaupt abends rechtzeitig einschlafen möchte. „Das ist doch klar," antwortete er etwas ungeduldig, „ich will tagsüber einfach nicht immer so kaputt sein!" – „Sondern?" – „Na ja – eben nicht schon so zerschlagen aufwachen!" Dabei verzog er gestresst das Gesicht und sah dabei tatsächlich „zerschlagen" aus. „Wie möchten Sie denn stattdessen aufwachen?" fragte ich weiter.

Negationen vermeiden

Diese Überlegung ist sehr wichtig. Denn Frank wusste bisher nur ganz genau, welchen Zustand er nicht haben wollte. Genau wie er mobilisieren viele Menschen, um etwas zu vermeiden. Sie wollen nicht krank werden, nicht nervös sein, keine Angst haben, nicht ausgenutzt werden usw. Gedanken finden in unserem Gehirn statt. Das Gehirn ist ein hoch leistungsfähiges Organ mit blitzschnellen Reaktionen, wie Ihnen ein einfaches Denkbeispiel zeigt: Denken Sie jetzt bitte nicht an einen grünen Drachen! Und sofort taucht auf dem geistigen Bildschirm eines dieser geschuppten Fabelwesen auf.

Denken Sie jetzt bitte nicht an einen grünen Drachen!

Der Dracheneffekt

Was passiert nun, wenn ein Prüfungskandidat innerlich ständig den Satz wiederholt: „Hoffentlich bin ich nicht aufgeregt, hoffentlich bin ich nicht aufgeregt!"? Der Dracheneffekt setzt ein, denn das Gehirn erhält mehrmals das Stichwort „aufgeregt" und mobilisiert alle Daten, die unter diesem Wort gespeichert sind: Das ist doch die Sache, wo das Herz schneller klopft, der Mund trocken wird und die Gedanken durcheinander wirbeln. Unser Gehirn besteht aus hundert Milliarden Gehirnzellen, und jede einzelne Zelle ist mit mindestens zehntausend anderen verknüpft. Über diese Verbindungen erfahren auch die Zellen, welche die Körperfunktionen steuern, in Bruchteilen von Sekunden die „aufgeregte" Nachricht. Das Ergebnis ist: Der Gedanke verwandelt sich auf diese Weise in reale Körperfunktionen, und das Herz klopft tatsächlich schneller.

Der Zusammenhang zwischen Wörtern und Körperfunktion wird auch durch den etwas aufwendigen Begriff „Neurolinguistisches Programmieren“ wiedergegeben:

- „Neuro“ steht für den Begriff Neuron – das ist der Fachbegriff für „Gehirnzelle“. Die billionenfachen Verbindungen zwischen solchen Zellen nennt man „neuronale Verknüpfungen“. In diesem astronomischen Netzwerk sind unsere gesamten Fähigkeiten, Empfindungen und Verhaltensweisen gespeichert.
- „Linguistisch“ steht für „Sprache“ – sei es in Form einer äußerlichen Unterhaltung oder in der innerlichen Form von Gedanken. Worte aktivieren im Gehirn die neuronalen Verknüpfungen, die auch unseren Körper steuern und verwandeln sich so in körperlich spürbare Energie.
- „Programmieren“ bezieht sich auf die Tatsache, dass alle unsere Fähigkeiten durch die neuronalen Verknüpfungen wie eigenständige Programme in unserem Unbewussten ablaufen, was tatsächlich ein Segen ist: Stellen Sie sich vor, Sie müssten jeden Morgen wieder Gehen, Sprechen oder Autofahren lernen. Manchmal wünscht man sich jedoch, dass ein Verhalten oder ein bestimmtes Denken eben nicht so automatisch ablaufen wie der aufrechte Gang. Dann gibt es die Möglichkeit, seine „Neuronen“ mit geeigneten Wörtern und Vorstellungen zu befähigen, neue Gedanken und Verhaltensweisen in die „Programmbibliothek“ aufzunehmen und in Fleisch und Blut übergehen zu lassen.

Positive Formulierungen finden

Für jeden Veränderungsprozess ist es ganz besonders wichtig zu wissen, *wofür* und nicht wogegen Sie Ihre Energien mobilisieren wollen.

Gedanken an unangenehme Körper- und Seelenzustände verursachen also real ein körperlich spürbares Unbehagen. Alle gesunden Lebewesen neigen aber dazu, einer negativen Körperempfindung auszuweichen. Am liebsten möchte man vor ihnen davonlaufen. Mentales Selbst-Coaching ist jedoch das Gegenteil von Weglaufen. Es bedeutet auf ein Ziel zuzugehen. Deshalb ist es für jeden Veränderungsprozess ganz besonders wichtig zu wissen, *wofür* und nicht wogegen Sie Ihre Energien mobilisieren wollen. Denken Sie wieder an einen Ingenieur, der den Auftrag bekommt, „auf keinen Fall ein Hochhaus zu bauen“. Das wäre doch ein völlig absurder Plan, der sicherlich zu keinem Ergebnis führen würde – schon gar nicht, wenn eigentlich eine Brücke gebaut werden soll. Sowohl für Ihr Gehirn als auch für den Ingenieur sind also ganz genaue Vorstellungen vom Ziel äußerst wichtig für ein erfolgreiches Gelingen des erwünschten Projekts.

Konstruktiv denken und planen

Selbstverständlich ist und bleibt es bei jeder Zielorientierung äußerst wichtig, auch an Schwierigkeiten und Hindernisse zu denken, die auf dem Weg zum Erfolg bedacht und überwunden werden müssen. So wünscht sich auch der Ingenieur, dass seine Brücke „nicht zusammenstürzt“ und dass die Pfeiler „nicht einknicken“. Doch diese „Drachen-Gedanken“ können nur aufgelöst werden, wenn der Ingenieur dann *ganz genau beschreiben* kann, *welches Material* benutzt wird und *wie und wo* und *in welcher Reihenfolge* es verarbeitet wird. Man nennt diese Zielorientierung auch den „Oberplan“, der hinter jedem Gedanken und jeder Tat steht. Jeder Gedanke an eine Schwierigkeit untersteht dem Oberplan, dass eine stabile Brücke stehen soll. Viele Menschen vergessen jedoch beim intensiven „Drachen-Denken“ – im übertragenen Sinne – völlig, dass sie eigentlich eine Brücke bauen wollten und verlieren damit ihre mentale Orientierung.

Die Wunschsituation präzise bestimmen

Ihr Gehirn reagiert mit kreativen Gedanken und positiven Gefühlen, was Sie dann Ihrem Ziel wesentlich näher bringt.

„Was soll ich denn Ihrer Meinung nach meinem Gehirn erzählen?“ fragte Frank nach diesen Erklärungen etwas skeptisch. „Es geht hier nicht nur um die Vermeidung von etwas Schlimmen“, antwortete ich. „Eigentlich wünschen Sie sich, tagsüber ein gutes und energievolles Befinden zu haben. Wenn Sie morgens nicht ‚zerschlagen‘ aufwachen möchten, sagen Sie Ihrem Gehirn ganz genau, wie Sie in den Tag gehen möchten. Auf diese Weise erzeugen Sie dann einen ‚Engel-Effekt‘: Ihr Gehirn reagiert mit kreativen Gedanken und positiven Gefühlen, was Sie dann Ihrem Ziel wesentlich näher bringt.“ Frank dachte etwas nach. „Wenn ich ehrlich bin – eigentlich möchte ich mich wie die Leute in der Werbung fühlen, die morgens in bunten Betten vom Kaffeeduft aufwachen und sich auf ihre Marmelade freuen.“ Dabei entspannten sich seine Gesichtszüge, er atmete tief durch und lächelte schwärmerisch. Man sah ihm an, dass er sich schon beim Gedanken gut fühlte.

Vorfreude als Leistungsmotor

Es ist also auch wichtig, sich auf ein Ziel von innen heraus zu freuen. Eine Zielvorstellung muss so etwas wie einen mentalen Magneten enthalten, von dem eine starke Anziehung ausgeht. Diese Anziehung erweckt dann den Wunsch, dieses Ziel zu erreichen. Jede Form von Sehnsucht lebt vom Gedanken an ein Ziel. Vielleicht sind sich deshalb auch die Wörter „sehnen" und „sehen" so ähnlich. Und je intensiver Menschen ihr Ziel schon im Hier und Jetzt in der Vorstellung erleben, desto stärker wird der Wille, das Ziel zu erreichen.

Das Gehirn richtig ansprechen

So romantisch dies klingen mag – auch hier wird nur mit Wasser gekocht. Denn Sie müssen sich vergegenwärtigen, welche Vorstellungen das Gehirn befähigen, eine positive Vorfreude als Körpergefühl spürbar zu machen. Man muss dazu auf die Sprache des Gehirns eingehen. Aber wie „redet" man mit diesem Organ?

Die Sinneskanäle bewusst nutzen

Franks Reaktion zeigt deutlich, wie wichtig auch die richtigen Wörter für eine positive Imagination sind. Er sprach beispielsweise von „bunten" Betten, „duftendem Kaffee" und dem „Geschmack" von Marmelade. Und genau diese Sprache erreicht das Gehirn und somit die unbewussten Körperreaktionen. Wir Menschen nehmen unsere Umwelt über unsere fünf Sinne wahr: sehen, hören, fühlen, riechen und schmecken. All diese Sinne sind ständig sensibel und aktiv. Aber auch unsere innere Welt – die Welt der Gedanken – wird eigentlich durch Sinneseindrücke belebt, wie unsere Sprache in vielen Redewendungen wiedergibt. Da hat es jemand „leicht" oder „schwer", man sieht „rot" oder „schwarz" oder ist in „guter Stimmung".

Unser Gehirn reagiert auf jedes gesprochene, gelesene und gedachte Wort – auch wenn es mit einem „Nein“ oder „Nicht“ verknüpft ist.
Haben diese Wörter eine negative Bedeutung, führt das zu unerwünschten Konsequenzen:

- ☹ Sie bewirken unangenehme Körpergefühle.
- ☹ Dieses schlechte Gefühl löst Vermeidungsreaktionen aus und behindert die Konzentration auf ein Ziel.
- ☹ Das Gehirn beschäftigt sich mit Vorstellungen von den Dingen, die nicht sein sollen, anstatt auf ein positives Ergebnis zuzuarbeiten.

Daher müssen Sie zusätzlich die Gedanken auf ein Ziel konzentrieren. Fragen Sie sich: „*Wofür* möchte ich meine Energien eigentlich einsetzen? Was *genau* soll passieren?“
Bieten Sie Ihrem Gehirn auf allen Sinneskanälen positive Sinneswahrnehmungen an, die mit dem Ziel zu tun haben.

Das Gehirn verfügt über eine Reihe von Nervenzentren, die sich auf die spezielle Wahrnehmung von Sinnesreizen spezialisiert haben. Zusätzlich besitzt es auch noch eine riesige Anzahl von unspezialisierten Zellen, die u.a. für die gute Koordination zwischen diesen Zentren sorgen. Erinnern Sie sich beispielsweise an einen Urlaub, sammelt das Gehirn aus allen Zentren die Sinnes-Puzzlesteine der Erinnerung zusammen und stellt sie Ihnen als erinnertes Gesamterlebnis zur Verfügung. Dabei ist das gesamte Gehirn aktiv: das Sehzentrum, das Hörzentrum, das Bewegungszentrum usw.

Beim Gedanken an ein Zukunftsereignis sind genau die gleichen Zellen angeregt und aktiv. Man könnte sagen, dass sich unser Gehirn beim Gedanken an Zukunftsereignisse quasi schon warmläuft. Der Wissenschaftler spricht hier von der Nerven-Bahnung. Je mehr Sinneswahrnehmungen an einer Zielvorstellung beteiligt sind, desto mehr Gehirnzellen beschäftigen sich mit der Zielerfüllung. Und je mehr Sinnesinformationen eine Vorstellung hat, desto intensiver spüren Sie auch körperlich die Vorfreude auf das Ziel. Diese Vorfreude löst in Ihnen den Wunsch aus, für Ihr Ziel aktiv zu werden. Das nennen wir den „Engel-Effekt“.

Unser Gehirn reagiert auf jedes gesprochene, gelesene und gedachte Wort – auch wenn es mit einem „Nein“ oder „Nicht“ verknüpft ist.

Je mehr Sinnesinformationen eine Vorstellung hat, desto intensiver spüren Sie auch körperlich die Vorfreude auf das Ziel.

Das Ziel vorwegnehmen

Franks ursprünglicher Affirmationssatz: „Ich gehe gerne ins Bett" war viel zu arm an positiven Sinnesreizen, um tatsächlich eine körperlich spürbare Sehnsucht nach dem Ziel auszulösen. Ich bat ihn nun, sein Ziel ganz konkret mit allen Sinnen vorwegzunehmen und sich in ein schönes Aufwacherlebnis hineinzuversetzen: „Sie liegen im Bett. Gerade hat der Wecker geklingelt. Sie fühlen sich noch ganz müde (fühlen). Da steigt der Duft von frisch gekochtem Kaffee in die Nase (riechen). Sie knipsen Licht an und sehen sofort das Muster einer witzig-bunten Bettwäsche (sehen). Ganz leise spielt Ihre Lieblingsmusik (hören). Sie freuen sich auf ein leckeres Marmeladenbrötchen (schmecken). Nehmen Sie wahr, was Sie bei dieser Vorstellung empfinden!" Frank lächelte mit geschlossenen Augen und antwortete: „Ich spüre noch die Schlafruhe im Körper – aber im Bauch regt sich ein Freudegefühl, das meine Muskeln wach macht." Plötzlich riss er die Augen auf, sah mich an und sagte: „Aber keiner kocht mir morgens Kaffee und ich habe auch keine bunte Bettwäsche!"

Grünes Licht für den Erfolg

Somit kamen wir zum praktischen Teil des Mental-Coachings. Wir vereinbarten, dass Frank sich diese positiven Sinneserlebnisse käuflich erwerben soll. „Also, ich habe mir schon ewig keine Bettwäsche mehr gekauft, weil die jetzige, die mir meine Mutter geschenkt hat, noch heil ist", meinte er. „Aber ich verstehe, dass es darum ja gar nicht geht. Lebensqualität kann eben schon mit der Bettwäsche anfangen." Ein Freund schloss Franks Kaffeemaschine und seine Stereoanlage an eine Zeitschaltuhr an, so dass er jetzt tatsächlich morgens frischen Kaffee riechen und seine Lieblingsmusik hören kann. Zur Aufwach-Strategie gehörte dann noch in der Tat die Lieblingsmarmelade und Aufback-Brötchen. Das Wort Sehnsucht beinhaltet ja auch den Begriff „suchen". Damit ist gemeint, dass wir – wie Frank – auch aktiv handeln müssen, um unsere Ziele Wirklichkeit werden zu lassen. Wir vereinbarten einen konkreten Zeitplan. Nach einer Woche hatte Frank die wichtigsten Vorbereitungen getroffen. Ich gab ihm die Aufgabe, bis spätestens abends um 9 Uhr das frühmorgendliche „Sinnes-Orchester" vorzubereiten – ansonsten aber weiterhin zu tun, wozu er abends Lust hatte. „Gleich am ersten Abend spürte ich beim Kaffeezubereiten wohliges Kribbeln im Bauch. Ich überprüfte die Zeitschaltuhr und freute mich die

Wir müssen aktiv handeln, um unsere Ziele Wirklichkeit werden zu lassen.

ganze Zeit aufs Aufwachen. Um zehn hielt ich's dann nicht mehr aus und ging ins Bett. Ich las noch ein bisschen, wobei ich abwechselnd auf die Seiten und auf die neue bunte Bettwäsche sah. Dann machte ich das Licht aus und schlief wie früher vor einem Geburtstagmorgen. Das Aufwachen war toll. Ich hatte tatsächlich das Werbungsgefühl im Bauch."

IMAGINATIONSÜBUNG: Verhaltensweisen neu einführen

1. Denken Sie an ein „mittelwichtiges" Alltagsziel, für das Sie eigentlich etwas tun müssten – es aber nicht machen: energievoll aufwachen, sich mehr bewegen, ein bestimmtes Buch lesen usw. Dabei sollten Sie das erwünschte Verhalten schon im Repertoire haben: Sie können sich bewegen, ins Bett gehen oder lesen – aber Sie tun es eben nicht oder zu wenig.
   ....
2. Was passiert, wenn Sie es weiterhin nicht tun?
   Negative Konsequenzen: ....
3. Und wofür lohnt es sich, diese Sache zu tun/diesen Zustand zu erreichen?
   Ziel: ....
4. Stellen Sie sich vor, Sie hätten diesen Zielzustand erreicht. Was genau nehmen Sie dann mit Ihren fünf Sinnen wahr?
   SEHEN ....
   HÖREN ....
   FÜHLEN...
   RIECHEN...
   SCHMECKEN..
5. Welche dieser Sinnesempfindungen lösen (oder löst) die intensivste Vorfreude in Ihnen aus?
   ....
   ....

6. Was können Sie selbst in den nächsten fünf Tagen konkret tun, um dieser positiven Zielvorstellung näher zu kommen?
   a. ....
   b. ....
   c. ....

Hinweise zur Übung:

- Es ist nicht unbedingt erforderlich, auf allen fünf „Sinneskanälen" Vorstellungen zu haben. Schon drei „Sinnes-Sorten" reichen aus, um die Zielenergie zu „bahnen".
- Besorgen Sie sich einen „Erinnerungsanker", der Sie vor allem im Alltag an Ihr positives Ziel erinnern kann: ein Parfum, einen Kugelschreiber in Ihrer Lieblingsfarbe, ein Poster usw.
- Spüren Sie einmal in den nächsten Tagen ganz gezielt Ihre „Drachen-Wörter" zu diesem Thema auf und ersetzen Sie diese bewusst durch „Engels-Wörter".

Verhaltensweisen unterlassen

Wie man die Naschsucht zügeln kann

Im Gegensatz zu Frank hatte Nadine ein anderes Verhaltensthema. Frank wollte ja mit einem Verhalten – dem Rechtzeitig-Zubettgehen – gezielt anfangen. Nadine hingegen wollte mit einem Verhalten aufhören. Sie ärgerte sich darüber, dass sie immer wieder zu viel naschte. Vor allem „Nimm-2-Bonbons" hatten es ihr angetan. „Da verschwindet gleich eine ganze Tüte", beklagte sie sich. Wenn man nun wie Frank eine Verhaltensweise unterlässt oder sie vor sich herschiebt, mag man das Phänomen noch mit Lustlosigkeit oder gar Faulheit erklären. Aber Nadines Thema ist ja sogar mit allerhand Arbeit verbunden, die sie immer wieder auf sich nahm: Man muss die Bonbons kaufen, sie extra aus dem Schrank holen, die Tüte öffnen, jeden Bonbon einzeln auswickeln, auflutschen und zum Schluss das Papier entsorgen. Warum treibt ein Mensch einen derartigen Aufwand, wenn er sich dann hinterher über sich selbst ärgert?

Die Struktur von Nadines Problem

Abends 20.00 bis 22.00 Uhr
In diesem Zeitraum müsste Nadine für ihr Ziel ein Verhalten unterlassen – was sie aber bisher nicht schafft.

Drei Monate später
Für diesen Zeitpunkt wünscht sich Nadine eine schlankere Figur.

Verhaltensthema: Nadine möchte mit einem Verhalten aufhören, weil sie sich über die Konsequenzen in der Zukunft ärgert.

Zeitthema: Nadine möchte bis zu ihrem Urlaub in drei Monaten schlanker sein. Der Erfolg winkt also nicht schon am nächsten Tag, sondern erst in zwölf Wochen.

Wenn der Blick aufs Ziel verstellt ist

Betrachten Sie einmal die Zeitlinie von Nadines Problemstruktur. Nun wechseln Sie in Gedanken Ihren Wahrnehmungsstandpunkt und sehen Sie den Zeitverlauf nicht von außen, sondern begeben Sie sich – wie Nadine es erlebt – mitten in die Zeit. In dieser Wahrnehmungsposition sieht Nadine nur die Bonbontüte. Die Tüte nimmt ihr die Sicht auf ein Ziel, das zeitlich hinter der Tüte liegt. Stellen Sie sich vor, Sie gehen auf einem Weg. Plötzlich taucht vor Ihnen ein großer Weihnachtsmann auf. Sie sind dann erstens von dem Anblick gefesselt und zweitens verstellt der Weihnachtsmann Ihnen die Sicht auf den weiteren Weg. Sie sind jetzt abgelenkt. Genauso erging es Nadine: „Wenn ich auch nur an die Bonbontüte denke, vergesse ich, was ich mir vorgenommen habe." Alle fünf Sinne beschäftigen sich mit dem Bonbongenuss und so wird die Zukunft vergessen.

Alle fünf Sinne beschäftigen sich mit dem Bonbongenuss und so wird die Zukunft vergessen.

Das positive Zukunfts-Ich

Als Erstes stellten wir fest, dass Nadine wie Frank unter dem Drachen-Effekt litt. Sie hatte stets Angst davor, „fett" zu werden. In Gedanken konzentriert sie sich auf innere Vorstellungen wie mentale „Großaufnahmen" von ihrem Bauch und den Oberschenkeln. Wie bei Frank war es wichtig, eine positive Zielkraft für die Zukunft zu entwickeln. Nadine lernte, sich intensiv bildlich vorzustellen, wie genau ihr schlanker Körper aussehen würde. Zusätzlich trainierte sie, sich auch im Hier und Jetzt schon schlank zu fühlen.

Werbung in eigener Sache

Ich bat Nadine, zur nächsten Sitzung eine Tüte von den sagenhaften Bonbons „live" mitzubringen. Dann machten wir zunächst aus Nadines Zukunftsvision vom eigenen schlanken Körper einen richtigen Werbefilm: „Sehen Sie die schlanke Nadine wie auf einer großen Kinowand vor sich. Nehmen Sie wahr, wie gut es dieser schlanken Nadine geht: Sie lacht und hat eine tolle Ausstrahlung. Sorgen Sie für gute Beleuchtung und für die richtigen Farben. Spüren Sie die Empfindungen, die die Wahrnehmung von Ihrem positiven Zukunfts-Ich in Ihnen auslösen. Wo im Körper bewirkt die Vorfreude die stärkste Positivenergie?"

Die Bedeutung des Körperechos

An dieser Stelle möchte ich auf die unterschiedliche Bedeutung der Begriffe „Fühlen" und „Positivenergie" in diesem Training aufmerksam machen. Bei vielen Imaginationsübungen werden Sie immer wieder gefragt: „Was fühlen Sie bei dieser Vorstellung bzw. in dieser Erinnerung?" Damit werden Sie aufgefordert, die Gefühle aufzurufen, die das äußere Geschehen mit sich bringt: Beim Stranderlebnis spürt man die Sonne auf der Haut, beim Gedanken an einen Spaziergang nimmt man die Bewegung in den Beinen wahr. Die Frage nach der „Positivenergie" meint jedoch das „seelische Echo", welches das Gesamterlebnis im Körper hinterlässt. So bewirkt „Sonne auf der Haut" als seelisches Körperecho vielleicht ein wohlig-rundes Bauchgefühl und die sich bewegenden Beine lösen als Positivenergie ein Gefühl von Weite im Brustkorb aus. Diese körperliche Positivenergie wird natürlich nicht nur durch äußerliches Fühlen, sondern auch durch die anderen vier Sinneskanäle ausgelöst und verstärkt.

Unterschiedliche Erlebnisqualitäten bewerten

Man nennt die Frage nach dem inneren Körperecho auf ein äußeres Erlebnis in der Verhaltenstherapie „Body-Scan". Das bedeutet ein genaues Hinspüren in jede einzelne Körperpartie. Freude wäre für uns nicht erlebbar, wenn wir sie nicht auch körperlich spüren könnten. Nadine ließ sich beim Body-Scan etwas Zeit und sagte dann: „Ich habe ein ganz leichtes und weites Gefühl im Brustkorb. Wenn ich das spüre, gibt mir das irgendwie den Impuls, hüpfen zu wollen – so wie früher als Kind." Ich fragte weiter: „Wie stark ist dieses positive Gefühl?"

Body-Scan bedeutet ein genaues Hinspüren in jede einzelne Körperpartie.

Natürlich ist das eine etwas ungewöhnliche Frage, denn man kann ja Gefühlszustände nicht messen wie z.B. die Körpertemperatur. Positives und negatives seelisches Erleben ist höchst subjektiv, und jeder Mensch hat hier ein ganz individuelles Maß. Dieses ganz persönliche Erleben von Positivenergie kann man jedoch vor sich selbst mit der „Skala für subjektive Wellness" – abgekürzt SSW – in Zahlen fassen. „Stellen Sie sich vor, es gäbe eine Skala, die von 0 bis 10 reicht", erklärte ich Nadine. „0 bedeutet, ich fühle mich neutral und 10 bedeutet, ich fühle mich so fantastisch, dass es keine Steigerung mehr gibt. Wie stark schätzen Sie das Ausmaß der Positivenergie im Brustkorb bei der Vorstellung Ihres Zukunfts-Ichs ein?" „Das ist schon sehr angenehm. Ich würde diesem positiven Gefühl auf der Skala für subjektive Wellness mindestens fünf Punkte geben."

Seelische Erlebnisse wie Freude und Trauer spiegeln sich in unserer Körperempfindung.

Der Body-Scan

Seelische Erlebnisse wie Freude und Trauer spiegeln sich in unserer Körperempfindung. Man kann diese Emotionen zwar nicht objektiv messen aber jeder Mensch vermag zu beschreiben, was er körperlich spürt, wenn er schöne oder belastende Erlebnisse hat. Allein das Wort „belastend" spricht hier Bände: Selten ist damit gemeint, dass eine Person tatsächlich Kohlensäcke oder Kisten mit Wasserflaschen schleppt. Sie fühlt sich subjektiv schwer, hat das Gefühl, „nach unten gezogen" zu werden. Der eine spürt dabei die Last in den Schultern, der nächste hat „bleierne" Beine.

Der Körper als Spiegel der Seele

Unsere Sprache ist voller Redewendungen, die dieses Seele-Körper-Zusammenspiel ausdrücken. Man hat die „Angst im Nacken", ein vor Freude „hüpfendes Herz", es „liegt etwas im Magen" oder man kommt sich „ganz groß" vor, was mit den realen Körpermaßen nichts zu tun haben muss. In der Psychologie nennt man diese Redewendungen „Organsprache". Es fällt dabei auf, dass den meisten Menschen zum Thema Organsprache weitaus mehr geflügelte Worte für negative oder unangenehme Seelenzustände einfallen als für Wohlbefinden und angenehm zu fühlende Emotionen wie Freude, Zufriedenheit und Genuss. Hier treffen wir also wieder auf den Drachen-Effekt.

Positive Gefühle zur Eigenmotivation nutzen

Für ein erfolgreiches Selbst-Coaching ist jedoch gerade auch die Wahrnehmung positiver Körperempfindungen von großer Bedeutung. Diese spürbaren Kräfte sind für jeden Menschen die eigentliche Energiequelle für die kreative Verwirklichung von kleinen und großen Lebenserfolgen. Je stärker das gute Gefühl durch ein Vorstellungserlebnis entwickelt wird, desto eher entwickelt sich auch der nötige Durchhaltewillen, um Hindernisse und Durststrecken auf dem Weg zu Ihrem Ziel in Kauf zu nehmen und zu überwinden. Die Skala für subjektive Wellness (SSW) hilft Ihnen dabei, die Intensität eines Gefühls einzuschätzen.

Die Skala für subjektive Wellness

0	1	2	3	4	5	6	7	8	9	10

0 = neutral

10 = fantastisch, nicht mehr steigerbare Positivenergie

ÜBUNG: Training für den Body-Scan positiver Gefühle

1. Denken Sie an ein schönes Ereignis in Ihrem Leben. Das kann ein ganz großes „Highlight" gewesen sein oder ein kleiner Augenblick, in dem Sie sich über irgendetwas gefreut haben.

   ....

2. Nehmen Sie wahr:
   Was gab es in diesem Moment zu sehen? ....
   Was zu hören? ....
   Was gab es zu fühlen? ....
   Ist die Erinnerung mit einem Geruch oder Geschmack verbunden?

   ....

3. Nun spüren Sie in Ihren Körper hinein. Wie genau nehmen Sie jetzt wahr, dass es sich hier um eine subjektiv schöne Erinnerung handelt? Und wo genau im Körper „verdichtet" sich die körperliche Erinnerung an das schöne Ereignis zu einer fühlbaren Positivenergie? Gehen Sie in Gedanken Ihren Körper durch und definieren Sie den Bereich, im dem Sie die Erinnerung als Körperecho fühlen:

   ....

4. Finden Sie Wörter für das angenehme Gefühl: leicht oder auch angenehm schwer, warm oder angenehm kühl, ruhig oder schön kribbelig usw.

   ....

5. Welches Ausmaß an Wohlbefinden ordnen Sie diesem angenehmen Gefühl zu? Nutzen Sie für die Beantwortung dieser Frage die Skala für subjektive Wellness.

   ....

Hinweis zur Übung:

- Als Wahrnehmungstraining reicht der Verlauf bis hierher völlig aus. Wenn Sie wollen, können Sie noch einen nächsten Übungsschritt gehen: Denken Sie an ein Ereignis in der Zukunft, auf das Sie sich jetzt schon freuen. Durchlaufen Sie mit diesem Zukunftserlebnis die gleichen Übungsschritte.

Von der großen Anziehungskraft kleiner Laster

Als Nächstes holte nun Nadine die gefährliche Bonbontüte aus der Tasche. Ich bat Nadine, die Tüte mit beiden Händen anzufassen und sie intensiv zu betrachten. „Wenn Sie sich diese Bonbons ansehen, spüren Sie dann den Wunsch, welche davon zu essen?" fragte ich. „Ja, sogar sehr – leider", war die Antwort. „Wo spüren Sie denn die Vorfreude auf die Bonbons als Positivenergie?" – „Zuerst denke ich an den Geschmack und dabei entsteht so ein schönes ‚Hmmm-Gefühl'. Dabei zog sie behaglich die Schultern hoch. Ich fragte nach dem Körperecho: „Und wo genau im Körper nehmen Sie das ‚Hmmm-Gefühl' wahr?" Nadines Antwort passte zu ihrer Körpersprache. „Mit einem wohlig-warmen Gefühl in Schultern und Rücken. Als wenn einem jemand eine Kuscheldecke umgelegt hat und der Bereich sich total entspannt." „Und wenn Sie nun diesem Gefühl einen Wert auf der Skala für subjektive Wellness zuordnen sollten?" „Genau in dem Moment, wo die Bonbons mich angucken, ist der Wert bestimmt bei sieben Punkten – wenn nicht gar höher", antwortete Nadine.

Wenn das Ziel in weiter Ferne liegt

Somit hatte Nadine sich selbst beantwortet, warum sie mit ihren guten Vorsätzen immer scheiterte. Die Bonbons mussten ja immer „gewinnen", da sie eine noch stärkere positive Körperwahrnehmung auslösten als Nadines Zielvorstellung von der schlanken Figur, die vor den Bonbons sprichwörtlich verblasste. Das Geheimnis vieler erfolgreicher Menschen ist die Kunst, sich auch im Hier und Jetzt ein so gutes subjektives Gefühl von einem zeitlich entfernten Ziel zu machen, dass die Ablenkungen in der Jetztzeit für sie einfach keine ernstzunehmende Gefühlskonkurrenz darstellen. Liegt das Ziel in weiter Zukunft, fällt die gefühlsmäßige Anbindung oft nicht so leicht. Nadine wollte ja in ein paar Wochen vom jetzigen Verhalten profitieren. Da hatte Frank es schon leichter. Er musste sich abends für etwas motivieren, was bereits am nächsten Morgen in Erfüllung gehen würde.

Das Geheimnis vieler erfolgreicher Menschen ist die Kunst, sich auch im Hier und Jetzt ein gutes subjektives Gefühl von einem zeitlich entfernten Ziel zu machen.

Die Positivenergie für das Ziel stärken

„Ihre Vorfreude auf das schlanke Zukunfts-Ich haben Sie bei fünf Punkten eingestuft", sagte ich. „Nun zeige ich Ihnen eine einfache Methode zur Steigerung dieses wichtigen Gefühls, damit es zu einer starken Motivationskraft werden kann: Gleich werde ich mit zwei Fingern meiner Hand vor Ihren Augen in einem schnellen Rhythmus hin- und herwinken und Sie folgen bitte dieser Bewegung. Lassen Sie sich davon überraschen, was dann passiert." „Ist in Ordnung", sagte Nadine und nickte. „Denken Sie bitte jetzt intensiv an Ihr positives Zukunfts-Ich", fuhr ich fort. „Und nun spüren Sie wieder das positive Körperecho von dieser Vorstellung in Ihrem Brustkorb: Es ist ein leichtes und weites Gefühl, was in Ihnen den Wunsch zum Hüpfen weckt." Nadine atmete tief durch und musste lächeln. Nun fing ich an, mit der Hand hin- und herzuwinken: eine Doppelbewegung pro Sekunde. Auf diese Weise winkte ich ca. 20 Mal hin und her, während Nadines Augen den Fingern schnell folgten. Während der letzten fünf Bewegungen wurde das Lächeln deutlich breiter. Nach diesem ersten Winke-Set ließ ich die Hand sinken und fragte: „Wie fühlen Sie sich jetzt?" „Das schöne Gefühl im Brustkorb hat sich spürbar gesteigert!" war die Antwort. „Wo sind Sie jetzt mit diesem positiven Körperecho auf der Skala, wenn Sie an Ihr schlankes Zukunfts-Ich denken?", fragte ich weiter. „Jetzt sind es ganz sicher schon sieben Punkte – das ist ja erstaunlich!" freute sich Nadine. „Was war denn das für eine Methode?"

Das Geheimnis schneller Augenbewegungen

Die bei Nadine eingesetzten schnellen Augenbewegungen zeigen alle Menschen auch im Schlaf. Rapid Eye Movement oder abgekürzt REM-Phase nennen die Schlafforscher diese raschen Bewegungen der Augäpfel. REM zeigt sich im Traumschlaf eines jeden Menschen. In dieser Schlafphase verarbeiten wir offensichtlich die Tagesereignisse und räumen so unsere Gefühlswelt auf. Nicht umsonst sagt man von einem gut gelaunten Menschen: „Er macht einen aufgeräumten Eindruck" oder gar: „Das ist ein ganz ausgeschlafener Typ!" Die positiven Energien des Traumschlafs kommen offensichtlich dadurch zustande, dass die schnellen Augenbewegungen für eine optimale Zusammenarbeit der beiden Gehirnhälften sorgen.

Rapid Eye Movement oder abgekürzt REM-Phase nennen die Schlafforscher diese raschen Bewegungen der Augäpfel.

Wache REM-Phasen als mentales Coaching: die wingwave-Methode

Die Methode wingwave-Coaching nutzt wache REM-Phasen als gezielte Intervention für einen schnellen Stressabbau und die gezielte Steigerung von psychischer Wellness, Kreativität und Leistungskraft. Im Bereich des subjektiven Wohlbefindens steigert die Intervention jede angenehme Gesamtbefindlichkeit um etliche Punkte auf der Skala von null bis zehn.

Ich führte mit Nadine noch drei weitere Winke-Sets durch, und auch bei ihr entwickelte sich die körperliche Positivenergie bis zu acht Punkten auf der Skala für subjektive Wellness. Somit hatten wir die Bonbons schon „überholt".

Selbst-Coaching mt der wingwave-Methode

„Kann ich diese Methode auch allein einsetzen?" fragte Nadine. Ich erklärte ihr, dass der positive Effekt der schnellen Augenbewegungen wahrscheinlich auf einer optimalen Vernetzung der beiden Gehirnhälften beruht, der so genannten Hemisphären. Man kann diese ressourcensteigernde Vernetzungsenergie aber auch durch andere Interventionen der „bilateralen Hemisphärenstimulation" erreichen: über die Ohren und über das Gefühl. Auf diese Weise kann jeder sein optimales wingwave-Selbst-Coaching auswählen. „Sie konzentrieren sich auf Ihre angenehme körperliche Positivenergie und führen dann ein Set wingwave durch. Danach spüren Sie wieder in sich hinein und fühlen den Steigerungseffekt", erklärte ich. „Probieren Sie mehrere Interventionsmöglichkeiten aus und stellen Sie dann fest, welche ‚bilaterale Hemisphärenstimulation' für Ihr Selbst-Coaching am besten funktioniert. Wir empfehlen fünf verschiedene Möglichkeiten."

Links-rechts-Reize für die bilaterale Hemisphärenstimulation

- Die Augenbewegungs-Sets werden selbst eingesetzt. Wichtig dabei ist, dass die Bewegungen von der Blickrichtung her im lockeren Wechsel oben, mittig und unten durchgeführt werden. So aktivieren Sie möglichst viele Gehirnzellen im Selbst-Coaching-Prozess.
- Man nutzt die „Butterfly-Methode“: Dabei kreuzt man beide Arme vor dem Brustkorb und tippt schnell und abwechselnd mit den Fingerspitzen auf den linken und rechten Oberarm.
- Auch die Oberschenkel können schnell im Links-rechts-Rhythmus mit den Händen „getippt“ werden.
- Eine gute Kombination aus körperlicher und auditiver Stimulation ist das sanfte Links-rechts-Klopfen am oberen Schläfenrand oder am Schädelknochen über den Ohren. Diese Intervention erreicht sowohl das Hören als auch das Fühlen.
- Die meisten Klienten benutzen für ihr Selbst-Coaching die wingwave-CD, die im abwechselnden Links-rechts-Takt über die Ohren stimuliert. Man hört die CD mit Kopfhörern, wodurch ein direkter Zugang zum auditiven Links-rechts-Erlebnis gebahnt wird.

Nadine wählte den Einsatz der wingwave-CD und das Tippen der Oberschenkel als brauchbare und angenehme Selbst-Coaching-Methode für sich aus. Überprüfen auch Sie, mit welcher der vorgestellten wingwave-Möglichkeiten Sie am besten arbeiten können.

ÜBUNG: Verstärkung positiver Gefühle mit der wingwave-Methode

Vorbereitung: Sie haben sich Ihre optimale wingwave-Übung herausgesucht:

1. Denken Sie an ein schönes, aufbauendes Erlebnis oder eine positive Zukunftsvorstellung: Sie sind in einer sehr guten Verfassung, fühlen sich wohl und sind im optimalen Kontakt mit Ihren Kraftquellen.

2. Spüren Sie in Ihren Körper hinein: Wo erzeugt diese Vorstellung ein „positives Körperecho“?
   - ☺ Es kribbelt überall angenehm.
   - ☺ Der Brustkorb fühlt sich weit und leicht an.
   - ☺ Sie fühlen sich stark, als könnten Sie „Bäume ausreißen“.
   - ☺ Sie spüren eine angenehme Ruhe im Bauch.

☺ Der Rücken fühlt sich angenehm gerade an.
☺ Der Kopf ist frei.
☺ usw. ....

Konzentrieren Sie sich auf die angenehmste Empfindung.

3. Nun geben Sie diesem positiven Körperecho einen Wert auf der Skala für subjektive Wellness zwischen +1 und + 10.

   ....

4. Schätzen Sie das gute Gefühl unter + 10 ein, fahren Sie mit der wingwave-Übung fort: Sie denken an die positive Vorstellung, spüren das angenehme Körperecho und setzen dann mit einem Set wingwave ein: Augenbewegungen, Klopfen oder Sie nutzen die CD. Ein „Set" dauert zwanzig Sekunden. Nach zwanzig Sekunden fühlen Sie nach, wie weit sich die Stärke der positiven Körperempfindung weiter entfaltet hat: Mit Sicherheit ist sie um einen Punkt intensiver geworden. Wenn Sie die CD einsetzen, lassen Sie die Melodie beim Nachspüren einfach weiterlaufen.

5. Sie fahren mit wingwave fort, bis sich die Punktzahl auf der Positiv-Skala nicht weiter nach oben steigern lässt. Insgesamt führen Sie diese Übung bis zu einer Viertelstunde durch.

Eye Movement Desensitization and Reprocessing (EMDR): die moderne Trauma-Therapie

Mitte der 90er Jahre wurde diese Methode in Deutschland bekannt. „Winke-Winke-Therapie" war eine kritische Beschreibung von EMDR, da hier der Therapeut dem Klienten vor den Augen hin- und herwinkt, um wache REM-Phasen zu erzeugen. Heute zählt die Methode weltweit zu den am besten erforschten und effektivsten Verfahren zur Behandlung von posttraumatischen Belastungsstörungen. Tatsächlich reichen manchmal nur zwei bis fünf Sitzungen aus, um die betroffenen Patienten von quälenden Erinnerungen an Unfälle, Gewaltszenen oder Naturkatastrophen zu befreien. Die amerikanische Begründerin, die Therapeutin Francine Shapiro, wurde für ihre Verdienste um die Entwicklung von EMDR inzwischen mit dem internationalen Freud-Preis geehrt. Mit wingwave haben wir im Besser-Siegmund-Institut die Methode für den Coaching-Bereich zur emotionalen Ressourcen-Aktivierung weiterentwickelt.

Das Zielbild stärken

„Wir konnten nun mit wingwave Ihr positives Zielgefühl bereits auf acht Punkte verstärken. Hätten Sie Lust, noch eine weitere Selbst-Coaching-Übung auszuprobieren?“ fragte ich Nadine. „Ich bin zwar jetzt schon sehr zufrieden mit dem Ergebnis – aber ich möchte alles lernen, um mich selbst zu motivieren“, antwortete sie. „Dann zeige ich Ihnen jetzt ganz konkrete Möglichkeiten für eine zielgerichtete Einstellungsänderung – und zwar im wahrsten Sinne des Wortes“, kündigte ich die nächste Übung an.

„Gehen Sie nun nochmals ganz in diese Vorstellung herein. Nehmen Sie alles genau wahr. Was können Sie tun, um das Gefühl der Vorfreude noch weiter zu verstärken?“ Ich machte Nadine einige Vorschläge. „Wir haben gesagt, dass die schlanke Nadine in der Vorstellung lacht. Können Sie dieses Lachen nur sehen oder auch vor dem geistigen Ohr hören? Fällt Ihnen vielleicht auch ein Geruch ein, der zu dem Bild passt?“ „Als Geruch muss ich an einen Zitronenduft denken – aber was die Positivenergie sehr verstärkt, ist das Lachen, das ich in der Vorstellung höre. Vorher war alles wie ein Stummfilm. Und was ganz besonders wichtig ist: Ich höre nicht nur das eigene Lachen sondern auch das Lachen von anderen Menschen, die offenbar um mein Zukunfts-Ich herumstehen. Mein Wohlgefühl ist jetzt noch um einen Punkt auf 9 gestiegen.“

Sinnesspezifische Formulierungen finden

Nadines Wohlgefühl verstärkte sich also, wenn sie dem Bild von ihrem positiven Zukunfts-Ich zusätzliche Sinnesqualitäten hinzufügte. Zu einem intensiven Vorstellungserlebnis gehörten – wie schon weiter oben beschrieben – nicht nur ein Bild, sondern auch Klänge, Gerüche und vielleicht sogar ein bestimmter Geschmack. Es ist bei allen Menschen unterschiedlich, übrigens wieder ganz individuell, welche Sinnesqualität ein Zukunftsbild mit Positivenergie auflädt. Bei dem einen könnte es ein bestimmter Geruch oder Geschmack sein, bei dem nächsten ein visueller Reiz, wie beispielsweise funkelndes Licht.

Zu einem intensiven Vorstellungserlebnis gehörten nicht nur ein Bild, sondern auch Klänge, Gerüche und vielleicht sogar ein bestimmter Geschmack.

Gefühlswerte bewusst miteinander vergleichen

„Nun haben wir es geschafft, dass Ihr schlankes Zukunfts-Ich die Bonbontüte vom Gefühlswert her schon überholt hat. Lassen Sie uns das

Resultat noch einmal überprüfen. Denken Sie zunächst an das Zukunfts-Ich und verbinden Sie diese Vorstellung mit dem Zitronenduft und dem Lachen. Sehen Sie sich nun die Bonbontüte an. Welche Wahrnehmung zieht Sie subjektiv stärker an?" „Wenn ich an beides gleichzeitig denke, merke ich so richtig, wie die Bonbons ihre Wirkung verlieren. Beim Gedanken an mein Zielbild scheint jetzt die Tüte automatisch blasser zu werden. Vorher war's genau umgekehrt. Ich könnte die Tüte jetzt ohne Bedauern wieder wegpacken."

Distanz zum Auslöser schaffen

„Lassen Sie uns die Wirkung noch verstärken", schlug ich vor. „Stellen Sie sich vor, Sie würden die Bonbontüte durch einen lila Farbfilter sehen – so als hätten Sie eine Sonnenbrille mit lila Gläsern auf. Wie erleben Sie das?" – „Sie wird dadurch noch uninteressanter, die Positivenergie sinkt bis auf zwei bis drei Punkte", antwortete Nadine. „Das ist ja toll!" „Nun legen Sie die Bonbontüte zur Seite. Ich beschreibe Ihnen jetzt den nächsten Schritt – bitte hören Sie nur zu, führen Sie ihn dann erst auf mein Startzeichen hin aus. Ok?" „Ok", antwortete Nadine. „Sie denken gleichzeitig an die zwei Bilder: die Bonbontüte hinter dem lila Farbfilter und daneben das tolle Bild von der schlanken Nadine, deren Lachen Sie auch hören. Ich werde gleich das Zauberwort ‚Pling' sagen und dann passiert Folgendes: Das Bild der schlanken Nadine breitet sich blitzschnell aus und verdrängt das Bonbontüten-Bild, das dann mit einem kleinen ‚Puff' verschwindet."

Bilder auf ein Zauberwort

„Schließen Sie die Augen. Sie stellen sich jetzt die beiden Bilder gleichzeitig vor – so, wie wir es besprochen haben." – „Mach ich", nickte Nadine. „Ich werde bis drei zählen und dann das Zauberwort sagen." – „Ist in Ordnung", bestätigte sie. „Also – konzentrieren Sie sich und eins, zwei, drei ... ‚Pling'." Nach nur drei Sekunden sagte ich: „Öffnen Sie die Augen und sehen Sie mich wieder an." Als Nadine mich dann anschaute, fragte ich: „Hat's funktioniert?" „Ja, hervorragend!" Wir wiederholten den Vorgang noch viermal. Es ist hierbei wichtig, unmittelbar nach gelungener Zauberei wieder die Augen zu öffnen, damit das Gehirn sich das „frische" Zauberbild einprägt. Die Wiederholung sorgt dann für die Gedächtniskraft der Bildzauberei. „Wenn Sie jetzt zu Hause die Bonbontüte sehen, sagen Sie sich nur das ‚Pling' vor – wiederholen müssen Sie dann nicht mehr", erklärte ich Nadine und entließ sie mit ihrer „entschärften" Bonbontüte.

Sieg nach Punkten für das Zukunfts-Ich

Zwei Wochen später kam Nadine triumphierend zur nächsten Sitzung. „Es klappt hervorragend", erzählte sie. „Ich habe mir extra eine Tüte gut sichtbar auf den Tisch gelegt und bin immer mit einem Hochgefühl daran vorbeigegangen. Ich hatte überhaupt nicht den Wunsch, mir einen Bonbon zu nehmen. Sofort schwebte mein Zielbild zum Greifen nah vor meinem geistigen Auge und gab mir Kraft. In Gedanken sagte ich zu den Bonbons: ‚Ich bin stärker als ihr!' Vor allem beim Einkaufen ging ich einfach am Süßigkeiten-Regal vorbei, der Distanzierungseffekt übertrug sich automatisch auf alle anderen Naschsachen. Nur bei Nudeln werde ich jetzt noch schwach." Also wiederholten wir den „Pling-Zauber" auch noch für diese verführerischen Teigwaren. Als Nadine dann in den nächsten Wochen insgesamt fünf Kilo abnahm, hatte sie in der ganzen Zeit nie das schmerzliche Gefühl, auf etwas verzichten zu müssen. „Ganz im Gegenteil – ich habe mich die ganze Zeit von meiner Vorfreude ‚ernährt'", erklärte sie die magnetische Zugkraft ihres Zukunfts-Ichs.

ÜBUNG: Verhaltensweisen unterlassen

1. Sie denken an ein Verhalten, mit dem Sie unbedingt aufhören wollen: Naschen, Rauchen, Trinken, Fingernägelkauen usw. Entscheiden Sie sich bitte wieder für ein „mittelwichtiges" Thema.

   ....

2. Überlegen Sie in Ruhe: Wofür möchte ich damit aufhören? Gehen Sie über Drachen-Formulierungen wie beispielsweise: „Damit ich nicht dick / krank / hässlich usw. werde", hinaus. Finden Sie stattdessen für Ihr Zukunfts-Ich, das vom Aufhören profitiert, mindestens drei Sätze mit positiven Wörtern wie „schön", „gesund" usw.:

   ....

   ....

   ....

3. Machen Sie sich – inspiriert durch die Zielbeschreibung – eine lebensechte Vorstellung von Ihrem positiven Zukunfts-Ich:
   - ☺ Sorgen Sie für anziehende Farben, gutes Licht, lassen Sie Ihr Zukunfts-Ich im Kino-Format erstrahlen.
   - ☺ Hören Sie mit dem geistigen Ohr auch Stimmen, Klänge und Geräusche, die zu dieser Vorstellung passen.
   - ☺ Vielleicht gibt es sogar einen Geruch oder Geschmack, der zu diesem Zukunftserlebnis gut passen könnte.
   - ☺ Spüren Sie die Intensität von Vorfreude, die durch dieses Zukunftsbild in Ihnen ausgelöst wird.

4. Denken Sie an die „Skala für subjektive Wellness" (SSW). Sie reicht von 1 bis 10. Wie viele Punkte geben Sie der Vorfreudeenergie auf dieser Skala?

   ....

5. Im nächsten Schritt denken Sie an den konkreten Auslöser für das unerwünschte Verhalten. Stellen Sie ihn sich entweder lebhaft vor oder betrachten Sie ihn live: die Tafel Schokolade, die Zigarette, den Anblick der Fingernägel nahe vor dem Gesicht usw. Spüren Sie die Anziehung von diesem Auslöser. Fühlen Sie die Vorfreude auf das Verhalten. Schätzen Sie wieder das Ausmaß der Positivenergie auf der Skala ein:

   ....

6. Vergleichen Sie die beiden Punktwerte. Hat Ihr Zukunfts-Ich die höhere Punktzahl, ist schon alles in Ordnung. Sind die Punktwerte umgekehrt oder gleichwertig, müssen Sie das Zielbild stärken und die Wirkung des Verhaltensauslösers schwächen. Probieren Sie in diesem Fall die im Kasten dargestellten Imaginationsmöglichkeiten und wingwave-Coaching aus.

7. Nun stellen Sie sich mit geschlossenen Augen den (geschwächten) Verhaltensauslöser und das (gestärkte) Zielbild gleichzeitig auf dem geistigen Bildschirm vor.

8. Zählen Sie bis drei und sagen Sie dann laut „Pling". Blitzschnell vergrößert sich das Zielbild in Bruchteilen von Sekunden und wächst über das Auslöserbild, das mit einem kleinen „Puff" verschwindet. Öffnen Sie schnell die Augen.

9. Wiederholen Sie den Pling-Zauber noch vier Mal.

10. Wann immer Sie ab jetzt mit dem Verhaltensauslöser konfrontiert sind, sagen oder denken Sie das Zauberwort „Pling". So wird die positive Zukunft auch im Hier und Jetzt wesentlich anziehender wirken als der Auslöser für Ihr problematisches Verhalten.

Hinweise zur Übung:

- Nehmen Sie sich für den ersten Übungsdurchgang eine halbe Stunde Zeit. Zum Training benötigen Sie danach täglich nur noch fünf Minuten. Konzentrieren Sie sich stets nur auf *ein* unerwünschtes Verhalten, das Sie ablegen möchten.
- Bei vielen Menschen hat ein unerwünschtes Verhalten bereits am nächsten Tag oder nach wenigen Stunden äußerst unangenehme Folgen: Beispielsweise bekommt man vom Rauchen Kopfschmerzen, einem ist schwindelig vom Alkoholkater oder einem wird übel, weil man zu viel gegessen hat. Lassen Sie diese Phasen des körperlichen Tiefs nicht ungenutzt verstreichen, denn Sie können jetzt dafür sorgen, dass Ihnen die unangenehme Konsequenz schon beim „Sündigen" körperlich bewusst wird: Kneifen Sie sich mit zwei Fingernägeln der einen Hand in den Handrücken der anderen, wenn es Ihnen so richtig schlecht geht. Gehen Sie bis zur Schmerzgrenze. Aber bitte nur kneifen, nicht verletzen! Wenn Sie dann wieder in Versuchung geraten, wiederholen Sie das „Erinnerungs-Kneifen". Körperliches Unwohlsein wird nämlich am besten über „kleine" Schmerzreize wieder ins Gedächtnis gebracht. So holen Sie sich die „Erinnerung an morgen" in das Hier und Jetzt. Das Kneifen bewirkt quasi eine Fühl-Imagination. Wenn Sie jetzt noch den Pling-Zauber durchführen, fällt Ihnen das Aufhören doppelt so leicht. Sollten Sie allerdings ein ernstes Suchtproblem haben, ist diese Übung bei weitem nicht ausreichend und kann keine Therapie ersetzen. Aber auf dem Niveau der kleinen Laster kann sie sehr gut helfen.

Die Einstellung ändern

Hier finden Sie eine Reihe von Imaginations-Feineinstellungen, mit deren Hilfe Ihr Zielbild den Verhaltensauslöser „gefühlstechnisch" überholen kann. Sie sind besonders hilfreich, wenn Ihr Ziel erst in ein paar Wochen oder Monaten völlig in Erfüllung gehen kann und Sie deshalb im Hier und Jetzt genügend Positivenergie benötigen, um für Ihre positive Zukunft am Ball zu bleiben.

Negative Verhaltensauslöser schwächen

Stellen Sie sich den Auslöser lebhaft vor oder betrachten Sie ihn. Probieren Sie nun folgende Schritte aus:

- ☺ Sehen Sie den Verhaltensauslöser durch einen imaginativen Farbfilter: lila, grün, blau, pink oder stellen Sie ihn sich in schwarz-weiß vor. Testen Sie, welche Farbe die Attraktivität am ehesten schwinden lässt.
- ☺ Betrachten Sie den Auslöser durch ein mentales, falsch herum angesetztes Opernglas – so wirkt er kleiner und damit unbedeutender.
- ☺ Vergrößern Sie den Auslöser durch eine fiktive Lupe überdimensional – so wirkt er absurd und Sie erleben eine subjektive Distanzierung.
- ☺ Versetzen Sie sich in die Beobachterperspektive: Sehen Sie sich selbst mit gierigem Blick vor Ihrem Verhaltensauslöser sitzen oder stehen.
- ☺ Sie stellen sich vor, dass im Auslöser ein unsichtbarer Lautsprecher angebracht ist, aus dem ein höhnisches Lachen ertönt. Der unheimliche Lacher scheint sich darüber zu freuen, dass Sie gerade im Begriff sind, auf die Verführung hereinzufallen.
- ☺ Assoziieren Sie beim Anblick des Auslösers einen für Sie unangenehmen Geruch: Lebertran, Salmiakgeist, abgestandenes Blumenwasser o.Ä.

Diese Technik bewirkt bei mir die stärkste Abschwächung:

....

Diese Technik bewirkt die zweitstärkste Abschwächung:

....

Der Punktwert des Auslösers ist jetzt auf .... gesunken.

Das Zielbild intensivieren

Denken Sie an Ihr Zielbild. Stellen Sie es sich so lebhaft wie möglich vor. Probieren Sie nun die folgenden Verstärkungstechniken aus:

- ☺ Vergrößern Sie Ihr Zielbild – bis hin zum Kinoformat.
- ☺ Spielen Sie mit den Farben: Entweder werden die Farben noch kräftiger oder sie verwandeln sich in zarte Pastelltöne. Testen Sie, welche Variante Ihr positives Gefühl auf der SSW-Skala am ehesten intensiviert.
- ☺ Stellen Sie sich das Zielbild dreidimensional vor, so als könnten Sie um Ihr Zukunfts-Ich herumgehen und es so von allen Seiten betrachten.
- ☺ Lassen Sie das Zielbild sich bewegen: in normaler Geschwindigkeit, in „verträumter" Zeitlupe oder gar in Charly-Chaplin-Geschwindigkeit.
- ☺ Denken Sie an Stimmen, Klänge oder Geräusche – vielleicht sogar an eine „Filmmusik", welche die positive Wirkung Ihres Zielbildes noch weiter verstärken.
- ☺ Assoziieren Sie einen Geruch oder auch einen Geschmack, der besonders gut zu diesem Zielerlebnis passt.

Diese Technik bewirkt bei mir die intensivste Verstärkung:

....

Diese Technik bewirkt die zweitintensivste Verstärkung:

....

Der Punktwert des Zielbilds ist jetzt auf .... gestiegen.

Etwas hinter sich bringen

Eine Strategie für die Erledigung unangenehmer Dinge

Bestimmte Tätigkeiten kann man sich einfach nicht durch einen Mentaltrick versüßen.

Es gibt noch ein weiteres „Verhaltensthema“, das uns Menschen zu schaffen macht. Machen wir uns nichts vor: Bestimmte Tätigkeiten kann man sich einfach nicht durch einen Mentaltrick versüßen. Sie sind lästig, bleiben lästig, machen uns ganz einfach das Leben schwer. Ich meine hier vor allem die alltäglichen Aufgaben wie Bügeln, Socken sortieren, Formulare ausfüllen, Vokabeln pauken, im Stau stehen, einen unangenehmen Anruf erledigen oder das Katzenklo säubern.

Vielen ein Gräuel – der tägliche Schriftkram

So müssen beispielsweise Psychologen – wie auch ich selbst – öfter Berichte über ihre Patienten und Klienten verfassen. Das kann einem natürlich niemand abnehmen. Diese Berichte werden – meist natürlich dringend – von mitbehandelnden Ärzten, Krankenkassen, Kliniken oder auch Behörden und Anwälten benötigt. In diesen Berichten darf man jedoch keinerlei schriftstellerisches Talent entfalten sondern man muss sich akribisch an vorgegebene Fragen und Schemata halten, damit die abgegebenen Werke auch akzeptiert werden und zum erwünschten Ergebnis führen.

Die Problemstruktur beim Verfassen eines Berichts

Mittwoch Nachmittag
Wenn man den Bericht bis zu diesem Zeitpunkt geschrieben hätte, bliebe der Stress noch im Rahmen.

Montag der folgenden Woche
Bis zu diesem Zeitpunkt muss der Bericht spätestens abgeschickt werden.

Verhaltensthema: Es geht um eine Tätigkeit, die man sich durch keinen noch so guten „Psychotrick" schön denken kann. Man mag sie einfach nicht.

Zeitthema: Eigentlich gäbe es einen günstigen Zeitpunkt, um den Bericht schnell zu schreiben, um danach bis zur Fälligkeit des nächsten wieder Ruhe zu haben. Doch die meisten Menschen nutzen diesen Zeitpunkt nicht.

Unangenehme Aufgaben sofort erledigen

Vor zwei Jahren besuchte ich ein Fortbildungsseminar, auf dem ich viele Kollegen und Kolleginnen traf. Irgendwie tauchte das Thema „Berichteschreiben" auf und etliche von uns fingen an, mit den Augen zu rollen oder gar zu stöhnen. Man war sich einig: Fast alle fanden ihren Beruf interessant und waren froh, mit Menschen arbeiten zu können. Doch diesen Schriftkram fanden alle unangenehm – bis auf einen. Daniel erzählte freudestrahlend: „Diese Berichte machen mir gar nichts aus. Spaß machen sie mir auch nicht. Aber ich erledige sie immer sofort, und in sofern belasten sie mich nie."

Eine schlechte Gewohnheit – das Aufschieben

Genau das war für uns anderen der eigentliche wunde Punkt. Denn wir schrieben selbstverständlich alle unsere Berichte – aber oft leider doch auf den letzten Drücker. So machen es nämlich die meisten Menschen: Man

Man verdrängt liebend gern seine unerledigten Aufgaben, schiebt sie von einer Ecke in die andere und fühlt sich schlecht dabei.

verdrängt liebend gern seine unerledigten Aufgaben, schiebt sie von einer Ecke in die andere und fühlt sich schlecht dabei. Wenn dann das unangenehme Gefühl so stark rumort, dass man es nicht mehr aushält, wird die Aufgabe dann letztendlich doch erledigt.

Was du heute kannst besorgen ...

Daniel konnte das gar nicht verstehen: „Aber dann geht es euch doch doppelt und dreifach schlecht", hielt er uns vor. „Das Schreiben selbst ist zwar nicht besonders schön, aber der Stress, der beim Aufschieben entsteht, ist doch eigentlich genauso schlimm – wenn nicht gar belastender. Ich nehme eben die eine Stunde Arbeit auf mich und fühle mich danach sofort wieder gut. Ihr hingegen fühlt euch drei Tage lang gestresst, weil der Bericht wartet und schreibt ihn zum Schluss ja doch! Dann kann man's doch gleich machen!"

Unerfreuliches geistig vorwegnehmen

Wann immer ein Mensch eine gute Strategie für den Umgang mit verschiedenen Aufgaben und Herausforderungen hat, gibt es die Möglichkeit, sein mentales Rezept dafür zu erfahren. Daher befragten wir Daniel ganz genau nach seiner Selbst-Coaching-Strategie, die ihm bei seinem Schnell-Erledigungs-Programm hilft. „Musst du in nächster Zeit wieder etwas schreiben?", fragten wir ihn. „Ja, nächste Woche muss ich sogar drei Verlängerungsberichte fertig schreiben", antwortete er. Die sollen zwar erst am Montag der darauffolgenden Woche fertig sein, doch ich schreibe sie alle schon am Mittwoch. So schenke ich mir und meiner Familie noch ein schönes, freies Wochenende." „Dann denk doch jetzt einmal ganz intensiv an diese Aufgabe", baten wir Daniel. Er richtete den Blick in die Ferne, um an das Schreiben zu denken. Nach kurzer Zeit schon atmete er tief durch, lächelte und lehnte sich genüsslich in seinem Stuhl zurück. „Woran denkst du jetzt?", fragten wir sofort.

Der befreiende Gedanke an das „Danach"

Daniels Antwort entschlüsselte uns dann sein Erfolgsgeheimnis. „Ich habe alles wie im Film vor mir gesehen. Aber als ich mir das reine Berichteverfassen vorstellte, ist der Film rasend schnell gelaufen – so als wenn man eine Video-Kassette schnell vorspult. Dabei hörte ich im Geiste sogar den typischen Geräuschsalat von einem zu schnell laufenden Film. Auf diese Weise war die geistige Beschäftigung mit den Berichten in ein, zwei Sekunden vorbei. Danach wurde es dann richtig gemütlich. Alles lief in Zeitlupe. Ich unterschrieb den fertigen Bericht und dachte: ‚Herrlich, fertig!' Dann faltete ich ihn genüsslich zusammen, steckte ihn in ein Kuvert und klebte eine Briefmarke drauf. Ich klopfte nochmals mit der Faust die Briefmarke fest und dachte: ‚Das hast du hinter dir!' Dabei spürte ich ein Gefühl von Leichtigkeit und Freiheit. Am schönsten war der Gedanke daran, dass ich jetzt etwas Schönes für mich tun kann: einen Film ansehen, Essen gehen, ein Glas Wein trinken und dabei immer wieder ein Wort denken: ‚Frei ... frei ... frei!'"

Lästige Pflichten gedanklich überholen

Daniel durchläuft also in der geistigen Vorwegnahme eine ihm unangenehme Tätigkeit so blitzschnell, dass bei der Planung der Aufgabe gar keine Zeit verbleibt, um in Stress zu geraten. Den Moment des „Hinter-sich-Habens" hingegen weitet Daniel in seinem Zukunftsdenken zeitlich aus und zelebriert ihn imaginativ wie ein Fest. Die Befreiung vom Aufgabenballast spürt er regelrecht körperlich. Vor allem genießt er das Gefühl von Freiheit, verbunden mit dem Gedanken an schöne Dinge, die er jetzt für sich tun kann – und darf. Wir baten Daniel, diese beiden Erlebnisphasen wieder auf einer Skala einzuschätzen. Bei unangenehmen Themen wird die Ihnen schon bekannte **Skala für subjektive Wellness (SSW)** ergänzt durch die **Skala für subjektives Unbehagen (SSU)**, wie folgende Abbildung zeigt:

Die Befreiung vom Aufgabenballast spürt er regelrecht körperlich.

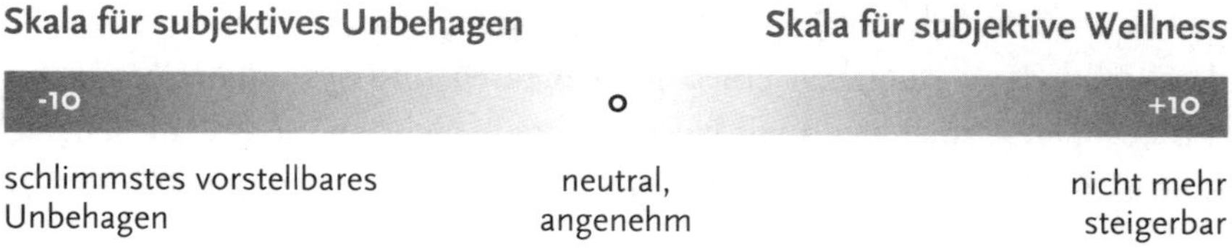

Da er den Umgang mit diesen Skalen gut kennt, antwortete er sehr schnell: „Also, begeistert bin ich vom Berichteschreiben auch nicht, da bleibt schon ein kleines Unbehagen, das ich so bei -1 Punkten auf der SSU-Skala einschätze. Aber dem Feierabend-Gefühl gebe ich sieben Pluspunkte auf der Positivseite. Und für ein so schönes Erlebnis kann man doch dieses kleine Unwohlsein gern in Kauf nehmen – oder?"

Vom subjektiven Zeiterleben

Viele von uns stellten daraufhin fest, dass sie genau die gegenteilige Strategie beim Denken an unangenehme Aufgaben benutzen: „Also, ich denke an so eine Aufgabe wie an eine unendliche Geschichte“, sagte Manuela. „Ich stelle mir ganz intensiv vor, wie ich vor meinem Computer sitze, nach Formulierungen suche, wie mir keine einfallen und es mir dann schlecht geht. Dann fühle ich mich wie eingesperrt und spüre eine Zentnerlast auf den Schultern. Auf der SSU-Skala würde ich dafür mindestens fünf Minuspunkte geben. Das, was danach kommt, habe ich mir eigentlich noch nie vorgestellt. Daniels Strategie ist ein richtiges Aha-Erlebnis für mich! Ich habe schon beim Zuhören seine Imaginationstechnik auf eine eigene Aufgabe hin durchdacht – und es scheint zu funktionieren! Ich könnte mich sofort hinsetzen und es hinter mich bringen, um dann zu feiern.“

Die Strategie des Sofort-Erledigens

In der Tat ist Daniels Sofort-Erledigungs-Strategie das Geheimnis vieler erfolgreicher Menschen. Denn unangenehme Tätigkeiten müssen immer wieder überwunden und bewältigt werden, wenn man ein Ziel erreichen will. Natürlich variieren hier auch die Vorlieben und die Abneigungen. So habe ich eine Freundin, die ausgesprochen gern bügelt. Sie entspannt sich dabei so schön – sagt sie. Eine andere Freundin hingegen hasst Bügeln ausdrücklich. Nun gibt es für die Bügel-Hasserin zwei Möglichkeiten: Sie kann abwarten, bis ihr das Bügeln eines Tages auch Spaß macht – oder sie erlernt Daniels Strategie des „Hinter-sich-Bringens“. Auch für Sie könnte es sich lohnen, Daniels Strategie einmal auszuprobieren. Ihr Leben könnte dadurch wesentlich an Qualität gewinnen, denn man hat herausgefunden, dass unerledigte Aufgaben einen permanenten untergründigen Stress auf uns ausüben – auch wenn wir bewusst gerade nicht an die Pflicht denken. Eine aktive Erledigung verkleinert dieses Stresspotenzial erheblich.

Auch für Sie könnte es sich lohnen, Daniels Strategie einmal auszuprobieren. Ihr Leben könnte dadurch wesentlich an Qualität gewinnen.

Das Gefühl der Freiheit genießen

Ein Faktor in Daniels Strategie verdient hier aber noch ganz besondere Beachtung: Wenn er tatsächlich eine erledigte Aufgabe hinter sich hat, entspannt er genau so, wie er es sich vorgenommen hat. „Wenn ich das nicht täte, wüsste ich ja gar nicht, worauf ich mich freuen sollte!“ meint er dazu.

„Ich weiß sehr wohl aus der Realität, wie schön ein Feierabendgefühl sein kann."

Regelmäßig Atempausen einlegen

An diesem Punkt muss ich Sie nämlich auch vor einer Überdosis dieser Strategie warnen: Es gibt Menschen, die von einer unerledigten Aufgabe zur anderen hetzen und zwischendurch überhaupt nicht die Früchte ihrer Arbeit würdigen und feiern können. Das wäre die übertriebene Variante dieser Imaginationstechnik, da ein Dauer-Erledigen auch einen Dauerstress bewirkt, der für Ihre Lebensqualität wiederum nicht besonders gut ist. Körper und Geist benötigen nach jedem Energieverbrauch auch wieder ein Auftanken – wie jedes Auto auch.

Es gibt Menschen, die von einer unerledigten Aufgabe zur anderen hetzen und zwischendurch überhaupt nicht die Früchte ihrer Arbeit würdigen und feiern können. Das wäre die übertriebene Variante dieser Imaginationstechnik.

ÜBUNG: Eine Strategie für die Erledigung unangenehmer Dinge

1. Denken Sie an eine „mittelwichtige" Tätigkeit, die Sie demnächst erledigen müssen, welche die folgenden Eigenschaften aufweist:
   - ☺ Sie finden diese Tätigkeit ganz einfach unangenehm.
   - ☺ Sie haben noch keinen Trick gefunden, um sich diese Sache „schönzureden": Sie mögen sie eben nicht und stehen auch dazu.
   - ☺ Sie müssen diese Sache aber tun, um wichtige Ziele zu erreichen.
   - ☺ Keiner kann Ihnen diese Aufgabe abnehmen.
   - ☺ Kurzum – es gibt für Sie eigentlich keinen anderen Ausweg, als die Aufgabe zu erledigen.
   - ☺ Einige Beispiele: die Steuererklärung ausfüllen, Sport treiben, das Auto von innen saugen, für eine Prüfung lernen usw.

   Ich wähle diese Tätigkeit für die Übung aus:

   ....

2. Überlegen Sie: Wann wäre der günstigste Zeitpunkt diese Aufgabe auszuführen? Morgen? Übermorgen? Denken Sie an den Zeitpunkt der Tätigkeit. Gehen Sie in Gedanken den ganzen Ablauf durch. Spüren Sie, wie Sie sich allein beim Gedanken an die Tätigkeit fühlen – wahrscheinlich nicht so gut. Ordnen Sie diesem Unbehagen einen Minuswert (0 bis -10) auf SSU-Skala zu:

   ....

3. Überholen Sie diese Tätigkeit jetzt gedanklich auf der Zeitschiene und begeben Sie sich mit Haut und Haaren in das Erlebnis, die Tätigkeit hinter sich gebracht zu haben: Führen Sie die letzten Handgriffe aus und zelebrieren Sie mit allen Sinnen das Erlebnis, „frei“ zu sein. Es ist vorbei! Denken Sie darüber nach, was Sie sich jetzt gönnen wollen – und dürfen! Versetzen Sie sich vollständig in ein Feierabendgefühl (oder Feiermorgen-, vielleicht auch Feiernachmittagsgefühl). Wie viele Pluspunkte bekommt dieses Gefühl auf der SSW-Skala (0 bis +10)?

   ....

4. Nun gehen Sie wieder in die Jetztzeit zurück. Die Tätigkeit liegt wieder vor Ihnen. Sie denken an die Ausführung, jetzt aber in überdrehter Filmgeschwindigkeit. Die Bilder laufen rasant vorbei und Sie hören mit dem geistigen Ohr sogar den typischen Geräuschesalat eines filmischen Schnellvorlaufs. Und schon ist die Sache vorbei! Spüren Sie, wie „klein“ das Stresserleben bei diesem Schnelldurchgang bleibt. Wie viele Minuspunkte sind vom „Körperecho“ her jetzt noch verblieben (0 bis -10)?

   ....

5. Sowie Sie aber sagen können: „Es liegt hinter mir“, läuft der Film genüsslich langsam. Feiern Sie in Gedanken jede abschließende Handlung und das herrliche Gefühl von Freiheit. Verstärken Sie dieses gute Gefühl durch wingwave. Fühlen Sie in Ihren Körper hinein und denken Sie jetzt an die Aufgabe. Spüren Sie den angenehmen Unterschied, der sich jetzt durch die gesenkte Hemmschwelle eingestellt hat.

Hinweise zur Übung:

- Nehmen Sie sich für die erste Beschäftigung mit dieser Übung eine Viertelstunde Zeit. Danach reichen drei bis fünf Minuten, um im Alltag von dieser Selbst-Coaching-Technik zu profitieren.
- Diese Übung hilft Ihnen besonders gut, sich den Schwierigkeiten des Alltags zu stellen und diese konstruktiv und tatkräftig zu bewältigen. Es nützt nämlich überhaupt nicht, mit positivem Denken die Hindernisse in Gedanken zu verdrängen. Das wäre nichts anderes als eine „Vogel-Strauß-Technik“. Erleben Sie viel eher, wie angenehm das Leben wird, wenn man mit Tatkraft an unausweichliche Aufgaben denkt und sie einfach erledigt, statt sie vor sich herzuschieben. Je selbstverständlicher Ihnen dieser Gedanke und dieses Handeln werden, desto erfolgreicher werden Sie Ihre Ziele realisieren.

Selbstbewusst eine Rede halten

Der 50-Prozent-Trick

Der 40-jährige Andreas war ganz aufgeregt. Sein Chef hatte ihn gebeten, anlässlich eines Firmenjubiläums eine Rede vor 200 geladenen Gästen zu halten. „Zuerst habe ich geglaubt, der macht Spaß, denn es gibt ja noch eine Reihe von Mitarbeitern, die viel länger als ich in der Firma sind", erzählte Andreas. „Aber es ging darum, dass ich in den letzten Jahren einige Auslandskontakte für die Firma aufgebaut hatte – und darüber soll ich nun etwas erzählen." Nach dem ersten Schock hatte Andreas sich sehr über die Idee seines Arbeitgebers gefreut. Einen eindeutigeren Beweis für die Zufriedenheit mit seiner Arbeit konnte es ja gar nicht geben. Aber mit diesem Gedanken fingen auch die Probleme an. „Was ist denn nun, wenn ich bei dieser Rede total versage?" fragte Andreas mit schwankender Stimme. „Was genau verstehen Sie denn unter ‚total versagen'?" entgegnete ich. „Na ja, dass es eben ein Fiasko wird." „Wie genau stellen Sie sich denn ein ‚Fiasko' vor?", wollte ich weiter wissen. „Lassen Sie uns doch einmal im Einzelnen Ihre Katastrophenfantasien durchgehen und zusammen herausfinden, ob sie wirklich so schlimm sind."

Wir vereinbarten, gemeinsam das „Und-dann"-Gedankenspiel zu spielen. Die Regeln erklärte ich so: „Ich frage Sie nach Ihren Befürchtungen. Wenn Sie davon erzählen, frage ich ab und zu: ‚Und dann?' Sie beantworten meine Fragen, so gut Sie können. Zu den Spielregeln gehört, dass ich Sie durch meine Fragen auch provozieren und ein bisschen ärgern darf – ok?" Andreas willigte ein.

Die Technik des präzisen Fragens

„Wovor haben Sie also Angst?" „Davor, dass ich totalen Unsinn rede." „Dann werden Sie sich also überhaupt nicht vorbereiten und auch nichts aufschreiben?" „Natürlich mache ich das!" „Aber wie wollen Sie es denn schaffen, Unsinn zu reden? Wollen Sie vielleicht zuvor zwei Flaschen Whiskey trinken und torkelnd und Unsinn redend zum Rednerpult wanken?" „Selbstverständlich nicht!" antwortete Andreas etwas empört. „Ja, was meinen Sie denn dann mit Unsinn?" Andreas dachte nach: „Also, ich könnte mich versprechen oder stottern", sagte er schließlich. „Und dann? Dann stehen alle empört auf und verlassen den Raum?" „Nein, eigentlich glaube ich das nicht", räumte Andreas ein. „Ich glaube das auch nicht", sagte ich. „Schon gar nicht, wenn Sie zu Beginn einfach sagen, was los ist: ‚Ich halte heute das erste Mal vor so vielen Menschen eine Rede und bin deswegen etwas aufgeregt. Dafür haben Sie sicherlich Verständnis.' Das macht Sie gleich sympathisch. Keiner wird böse sein, wenn Sie sich versprechen." „Eigentlich stimmt das", räumte der Rednerkandidat ein. „Aber wovor ich wirklich Angst habe, ist, dass mir meine Zettel herunterfallen könnten und ich dann ein ziemlich blödes Bild abgebe." „Dann bitten Sie eben einen guten Freund, unauffällig in Ihrer Nähe zu sitzen und im Zweifelsfall schnell für Sie die Zettel aufzuheben. Sie nehmen sie entgegen und sagen zum Publikum: ‚Ich sortiere nur kurz meine Notizen – so, jetzt habe ich wieder den Faden.' Ist das schlimm?"

Für den Notfall Vorkehrungen treffen

Das Imaginationsspiel könnte man auch „Des Teufels Advokat" nennen. Man weicht dem Katastrophengedanken nicht zitternd aus, sondern stellt sich ganz gelassen gedanklich dem schlimmsten Fall.

Sie können sich schon denken, dass Andreas auch diese Vorstellung plötzlich ganz erträglich fand. Das Imaginationsspiel von uns beiden könnte man auch „Des Teufels Advokat" nennen. Man weicht dem Katastrophengedanken nicht zitternd aus, sondern stellt sich ganz gelassen gedanklich dem schlimmsten Fall. Wenn Sie sich dann noch fragen: „Und dann, ist das denn wirklich so schlimm?" werden Sie fast immer – wie Andreas – feststellen, dass die vermeintliche Katastrophe gar keine ist. Wenn Sie dann noch einige kreative Möglichkeiten imaginieren, wie beispielsweise den zettelaufhebenden Freund, schmelzen die Befürchtungen wie Schnee in der Sonne. So werden Katastrophen zu kleinen, durchaus erträglichen und überlebbaren Unannehmlichkeiten. Denn jeder Mensch kann ein Mindestmaß an Stress ertragen. Die Frage ist nur, ob man bei dem Gedanken an das „stressige" Ereignis ohnmächtig wird oder den Satz denkt: „Das werde ich schon irgendwie schaffen."

Die Kognitive Verhaltenstherapie

In der Kognitiven Verhaltenstherapie beschäftigt man sich nicht in erster Linie mit dem äußerlich sichtbaren Verhalten, sondern mit den Gedanken, die das Verhalten und die psychische Befindlichkeit eines Menschen auslösen. Halten zwei Menschen hintereinander bei gleichem Publikum eine Rede, kann das äußerlich zu ganz verschiedenen Resultaten führen, wie der folgende Vergleich zeigt:

	Situation I	**Situation II**
A. Situation	Redner A spricht.	Redner B spricht.
B. Ereignis	Jemand schaut kritisch.	Jemand schaut kritisch.
C. Gedanke	Redner A denkt: „Den Leuten gefällt es nicht – es ist aus!“	Redner B denkt: „Na, der ist wohl heute mit dem falschen Bein aufgestanden!“
D. Gefühlserlebnis	Angst, Panik	Gelassenheit, etwas Humor
E. körperliche Reaktion	Schwitzen, der Atem stockt, Herzrasen	ruhiger Atem, normaler Herzschlag, ausgeglichene Hauttemperatur
F. von anderen wahrnehmbares Verhalten	fahrige Bewegungen, unsicherer Blick, stockender Redefluss	fließende Bewegungen, offener Blick, ruhiger Redefluss

Wie man sieht, sind Situation I und II bis zu Punkt B. identisch. Ab Punkt C. unterscheiden sich dann die Gedanken der beiden Redner. Gedanken sind zwar äußerlich nicht wahrnehmbar, wohl aber die Konsequenzen, welche Gedanken für die Gefühle und das gezeigte Verhalten haben. Daher versucht man in der Kognitiven Verhaltenstherapie, die Gedanken zu ergründen, die zu einem Verhaltensproblem führen und sie durch solche zu ersetzen, die das Verhalten positiv beeinflussen können.

In der Kognitiven Verhaltenstherapie versucht man , die Gedanken zu ergründen, die zu einem Verhaltensproblem führen und sie durch solche zu ersetzen, die das Verhalten positiv beeinflussen können.

Ein wichtiges Prüfkriterium ist beispielsweise die Frage, ob ein Gedanke, mit dem wir äußere Ereignisse bewerten, angemessen (bzw. rational) oder unangemessen (irrational) ist. Mit anderen Worten: Man versucht aufzuspüren, wo Menschen aus einer Mücke unnötigerweise einen Elefanten machen und sich und andere mit dem Gedanken weitaus stärker unter Stress setzen, als nötig wäre, wie hier einige Beispiele zeigen:

GEDANKE	BEWERTUNG
„Ich sterbe, wenn ich mich verspreche."	Es ist zwar unangenehm, sich zu versprechen, aber sterben wird man nicht daran (irrational).
„Mein Mann muss mich lieben."	Es ist zwar sehr schön, geliebt zu werden – aber es gibt keinen Paragrafen, der Menschen dazu zwingt, andere zu lieben (irrational).
„Kein Mensch will mir helfen."	Solange man nicht alle Menschen gefragt und von allen Menschen auch eine Absage bekommen hat, ist der Satz irrational.
„Peter will mir nicht helfen."	Sollte Peter tatsächlich die Hilfe verweigern, ist der Satz rational und das Gefühl der Traurigkeit und Enttäuschung über Peter ist angemessen (rational).
„Ich darf nie einen Fehler machen."	Es ist zwar wünschenswert, immer fehlerfrei zu handeln, aber das schafft kein Mensch. Der Anspruch ist zu hoch, also irrational.
„Ich möchte mein Bestes geben."	Dieser Anspruch ist auch sehr hoch, aber bei wichtigen Aufgaben erfüllbar. Er ist gegenüber dem Satz zuvor als rational einzustufen.

Anforderungen realistisch gestalten

„Aber eines kann ja wirklich passieren", konterte Andreas noch. „Ich bin gut vorbereitet, ein Versprecher wird akzeptiert, die Zettel werden elegant wieder aufgehoben – und trotzdem finden die Zuhörer meinen Beitrag langweilig oder haben etwas daran zu kritisieren. Was dann?" Er sah mich nahezu triumphierend an. „Sie haben vollständig recht, genauso wird es kommen: Einige Zuhörer finden Ihre Rede langweilig und andere werden sogar Ihre Nase nicht mögen. Das ist so sicher wie das Amen in der Kirche! Und dann – was ist daran schlimm?" – Andreas wurde sichtlich blass. „Das ist schlimm! Denn es ist wahnsinnig wichtig, dass meine Rede allen gefällt!" rief er fast. „Allen, wirklich allen 200 Zuhörern?" fragte ich. „Das geht doch gar nicht!" – „Nein?" fragte mein Klient.

Wenn das Ziel zu hoch gesteckt ist

Mit diesem unrealistischen Anliegen setzen sich die meisten Rednerkandidaten unnötigerweise unter Druck. An dieser Stelle muss nochmals gesagt werden, wie wichtig es ist, dass wir Menschen uns positive Zielbilder von unseren Erfolgen imaginieren können. Aber auch hier gibt es wieder die ungesunde Überdosis: Wenn Sie sich ein Ziel vornehmen, das überhaupt nicht funktionieren kann, sind Sie verloren! Sie sind bei aller Anstrengung zum sicheren Scheitern verurteilt. Nehmen Sie sich beispielsweise vor, Englisch zu lernen, könnte das durchaus funktionieren. Wollen Sie die Sprache jedoch innerhalb von drei Tagen lernen, werden Sie mit Sicherheit versagen – weil das einfach nicht zu schaffen ist! Noch unberechenbarer als ein selbst steuerbares Ziel wie das Lernen ist die Reaktion anderer Menschen auf Ihre Kommunikation. Sie können zwar das Bestmögliche dafür tun, dass beispielsweise eine Rede vielen gefällt, aber wenn Sie alle hundertprozentig begeistern wollen, nehmen Sie sich das Unmögliche vor. Menschen sind so individuell, haben eine derartig unterschiedliche Lebensgeschichte, dass Sie diese Faktoren auf Anhieb weder kennen noch raten können. Ich selbst wurde bei einem Vortrag vor vielen Jahren einmal von einer Zuhörerin regelrecht attackiert. Ständig überlegte ich: „Was hat die Frau nur so aufgebracht?" Zwei Jahre später traf ich sie wieder und wir kamen ins Gespräch, wobei sie das Geheimnis lüftete: „Du hattest bei deinem Vortrag deine kleine Tochter erwähnt", sagte sie. „Damals wünschten mein Mann und ich uns verzweifelt ein Baby – aber es klappte und klapp-

Wenn Sie sich ein Ziel vornehmen, das überhaupt nicht funktionieren kann, sind Sie verloren!

te nicht. Ich war kreuzunglücklich. In dieser Verfassung kamst du mir mit deiner Bemerkung über dein Kind wie eine Angeberin vor – deshalb konnte ich kein gutes Haar an deinem Vortrag lassen."

Auf Überraschungen gefasst sein

Kann man eine solche Reaktion voraussehen oder gar durch das eigene Verhalten vermeiden? Natürlich nicht! Deshalb sollte man es sich auch gar nicht erst vornehmen und sich sagen: „Es ist nicht schön, wenn das passiert, aber es kann und darf passieren. Das ist menschlich und gehört einfach dazu." Andreas fiel auch gleich ein eigenes Beispiel ein: „Wir waren neulich mit Freunden auf einem Konzert. Allen hatte es toll gefallen – nur mir nicht. Die Musik entsprach einfach nicht meinem Geschmack. Nun versuchten fünf Leute auf mich einzureden und mir zu erklären, dass ich die Musik nicht richtig verstanden hätte. Da habe ich sogar gesagt: ‚Nur weil alle das gut finden, muss ich die Musik noch lange nicht mögen!' Es stimmt eigentlich – warum sollte es nicht einem der 200 Gäste auch so ergehen dürfen – unabhängig davon, wie toll ich alles erzähle?"

Andere Meinungen zulassen

Ich machte Andreas darauf aufmerksam, dass beispielsweise so bedeutsame Menschen wie Politiker niemals davon ausgehen, dass sie ein Hundertprozentergebnis bekommen. Solch ein Resultat nennt man in politischen Kreisen sogar abfällig ein „Honnecker-Ergebnis". Damit ist gemeint, dass ein so tolles Ergebnis nur aufgrund von Wahlmanipulation zustande kommen kann. Allgemein sind Politiker in demokratischen Systemen schon sehr, sehr erfolgreich, wenn sie 50 Prozent der Wählerstimmen verbuchen können. Dann feiern sie sich bereits als Sieger.

Will ein Redner ohne Ausnahme jeden einzelnen Menschen positiv erreichen, wird ihn schon ein einziger kritischer Blick unter hundert Menschen aus der Fassung bringen.

Gezielt auf positive Reaktionen achten

Will ein Redner ohne Ausnahme jeden einzelnen Menschen positiv erreichen, wird ihn schon ein einziger kritischer Blick unter hundert Menschen aus der Fassung bringen. Denn wenn er das sieht, ist das Hundertprozentziel natürlich verfehlt. Daher möchte ich Sie bitten, bei Ihrer Rede ganz gezielt auf Menschen zu achten, die Ihnen vom Gesichtsausdruck her zeigen, dass ihnen Ihre Rede gefällt. Sagen Sie sich dabei innerlich: „Fünfzig Prozent – und ich bin Sieger!" Diese Wahrnehmungsweise zieht dann auch einen „Engelskreis" nach sich. Man wird Ihnen die innere Freude über einen „Fan" auch ansehen, wie die Beispiele im Kasten ausführlich zeigen. Das steigert Ihr Selbstbewusstsein und somit Ihre positive Ausstrahlung. Ihr Redefluss wird durch Ihr positives Gefühl beflügelt. Daraufhin hört man Ihnen umso lieber zu. Die Fangemeinde wächst, die aufmunternden Blicke nehmen zu.

Die Signale des Körpers

Wenn Sie gezielt auf positive Reaktionen im Publikum achten, steigert das Ihr Wohlgefühl und somit Ihr Selbstbewusstsein. Das spiegelt sich auch in vielen – meist unbewussten Details – der Körpersprache, die sich in einem angenehmen psychischen Zustand von ganz allein einstellen:

Mimik

- ☺ entspannte Gesichtsmuskulatur
- ☺ wacher Augenausdruck
- ☺ Durchblutung der Haut
- ☺ überzeugendes Lächeln

Körperausdruck

- entspannte Haltung
- ausdrucksvolle Gesten
- Standfestigkeit

Stimme

- ♫ voller Ton durch Bauchatmung
- ♫ moderate Lautstärke
- ♫ angenehme Satzmelodie
- ♫ Lachen und „Freundlichkeit" in der Stimme

Diese Kleinigkeiten nimmt auch das Publikum meist unbewusst als Gesamtausdruck von Ihnen wahr und reagiert daraufhin wiederum positiv.

Gut vorbereitet ans Rednerpult

Zum Schluss der Sitzung stellte Andreas fest: „Jetzt bin ich ganz zuversichtlich, wenn ich an die Rede denke. Alle Katastrophen, die ich mir ausgemalt hatte, sind doch eigentlich Banalitäten, denen ich mich gewachsen fühle. Am wichtigsten scheint mir der Politiker-Trick zu sein. Natürlich darf jeder andere Mensch – wie ich ja auch – seine persönliche Meinung zu dem haben, was in einer Rede vorgetragen wird. Es ist also ein ganz normales Phänomen, wenn ein paar Leute von 200 kritisch gucken, wenn ich erzähle. Das ist zwar für mich schade, aber eben keine Katastrophe." Als Andreas seine Rede dann hielt, war er zuerst doch sehr aufgeregt. „Aber ich erzählte dem Publikum von meinem Zustand – so wie wir es besprochen hatten. Sofort lächelte mich mindestens die Hälfte der Leute aufmunternd an. Als ich das sah, sagte ich mir: ‚Schon gewonnen!' Von da an lief alles wie am Schnürchen."

ÜBUNG: Selbstbewusst eine Rede halten

1. Stellen Sie sich vor, Sie müssten vor einem größeren Publikum eine Rede halten. Nehmen Sie sich zuerst vor, Ihre Rede inhaltlich gut vorzubereiten und sich gut lesbare Notizen zu machen. Haben Sie diese Vorbereitungen getroffen, können Sie sich selbst den Satz sagen: „Ich habe alles getan, was mir möglich war!" Schreiben Sie sich diesen Satz auf jede Seite Ihrer Notizen.

2. Stellen Sie sich Ihren Katastrophenfantasien: „Was kann schlimmstenfalls passieren? Nehmen Sie sich ein Blatt Papier, schreiben Sie links die Katastrophe auf und fragen Sie sich: „Und dann?" Die Antwort schreiben Sie gleich daneben auf die rechte Seite.

Katastrophe	**Und dann?**
Ich bin aufgeregt.	... sage ich dem Publikum wie es mir geht.
Ich verspreche mich.	... sage ich: „Entschuldigung, ich habe mich versprochen."
Mir fallen Zettel herunter.	... hebt ein „Helfer", den ich vorher eingeweiht habe, die Zettel eben wieder auf.
Jemand schaut kritisch.	... sage ich zu mir: „Das ist völlig normal, dass hier einer mal so guckt.

	Das darf er oder sie. Ich will ja kein Honnecker-Ergebnis.“
Jemand verlässt den Raum.	Ich denke: „Vielleicht muss der auf Toilette.“
	usw.

3. Konzentrieren Sie sich jetzt imaginativ auf ein Publikum mit vielen Gesichtern. Stellen Sie sich viele freundliche und auch einige skeptische Gesichter vor. Sagen Sie sich bei jedem skeptischen Gesicht immer wieder: „Das ist ganz normal, es kann gar nicht anders sein.“

4. Nun lenken Sie Ihre gefühlsmäßige Aufmerksamkeit ganz gezielt auf die freundlichen, zugewandten und interessierten Gesichter. Sagen Sie sich: „Nur 50 Prozent – und ich habe gewonnen!“

5. Wenn Sie jetzt Ihre Rede nochmals durchgehen, stellen Sie sich bei jeder Aussage die freundlichen Gesichter im Publikum vor.

Hinweise zur Übung:

- Üben Sie den 50-Prozent-Trick, wann immer Sie unter vielen Menschen sind: in der U-Bahn, im Restaurant, im Flughafen-Warteraum. Beurteilen Sie anhand der Gesichter: Wem geht es wohl gut? Wer fühlt sich offensichtlich nicht so wohl? So bekommen Sie ein realistisches Verständnis für die Tatsache, dass Menschen sich in gleichen Situationen ganz unterschiedlich fühlen können und fangen an, dieses Phänomen als „normal“ zu erleben.
- Bedenken Sie noch: Oft schauen Ihre Mitmenschen für Ihr Verständnis kritisch, ohne es tatsächlich zu sein. Dies gilt vor allem für Menschen, die unter einer Krankheit oder gar unter Schmerzen leiden oder auch kurzsichtige Personen, die immer dazu neigen, beim konzentrierten Aufpassen die Augen zusammenzukneifen, weil das ihre Sehleistung verbessert.

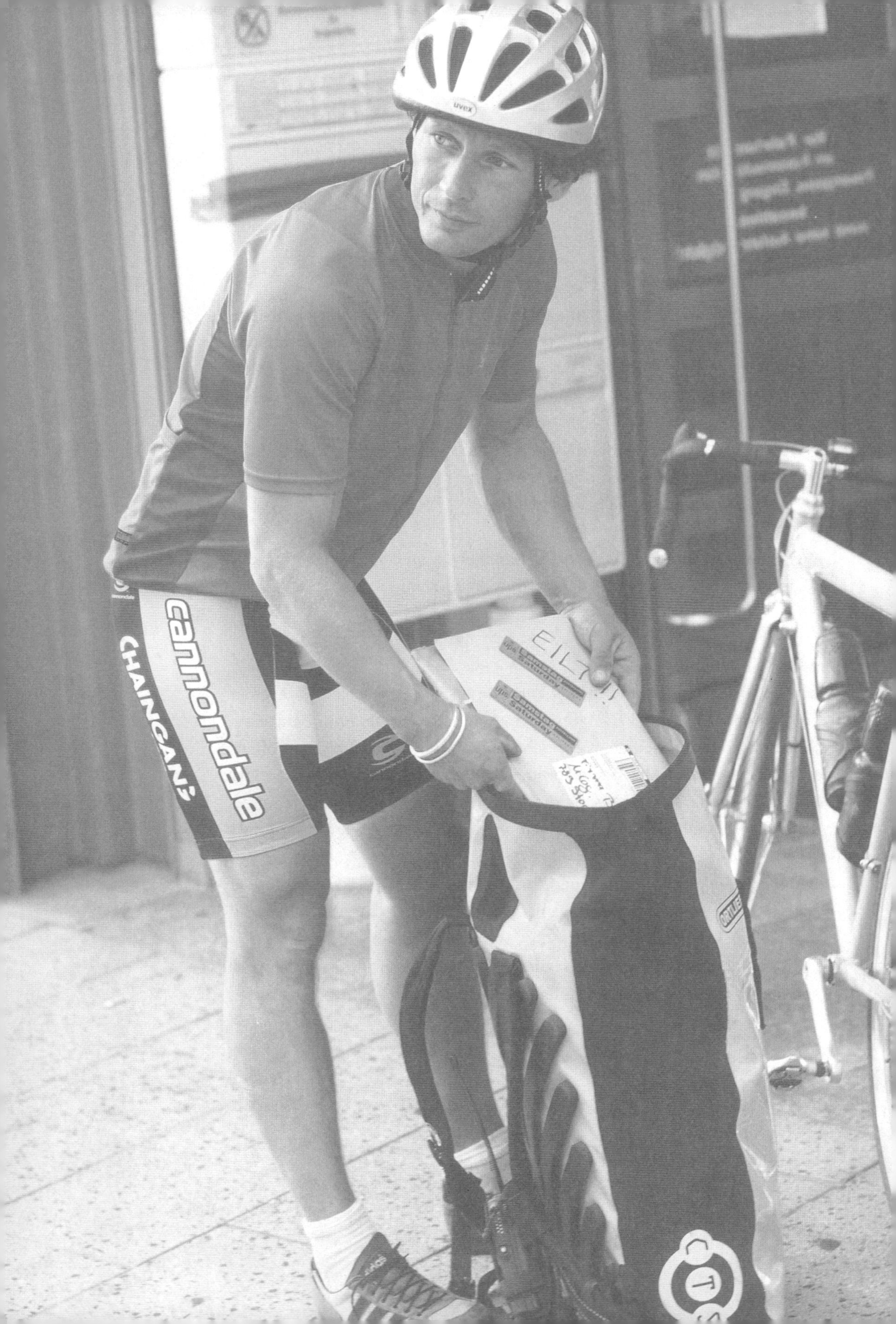
uvex
cannondale
CHAINGANG
Saturday
Saturday

TATKRÄFTIG DEN ALLTAG BEWÄLTIGEN

Im letzten Kapitel haben Sie Selbst-Coaching-Techniken eingeübt, die innere Kräfte zum Erreichen eines Ziels freisetzen. Es ging dabei um leichte bis mittelschwere Probleme aus dem persönlichen Bereich, wie um das Überwinden von störenden Verhaltensweisen oder um das Erreichen eines konkreten Nahziels, von dem Sie eine innere Erfolgsblockade trennt. Im Folgenden wird nun gezeigt, wie das erarbeitete mentale Handwerkszeug unseres Trainings als automatisches Denkmuster in Ihr aktives Leben übergeht. Im Vordergrund steht dabei der richtige Umgang mit sich selbst.

Die Imagination trainieren

Ziele werden nicht aufgrund innerer Kraftproben oder durch Selbstüberwindung erreicht, sondern durch die enorme Energie eines reibungslos aufeinander abgestimmten Persönlichkeitssystems. Die meisten Redewendungen für den Umgang mit sich selbst weisen jedoch eher auf innere Kriegszustände hin als auf eine in sich geschlossene Persönlichkeit. Da geht man gegen sich an, besiegt sich selbst oder überwindet gar den vielzitierten Schweinehund. Ein besiegter oder unterdrückter Persönlichkeitsteil kann natürlich keinen Beitrag mehr zu einer tatkräftigen, lebendigen Persönlichkeit leisten. Doch wenn bei einem Menschen alle inneren Kraftquellen aktiv sein dürfen, verstärkt das sein Selbstbewusstsein und seine Ausstrahlung. In der Fachsprache der Psychologie spricht man dann von der Kongruenz einer Persönlichkeit. Das Geheimnis einer überzeugenden positiven Ausstrahlung ist die Übereinstimmung mit sich selbst. Und diese Übereinstimmung ist kein Ergebnis von Magie, sondern einer konsequenten und aktiven Entwicklung Ihrer Persönlichkeit.

Ziele werden nicht aufgrund innerer Kraftproben oder durch Selbstüberwindung erreicht, sondern durch die enorme Energie eines reibungslos aufeinander abgestimmten Persönlichkeitssystems.

Höflich zu sich selbst sein

Das Märchen vom inneren Schweinehund

In diesem Kapitel möchte ich Sie noch intensiver mit dem intrapersonellen Dialog auf der Basis nonverbaler Variablen bekannt machen. Wissen Sie Idiot überhaupt, was das ist? Oder soll ich das etwa erklären, bis auch Sie es kapiert haben? Mein Gott, müssen Sie sich denn wirklich wieder so blöd anstellen?

Bitte entschuldigen Sie die obige Einführung. Denn eigentlich darf ein Autor solche Zeilen natürlich nicht zu Papier bringen. Jeder Leser würde das Buch empört aus der Hand legen, wenn es in diesem Stil immer weiter ginge. Dennoch möchte ich Sie bitten, die Einführungssätze nochmals zu lesen und dabei die Gefühle wahrzunehmen, welche die Formulierungen bei Ihnen auslösen. Selbst wenn Sie jetzt wissen, dass es hier nur um ein Gedankenspiel geht, werden Sie deutlich einen inneren Widerstand spüren, der zwischen Ihnen und dem Inhalt zu einem mentalen Abstand führt.

Ein Ärgernis – unverschämte Mitmenschen

So geht es doch jedem Menschen, wenn er von anderen in einem unmöglichen Ton angesprochen oder gar beleidigt wird. Die unfreundliche Verkäuferin, der genervte Beamte, unverschämte Kinder, ungerechte Partner, stichelnde Eltern, mobbende Kollegen – sie alle können unsere Stresshormone in Wallung bringen. Manchmal wünschen wir uns, diese Zeitgenossen vorübergehend oder gar für immer zum Mond zu schicken. Nicht selten tauchen sogar Rachegefühle auf, die uns beständig fantasieren lassen, wie wir es den mitmenschlichen Quälgeistern am liebsten doppelt und dreifach heimzahlen könnten.

Wenn man selbst der Flegel ist

Dabei hat man es mit diesen Widersachern noch ganz gut, denn Sie haben immerhin die Möglichkeit, für einige Zeit oder gar für immer eine wohltuende Distanz zu diesen Stressfaktoren auf zwei Beinen aufzubauen: Man kann kündigen, ausziehen, das Telefon bestreiken, einen kleinen Erholungsurlaub von der undankbaren Familie einlegen, Watte in die Ohren tun oder sich beim Geschäftsführer beschweren. Aber welche dieser Möglichkeiten steht Ihnen eigentlich offen, wenn Sie selbst die unverschämte Person sind, mit der Sie es zu tun haben?

Der gute Ton im inneren Dialog

Mit keinem anderen Menschen verbringen Sie so viel Zeit wie mit sich selbst. Sicher machen Sie sich nur selten bewusst, dass Sie dabei auch die ganze Zeit mit sich selbst reden. Das geschieht zwar meistens nur in Gedanken – aber jede Form der Selbststeuerung wird mit innerlich gedachten Sätzen begleitet. Schon morgens sagt man zu sich: „Oh Gott, schon sieben Uhr – nun aber schnell!", bis hin zum Täglichen: „Muss ich noch etwas einkaufen?" Dieser innere Dialog läuft meist so automatisch ab wie der aufrechte Gang. Gerade deshalb scheinen aber nur die wenigsten Menschen zu überprüfen, ob sie mit der Art und Weise, wie Sie zu sich selbst sprechen, zufrieden sind. Allein die verbreitete Angewohnheit, in sich einen „Schweinehund" zu vermuten, ist nicht gerade aufbauend. Würde eine andere Person Sie so betiteln, wären Sie sicherlich beleidigt – aber man selbst erlaubt sich diesen Stil. Es ist nur ein Märchen, dass derartige Formulierungen etwas mit Selbstkritik zu tun haben, denn Kritik und Beleidigung sind zweierlei. Kritisch-sein meint die Fähigkeit, ein angemessenes Urteil abgeben zu können – sei es nun über Fehler oder gute Leistungen. Das darf aber in jedem Fall nur in einem würdigenden Tonfall geschehen.

Mit keinem anderen Menschen verbringen Sie so viel Zeit wie mit sich selbst.

Kritisch-sein meint die Fähigkeit, ein angemessenes Urteil abgeben zu können – sei es nun über Fehler oder gute Leistungen.

Schlechter Stil – Beschimpfungen

Meine Klientin Elke muss als Grafikerin besonders sauber und ordentlich arbeiten. Passierte ihr nur der kleinste Fehler, fing sie schon an, sich innerlich zu beschimpfen: „Ich blöde Kuh, muss ich denn immer alles versauen, ich tauge überhaupt nicht für diesen Beruf ..." usw. Könnten Sie Elke sehen, wären Sie über meine Schilderungen sicherlich erstaunt, denn sie ist ein überaus höflicher, freundlicher Mensch mit einer ganz sanften Stimme. Nie würde sie einen anderen Menschen so niedermachen wie sich selbst.

Stress durch Selbstzerfleischung

„Warum beschimpfen Sie sich denn so massiv?", fragte ich Elke. „Na ja, weil ich gute Arbeit leisten möchte", antwortete sie. „Wissen Sie denn gar nicht, dass Sie Ihr Arbeitsergebnis mit diesen Selbstbeleidigungen nur noch mehr gefährden?" Elke sah mich erstaunt an. Wir benutzen in unserer Praxis manchmal ein so genanntes Biofeedback-Gerät. Dieses zeigt für die Klienten sichtbar körperliche Stressreaktionen an. Ich bat Elke, intensiv an eine innere Beschimpfungsszene zu denken. Dabei zeigten sich deutliche Stresswerte. „Wenn Sie im Stress sind, können Sie nicht mehr besonders präzise denken – geschweige denn arbeiten. Sie können zwar mengenmäßig viel schaffen, riskieren jedoch eine hohe Fehlerquote. Deshalb arbeiten ja auch Spitzensportler stets an einer guten mentalen Verfassung, um damit die Leistungen noch zu steigern."

Die positive Motivationsstimme

Haben Sie in Ihrem Leben nicht schon einmal einen Menschen getroffen, der oder die Ihre positiven Energien weckt?

„Ja, soll ich denn ständig zu mir sagen: ‚Oh, Elke, wie hast du das aber fein gemacht' – wenn das gar nicht stimmt?" Dieser Einwand kommt von vielen Personen bei diesem Thema. „Auch das ist natürlich keine Alternative. Würde tatsächlich eine Person von außen so zu Ihnen als 26-Jährige sprechen, kämen Sie sich ganz schön auf den Arm genommen vor – was natürlich auch zu einer emotionalen Blockade führt." „Das stimmt", gab Elke zu. „Es geht hier auch nicht darum, sich etwas schönzureden, was gar nicht schön ist. Vielmehr benötigen Sie gerade in einem stressigen Moment eine aufbauende Energie, die Ihre Kräfte zum Durchhalten aktiviert." „Und wie soll das gehen?" „Haben Sie in Ihrem Leben nicht schon einmal einen Menschen getroffen, der oder die Ihre positiven Energien weckt? Wo man sich ermutigt fühlt? Jemanden, der eine ‚mitreißende' Art hat?"

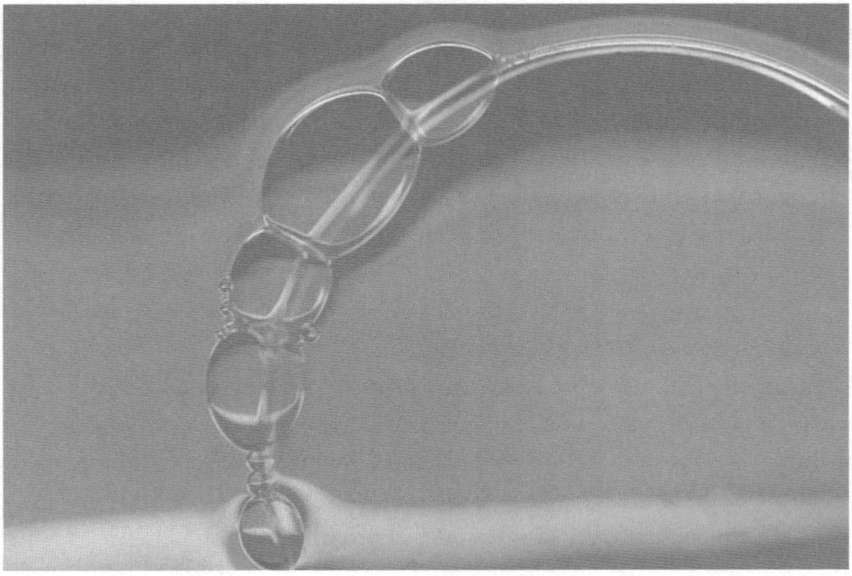

Energievorbilder aus der Vergangenheit

Schon bei meinen ersten Sätzen fing Elke an zu lächeln. „Da muss ich sofort an unseren Chorleiter in der Schule denken. Damals fanden die meisten von uns Chorsingen langweilig. Doch bei diesem neuen Musiklehrer wurde der Chor immer größer, alle sagten: ‚Da musst du auch hinkommen!' Denn er war so witzig. Wenn wir gut sangen, rief er: ‚Wunderbar – ich liebe euch!' und wenn wir müde wurden: ‚Los Leute, gebt euer Letztes! Ich weiß genau, was ihr könnt, los zeigt es!' Und wenn wir dann wieder sangen, rief er: ‚Wunderbar!' Irgendwie erinnerte er uns an einen durchgedrehten Showmaster. Wir gaben wirklich unser Letztes – hatten aber einen Riesenspaß dabei. Bei allem Temperament war er immer nett zu uns und hat eigentlich nie jemanden fertig gemacht. Wir haben ihn wegen seiner überzeugenden Art auch immer respektiert. Dazu muss ich sagen, dass auch er keine Fehler duldete. Wir übten, bis wir perfekt waren und erzielten bei etlichen Chorwettbewerben Preise."

Alte Kraftquellen reaktivieren

„Dann machen wir jetzt ein Experiment. Stellen Sie sich bitte vor, Sie würden einen störenden Flüchtigkeitsfehler machen. Aber anstatt sich selbst zu beschimpfen, legen Sie vor dem geistigen Ohr die ‚Kassette' mit dem Chorlehrer ein. Lassen Sie seine Stimme auf die Panne eingehen: ‚Los, Elke, versuch's nochmal – ich weiß, was in dir steckt ...' Und wenn Sie dann wieder ansetzen, hören Sie weiter die Worte: ‚Wunderbar, ich liebe dich ...'" Elke lachte und lachte. „Ich habe schon bei der Vorstellung gemerkt, wie meine Kreativität wieder ins Sprudeln kam. Auf diese Weise würde ich mich bei einem Fehler gar nicht erst festbeißen!"

Die innere Stimme als Antrieb nutzen

Auch Sie haben in Ihrem Leben schon eine Vielzahl von Menschen getroffen, die eine positive Wirkung auf Sie hatten. Dabei ist es egal, wie die Person genau spricht: ob leise und anteilnehmend oder laut und mitreißend. Wichtig ist, dass die Art zu sprechen Ihnen persönlich Mut macht und neue Kräfte weckt. Es dürfte selbstverständlich sein, dass Sie die entsprechende Person schätzen und respektieren sollten. Nur dann aktiviert die mental ablaufende „Kassette" auch Ihre körperlichen und geistigen Kraftquellen. Übrigens können diese „Energie-Vorbilder" auch Schauspie-

Auch Sie haben in Ihrem Leben schon eine Vielzahl von Menschen getroffen, die eine positive Wirkung auf Sie hatten.

ler in Filmrollen oder sogar Phantasie- oder Märchengestalten – wie beispielsweise Asterix – sein. Hauptsache, sie erzielen als Stimmen-Imagination die gewünschte Energie in Ihnen.

Viele Klienten müssen sich mit dem Thema „innere Stimme" erst einmal anfreunden, da dieser Begriff schnell Assoziationen an Menschen hervorruft, mit denen „etwas nicht in Ordnung" ist.

Zeichen für seelische Gesundheit – Selbstgespräche

Viele Klienten müssen sich mit dem Thema „innere Stimme" erst einmal anfreunden, da dieser Begriff schnell Assoziationen an Menschen hervorruft, mit denen „etwas nicht in Ordnung" ist. Es gibt in der Tat das Phänomen, dass psychisch Kranke Stimmen hören, die eigentlich das Produkt der eigenen Gedanken sind. Doch die Kranken sind felsenfest davon überzeugt, dass diese Stimmen von woanders kommen – eben nicht aus ihnen selbst heraus. Wenn ich Sie jetzt auffordere, an einen grünen Drachen zu denken, wird das den meisten Lesern gelingen. Niemand wird jedoch gleichzeitig denken, dass der Drache jetzt wirklich vor ihm herumspaziert. Er ist und bleibt eine Vorstellung – eine Imagination.

Strategie zur Alltagsbewältigung

In der Psychologie weiß man seit Jahrzehnten, dass das innere Selbstgespräch eine äußerst gesunde Gedankentechnik des Menschen darstellt. Es hilft, den Alltag zu planen und konstruktiv über verschiedene Aspekte von Problemen und Aufgaben nachzudenken. Im Rahmen von Forschungsarbeiten konnte man feststellen, dass selbstbewusste und zufriedene Menschen ganz automatisch dazu neigen, in Gedanken auch mit sich selbst zuvorkommend umzugehen. Depressive und ängstliche Personen hingegen neigen viel häufiger dazu, sich innerlich zu kritisieren, abzuwerten oder gar zu beschimpfen. Insofern ist die ganz bewusste „Pflege" einer guten Qualität im inneren Dialog genauso wichtig wie die Sorgfalt im Umgang mit uns wichtigen Mitmenschen. Dass man sich dabei von positiven Vorbildern inspirieren lässt, entspricht einem natürlichen Bedürfnis, von anderen Menschen etwas „anzunehmen" – womit nicht Dinge wie Geld oder Autos, sondern Charaktereigenschaften oder Umgangsformen gemeint sind.

Der richtige Umgang mit sich selbst

Elke kam nach einer Woche zurück und berichtete über erste Erfolge. Allerdings beklagte sie sich auch: „Leider schleicht sich die schimpfende Stimme immer wieder ein. Ich habe mir das eben über Jahre so angewöhnt und kann das nicht von heute auf morgen abstellen." „Dann legen Sie jetzt bitte einmal ganz bewusst die ‚Schimpfstimme' mit sämtlichen Beleidigungen auf", bat ich Elke. „Nun stelle ich Ihnen einige Fragen. Als Erstes möchte ich wissen, wo im imaginativen Raum Sie sich die Klangquelle der unangenehmen Stimme vorstellen: vorn oder hinten? Oder ‚quatscht' die Stimme Sie von der Seite an?" „Sie redet in der Vorstellung von rechts auf mich ein." „Dann stellen Sie sich vor, rechts von Ihnen wäre ein kleines, altes Radio. Packen Sie die Stimme dort hinein und lassen Sie sie durch den alten, kleinen Lautsprecher ertönen. Wie ist das?" „Ich nehme die Sätze zwar noch wahr, aber sie hören sich irgendwie blechern an. Sie berühren mich gar nicht mehr so unangenehm", antwortete Elke erfreut. „Vielleicht können Sie noch mehr tun. Stellen Sie sich vor, das Radio würde an eine andere Stelle gebracht – vielleicht auf Ihre linke Seite. Was passiert dann?" „Nun lässt die Stimme mich gleichgültig, sie hat völlig ihre Wirkung verloren", sagte Elke. „Gut, dann konzentrieren Sie sich wieder auf die positive Stimme Ihres Chorleiters." Schon nach vier Wochen hatte Elke sich mit dieser Imaginationstechnik auf eine mitreißende und gleichzeitig höfliche innere Ansprache eingestellt. Dadurch, dass sie nun auch in Stressmomenten ihre positive Grundmotivation behält, kann sie auch fachlich viel konzentrierter arbeiten.

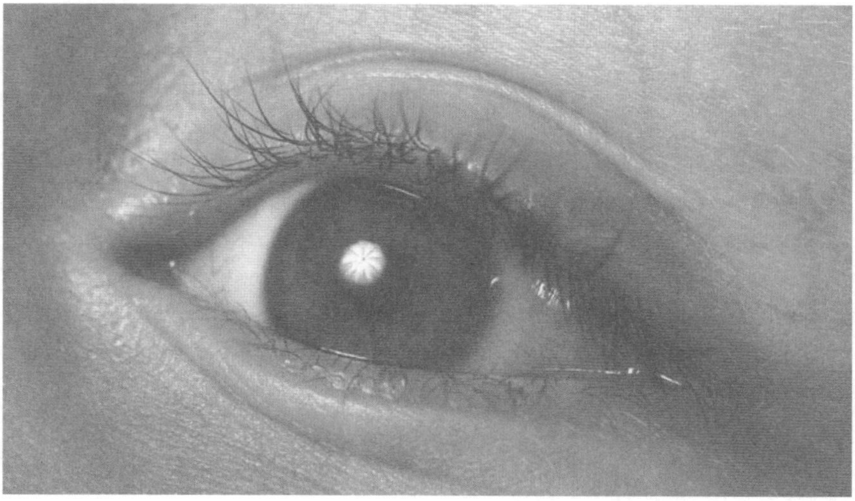

ÜBUNG: Höflich zu sich selbst sein

1. Denken Sie einmal an besonders „stressige" Momente in Ihrem Leben, in denen Sie mit sich selbst besonders unzufrieden waren.

2. Überprüfen Sie, mit welcher inneren Stimme Sie Ihre Fehler oder Ihr vermeintliches Versagen stets kommentieren. Hier gibt es verschiedene Möglichkeiten:
   - ♬ bestimmt, aber freundlich und sachlich
   - ♬ schimpfend und zeternd
   - ♬ nörgelnd und weinerlich
   - ♬ eiskalt und abwertend
   - ♬ ....

3. Machen Sie den „Außen-Test": Wie würden Sie fühlen, wenn ein anderer Mensch so mit Ihnen umgehen würde? Wenn Sie Stress, Widerstand oder gar eine Leistungsblockade spüren, sollte dieser innere Dialog geändert werden.

4. Wenn Sie mögen, schätzen Sie die unangenehme Gefühlswirkung dieser Stimme wieder auf der SSU-Skala ein. Wie viele Minuspunkte vergeben Sie (0 bis -10)?

   ....

5. Nehmen Sie der unangenehmen Stimme zunächst die Überzeugungskraft: Packen Sie die Stimme in ein kleines, altes Radio mit krächzendem Lautsprecher. Dieses Radio stellen Sie in Ihrem Imagionationsraum jetzt an einen Ort, wo die Stimme Ihren Gefühlen gar nichts mehr ausmacht.

6. Schätzen Sie nochmals ein: Auf wie viele Minuspunkte hat sich die unangenehme Gefühlswirkung der Stimme jetzt vermindert?

   ....

7. Nun überlegen Sie: Welcher Mensch, den Sie wirklich respektieren, hat Sie in Ihrem Leben schon einmal mit seiner oder ihrer Art zu sprechen positiv motiviert?

   ....

8. Analysieren Sie nun: Wie sind die charakteristischen Merkmale seiner oder ihrer Art zu sprechen:
   - ☺ einfühlsam und verständnisvoll
   - ☺ mitreißend
   - ☺ Mut machend
   - ☺ witzig
   - ☺ ....

9. Schätzen Sie die gefühlsmäßige Positivwirkung dieser motivierenden Stimme ein: Wie viele Pluspunkte geben Sie?

   ....

10. Nun denken Sie wieder an eine zukünftige Stresssituation, in der Sie wieder mit sich hadern könnten. Lassen Sie die positive Motivationsstimme das Geschehene kommentieren. Spüren Sie die Durchhaltekraft und die Hoffnung, welche diese Stimme in Ihnen weckt.

11. Lassen Sie die positive Motivationsstimme vor dem geistigen Ohr auch in einem angenehmen Tempo sprechen. Die Negativwirkung der schwächenden Stimme entsteht nämlich häufig durch eine zu hastige Geschwindigkeit, die nur zu „rasenden" Gedanken führt.

Hinweise zur Übung:

- Wenn Sie sich das erste Mal mit dieser Übung beschäftigen, nehmen Sie sich bitte eine Viertelstunde Zeit.
- Schaffen Sie sich einen Anker, um immer wieder an Ihre kraftspendende Stimme zu denken. Besorgen Sie sich beispielsweise kleine bunte Klebepunkte, wie sie sonst für die Büroordnung verwendet werden. Bringen Sie diese an Alltagsflächen an, wo Sie immer mal wieder hinschauen: am Spiegel, im Terminkalender, an der Maus von Ihrem PC usw.
- Setzen Sie die motivierende Positivstimme ganz gezielt ein, wenn Sie in schwierige Situationen geraten: Die Einkaufstüte platzt mitten auf der Straße, Sie stehen im Stau, Sie sind bestürzt beim Anblick Ihres Kontoauszugs, der Vorgesetzte kritisiert Sie usw.

Namen besser behalten

Eine Strategie für gute Gedächtnisleistungen

„Leider kann ich mir gar keine Namen merken“, beklagte sich der 50-jährige Ernst. „Dabei gerate ich immer wieder in schwierige Situationen. Denn als Autohausbesitzer habe ich in unserer Kleinstadt viele Kunden, die uns oft schon jahrelang treu sind. Es macht doch keinen guten Eindruck, wenn die mich fröhlich mit meinem Namen anreden und ich stottere dann verlegen herum. Die müssen doch denken, sie seien mir nicht wichtig genug. Dabei stimmt das gar nicht, denn dieses Missgeschick passiert mir auch mit nahestehenden Menschen. Neulich wollte ich jemandem erzählen, wie meine drei Kinder heißen. Sogar da musste ich eine Schrecksekunde lang nachdenken. Gott sei Dank hat das niemand gemerkt, aber mir ging es richtig schlecht danach. Es ist eigentlich auch keine Altersfrage, denn schon als Schuljunge kannte ich dieses Problem.“

Das selektive Gedächtnis

„Aber für die Ausübung Ihres Berufs brauchen Sie doch ein gutes Gedächtnis. Oder vergessen Sie auch ständig die Namen der Autos, die Sie verkaufen?“ Ernst sah mich nahezu pikiert an: „Natürlich nicht! Schon als kleiner Junge wusste ich alles über Autos! Ich kannte jeden Typ – und auch die technischen Daten wusste und weiß ich immer auswendig.“ Er dachte etwas nach. „Ich weiß, worauf Sie hinauswollen: Wie kann es sein, dass ein und derselbe Mensch Autonamen behält und Menschennamen vergisst?“ – „Eine nicht so nette Erklärung wäre natürlich, dass Autos Sie schlichtweg mehr interessieren als Menschen“, sagte ich augenzwinkernd. „Aber damit tut man Ihnen sicher unrecht, denn offensichtlich sind Ihnen Ihre Mitmenschen ja wichtig. Vielleicht gibt es auch eine Erklärung, an die Sie bisher noch nicht gedacht haben. Wir gehen einfach dem Hinweis nach, dass Ihr Gedächtnis offensichtlich hervorragend funktionieren kann. Woher wissen Sie beispielsweise so sicher die Daten eines Wagens? Denken Sie bitte jetzt ganz intensiv an irgendeinen Autotyp.“

Wie kann es sein, dass ein und derselbe Mensch Autonamen behält und Menschennamen vergisst?

Denken in Bildern

Ernst dachte nach. Dabei sah man deutlich, dass seine Augen sich bei der Datensuche nach oben bewegten. Auf dem oberen Abschnitt eines imaginativen Bildschirms suchte er offensichtlich nach Details. Interessanterweise macht das jeder Mensch, der in seinem Bildgedächtnis nach Erinnerungen sucht. „Sie sehen scheinbar ein Bild vor Ihrem geistigen Auge. Können Sie mir das näher beschreiben?" Ernst lächelte. „Ja, ich sehe tatsächlich etwas. Und zwar die Karte eines Autoquartetts. Damit haben wir als Jungen stundenlang gespielt. Auf den Karten waren die Automodelle abgebildet und darunter standen immer Name, Typ und die technischen Daten des Autos, beispielsweise: Mercedes Benz, Serie 123, 230iger, Coupé, US- oder Europamodell." „Sehen Sie nur den Wagen vor sich oder auch Text?" „Ich sehe auch das Gedruckte – klar und deutlich."

Denken in Tönen und Gefühlen

„In Ordnung. Nun bitte ich Sie, einmal an irgendeinen Kunden zu denken, der schon öfter bei Ihnen gekauft hat." „Ja, das tue ich jetzt, ich sehe sein Gesicht deutlich vor mir." Wieder richtete Ernst den Blick nach oben. „Nun denken Sie bitte an den Namen des Kunden – ohne ihn mir zu sagen." Sofort senkte Ernst den Blick und suchte mit den Augen in der Mitte des imaginativen Raums. Eine solche Augenbewegung zeigt an, dass eine Person in ihrem Hörgedächtnis oder im Gefühlsgedächtnis Erinnerungen abruft. „Ich weiß seinen Namen, er heißt Petermann", sagte Ernst. „Sehen Sie den Namen ‚Petermann' denn auch geschrieben vor dem geistigen Auge?" – „Nein, ich erinnere ihn irgendwie anders." „Könnte es sein, dass Sie ihn vor dem geistigen Ohr hören?" Ernst überprüfte die Frage und senkte den Blick sofort wieder nach unten. „Genau, das stimmt."

Unterschiedliche Speicherplätze

„Wenn Sie Menschen mit Namen kennen lernen, wird Ihnen in der Regel kein Quartett-Kärtchen präsentiert, auf dem der Namenszug und weitere ‚Daten' auch gedruckt stehen", erläuterte ich. „Die Person stellt sich vor oder wird vorgestellt, wobei Sie den Namen meist über das Ohr und nicht über das Auge aufnehmen. Wenn Sie sich nun an den Namen erinnern wollen, suchen Sie passend zum Gesicht, das Sie sehen, im Hörgedächtnis – also in dem Sinnesbereich, wo die ‚Einspeicherung' ursprünglich erfolgte. Bei den Autos hingegen benutzen Sie Ihren visuellen Erinnerungsspeicher und rufen das Wort als bildliche Vorstellung ab." Ernst war sichtlich überrascht. „Da ist ja wirklich ein Unterschied", meinte er. „Aber so ganz stimmt die Theorie nicht. Denn oft sehe ich ja auch den Namen des Kunden auf einer Visitenkarte oder einer Rechnung. Und ebenso häufig erfahre ich Daten über brandneue Autotypen durch Erzählung." – „Natürlich läuft das im Leben gemischt ab", gab ich zu. „Aber Sie haben eben schon früher so etwas wie eine Strategie, eine Art Behaltensrezept entwickelt, das Sie heute als Standard anwenden. So etwas nennt man Lernprägung. Sie haben sich einfach an die unterschiedlichen Möglichkeiten des Behaltens bei Menschennamen und Autos gewöhnt und setzen diese unterschiedlichen Imaginationstechniken heute unbewusst und automatisch fort." Wir überprüften meine Vermutung, indem Ernst jetzt an ein neues Automodell dachte. Er richtete den Blick nach oben, hielt ihn dort und sagte: „Tatsächlich, der Name und die Daten tauchen wie gedruckt auf. Ich kann das richtig sehen."

Wahrnehmungsvorlieben nutzen

Wir übertrugen die Erkenntnisse nun auf den Namensbereich. „Denken Sie bitte jetzt wieder an Herrn Petermann. Erinnern Sie ganz genau Gesicht und Figur. Und nun blenden Sie – wie bei einer Fernsehsendung – zusätzlich das gedruckte Bild von seinem Namen mit ein. Wählen Sie am besten einen farbigen Schriftzug, das prägt sich noch besser ein. Funktioniert das?" „Ja, es geht ganz einfach." „Jetzt haben Sie den Namen sowohl im Hör- als auch im Bildspeicher Ihres Gedächtnisses. Wenn Sie nun Herrn Petermann sehen, wird ja vor allem Ihr Sehzentrum angesprochen. Und im Sehzentrum ist nun auch der farbige Name ‚Petermann' präsent. Das kürzt den Gedächtnisweg wesentlich ab."

Die Eselsbrückentechnik

Zusätzlich trainierten wir dann noch die „Eselsbrückentechnik", die generell die Behaltensleistung enorm unterstützt. „Speichern Sie sich bei jedem Aufnehmen einer neuen Information so genannte Bildassoziationen ein. Sie stellen eine große Gedächtnishilfe dar. Das geht ganz einfach: Gibt es irgendetwas – und wenn es noch so absurd erscheint – woran der Name ‚Petermann' Sie erinnert?" „Da fällt mir sofort das Kindermärchen ‚Peterchens Mondfahrt' ein", antwortete Ernst. „Wie könnte der Anblick von Herrn Petermann Sie an dieses Märchen erinnern?", fragte ich. „Nun, er trägt immer eine Brille. Ich stelle mir links und rechts an den Bügeln einfach zwei Antennen vor, die mich an die Fühler von dem Maikäfer erinnern, der in diesem Märchen vorkommt. Oh Gott, hoffentlich muss ich das nächste Mal nicht lachen, wenn ich ihn sehe", grinste Ernst. „Sie müssen ja nicht lauthals losprusten, aber Sie dürfen gern innerlich schmunzeln", antwortete ich. „Auf diese Weise tun Sie sogar etwas für Ihr Gedächtnis. Denn Humor ist unweigerlich mit psychischem Wohlgefühl verknüpft. Und in einem solchen Zustand arbeiten Gehirn und Gedächtnis besonders gut."

Humor ist unweigerlich mit psychischem Wohlgefühl verknüpft. Und in einem solchen Zustand arbeiten Gehirn und Gedächtnis besonders gut.

Gedankliche Verknüpfungen

Mit dieser Imaginationstechnik konnte Ernst sofort Namen behalten. „Es macht mir jetzt richtig Spaß, ein wenig über Personennamen nachzudenken und mir Bilder dazu zu machen. Die ‚Eselsbrückentechnik' hilft sogar meiner Tochter beim Lernen von Englischvokabeln. Wir verknüpfen hier nicht nur Personen, sondern auch Gegenstände mit Assoziationsbildern. So bildet beispielsweise der Buchstabe ‚O' von dem englischen Wort ‚mirror' für Spiegel einen vorgestellten Spiegel im Wort. Wenn man fragt: ‚Was heißt Spiegel auf Englisch?', taucht sofort ein Spiegel auf, an dem links und rechts der ‚Rest' des englischen Wortes hängt. Zuerst war meine Tochter von dem Aufwand genervt. Aber dann erkannte sie, dass ein einmaliges fantasievolles Abspeichern meist den größten Teil der Wiederholung spart. So wird das Lernen einfacher und verschlingt weniger Zeit."

ÜBUNG: Eine Strategie für gute Behaltensleistungen

1. Zur Einführung in diese Übung denken Sie bitte an eine Person, die Sie erst in den letzten vierzehn Tagen neu kennen gelernt haben und deren Namen Sie aber wissen.

   ....

2. Sie stellen sich die Person lebhaft vor dem geistigen Auge und Ohr vor: Gesicht, Figur, Gestik, Stimme.

3. Richten Sie die Augen in den oberen Bereich Ihres imaginativen Bildschirms. Visualisieren Sie die Person und schreiben Sie nun in Gedanken deren Namen in das vorgestellte Bild. Wählen Sie am besten einen bunten Schriftzug. Sehen Sie das kombinierte Schrift-Personen-Bild und hören Sie gleichzeitig den Namen mit dem geistigen Ohr.

4. Denken Sie sich Assoziationshilfen für den Namen aus. Welche Bilder erinnern Sie am ehesten an Klang und Schriftzug?

5. Schreiben Sie sich zum besseren Einprägen des Namens die Übungsergebnisse auf.

   ....

   ....

6. Nehmen Sie sich vor, wann immer Sie jemanden neu kennen lernen, mit Schriftzug und Assoziationsbild zu arbeiten.

Hinweise zur Übung:

- Wie schon im Text beschrieben, können Sie diese Technik auch auf andere Lerninhalte übertragen.
- Üben Sie auch in Situationen, die für Sie persönlich nicht so wichtig sind: Behalten Sie die Namen von den Lieblingsbands Ihrer Kinder, speichern Sie sich Namen von verschiedenen Außenministern ein, arbeiten Sie mit den Helden von langweiligen Familienserien usw.

Vor Ideen übersprudeln

Strategien zur Kreativitätssteigerung

Anna arbeitet seit fünf Jahren als Journalistin. Sie war nach eigenen Aussagen mehr „zufällig" an den Beruf geraten. Eigentlich hatte sie ein Lehrerstudium begonnen und blieb dann im Rahmen eines Praktikums in einer Zeitungsredaktion „hängen". „Gerade das Texten brachte mir so viel Spaß. Ich konnte mich richtig entfalten. Im Studium war immer so ein trockener Stil gefragt. Da entschied ich mich einfach für das, wozu ich mehr Lust hatte." Zunächst arbeitete Anna als freie Journalistin für verschiedene Zeitschriften. Nach drei Jahren bekam sie eine feste Stelle angeboten, die sie gern annahm. Als sie zu mir kam, dachte sie, dass ihre Kreativität sie verlassen hätte. „Solange die Ideen sprudeln, ist das ein toller Beruf. Aber jetzt habe ich ein richtiges Brett vor dem Kopf."

Wenn die Einfälle ausbleiben

Annas Probleme tauchten vor einem Jahr mit ihrem neuen Chefredakteur auf. „Auf unseren Sitzungen sagt er häufig mit einem völlig genervten Gesichtsausdruck: ‚Lassen Sie sich mal was einfallen, seien Sie doch einfach ein bisschen kreativ, mein Gott nochmal.' Und wenn man dann eine Idee hat, verdreht er die Augen und sagt sofort: ‚Was haben Sie sich denn dabei gedacht?' Wann immer ich jetzt an einem Text arbeite, stelle ich mir vor, wie er meine Ideen vom Tisch wischt. Und das Schlimme ist: Ich texte auch wirklich in letzter Zeit nicht mehr so gut wie vorher."

Stress erzeugt Blockaden im Kopf

Viele Menschen in so genannten kreativen Berufen leiden häufiger unter versiegenden Ideenquellen.

Viele Menschen in so genannten kreativen Berufen leiden wie Anna häufiger unter versiegenden Ideenquellen. Ich kenne sogar Werbeleute, die das Wort „Kreativität" nicht mehr hören können, obwohl dieser Begriff sonst doch nur positive Assoziationen auslöst. Aber das Problem kennt jeder: Soll man sich unter Zwang etwas ausdenken, verstecken sich die guten Ideen. Das hat etwas mit unserem Gehirnstoffwechsel zu tun. Termindruck, Angst vor vernichtender Kritik oder sonstige negativen Konsequenzen lösen in unserem Organismus und somit auch im Gehirn Stressreaktionen aus, die die Denkkapazität einschränken. Die innere Wahrnehmung verengt sich auf den Gedanken: „Wie schütze ich mich vor der drohenden Gefahr?"

Ideen brauchen Freiräume

Kreativität ist meist das Produkt von Gedankenfreiheit.

Kreativität ist jedoch meist das Produkt von Gedankenfreiheit. Die Gedanken fließen am besten, wenn die Gefahr einer äußeren Bedrohung gebannt zu sein scheint. Dann „erlaubt" das Gehirn seinen hundert Milliarden Zellen, alles aufzurufen, was jemals an Informationen gespeichert wurde und diese Puzzlesteine dann zu neuen Möglichkeiten miteinander zu kombinieren. Diesen Effekt hatte Anna erlebt, als ihr beim Berufsanfang das Texten so viel Spaß machte. Denn sie empfand diese Tätigkeit als Befreiung vom schematischen Studium, als eine Art Selbstverwirklichung. „Ich hatte immer mehr Ideen als Aufgaben", erinnert sie sich an diese Zeit. Der neue Chefredakteur vermittelte ihr nun mit seinem unglücklichen „Motivationsstil" ein subjektives Gefühl von Enge, was schon nach kurzer Zeit zu Kreativitätsblockaden führte, gegen die Anna verzweifelt ankämpfte. Aber gerade das war ein Fehler. „Stellen Sie sich vor, Sie sitzen mit ein paar Kolleginnen zusammen, um sich etwas auszudenken", sagte ich zu Anna. „Nun kommt alle fünf Minuten Ihr Chef herein und fragt ständig: ‚Na, schon was gefunden?' Wie würde das auf Ihre Leistung wirken?" „Das ist ein schrecklicher Gedanke – wir würden ja zu nichts kommen!", meinte Anna. „Ebenso ergeht es Ihrem Gehirn, wenn es eine Idee entwickelt und Sie sagen und denken dabei ständig verzweifelt: ‚Was soll ich nur schreiben, was soll ich nur schreiben, mir fällt ja gar nichts ein …' Das Gehirn braucht Zeit, um die vielen Milliarden von eingespeicherten Erinnerungen zu sichten und dann zu neuen Bildern und Plänen zusammenzufügen." „Aber die Zeit habe ich nicht", erwiderte Anna sofort.

Denkprozesse an das Unbewusste abgeben

„Und die Zeit, die Sie haben, vergeuden Sie", konfrontierte ich Anna. „Sicher kennen Sie das Bild der ‚schweifenden Gedanken'. Mit Ihrer Verzweiflungstechnik jedoch hindern Sie die Gedanken am Schweifen und stoppen Ihren Kreativitätsprozess permanent. Es dürfen gern einmal fünf Minuten ohne eine Idee vergehen. Das heißt nicht, dass Ihr Gehirn in dieser Zeit untätig ist. Es aktiviert nur seine ‚unbewussten Schleifen'." Jeder kennt dieses Phänomen. Man möchte beispielsweise einer Freundin von seinem alten Deutschlehrer erzählen und erinnert sich plötzlich nicht mehr an dessen Namen. Wenn Sie nun angestrengt nachdenken oder sich gar noch einen Klaps auf die Stirn geben – so, wie man bei kaputten Fernsehern verfährt – passiert gar nichts. Jedoch abends beim Zähneputzen – der Deutschlehrer ist schon lange vergessen – präsentiert das Gehirn plötzlich die Lösung: „Heinrichs hieß er, genau: Dr. Heinrichs!“ Das Gehirn ist also in der Lage, einen Gedankenauftrag zu bearbeiten, während wir bewusst gerade thematisch etwas ganz anderes machen.

Das Gehirn ist in der Lage, einen Gedankenauftrag zu bearbeiten, während wir bewusst gerade thematisch etwas ganz anderes machen.

Mentale Spaziergänge

„Ich möchte Sie also bitten, sich beim nächsten Mal das Arbeitsthema von Ihrem Chefredakteur ruhig anzuhören und aufzuschreiben. Gehen Sie dann an Ihren Arbeitsplatz zurück, legen Sie Ihre Notizen beiseite und erledigen Sie zunächst eine Routinearbeit: Bleistifte anspitzen, einen Anruf erledigen, einen Ordner sortieren, Spesenformulare ausfüllen oder die Büropflanzen gießen. Achten Sie bei diesen Tätigkeiten auf einen ruhigen Atem, lockere Muskulatur und summen Sie vielleicht sogar leise vor sich hin. Seien Sie sicher: In dieser Zeit laufen schon die unbewussten Schleifen in den Gehirnzellenverbindungen auf Hochtouren. Richten Sie sich auf dem Bildschirm von Ihrem PC ein Pausenbild mit Ihrem Lieblingsmotiv ein – oder lassen Sie es sich einrichten. Dieses Motiv sollte schon nach dreißig Sekunden Tipppause auftauchen. Schauen Sie es verträumt an und lassen Sie die Gedanken schweifen. Wenn dann der erste gute Einfall kommt, sagen Sie – laut oder leise: ‚Danke, liebes Gehirn‘, als positives Feedback an die fleißigen Zellen.“ In diesem Zusammenhang erklärte ich Anna auch noch die Bedeutung der positiven Motivationsstimme.

Das Geheimnis erfolgreicher Selbstorganisation

„Jetzt fällt mir wieder ein, dass ich früher unbewusst genau so vorgegangen bin. Ich habe mir gar keine Sorgen wegen meiner Ideen gemacht, sondern nur gedacht: ‚Mir wird schon etwas einfallen!‘ Ich habe mich total auf meine Kreativität verlassen und genau gewusst: ‚Da kommt bald was!‘ Anstatt mich selbst unter Druck zu setzen, bin ich manchmal sogar spazieren gegangen und hatte dann plötzlich tausend gute Einfälle. Das konnte ich mir auch leisten, weil ich ja damals oft noch zu Hause gearbeitet habe. Jetzt bin ich von morgens bis abends in meinem Büro. Ich muss hier also auch für einen Ersatz für das Spazierengehen sorgen – so, wie Sie es eben vorgeschlagen haben.“

Den Arbeitsplatz anregend gestalten

Viele japanische Unternehmen beziehen das Wissen über die unbewussten kreativen Schleifen ganz bewusst in die Arbeitsplatzgestaltung mit ein.

Viele japanische Unternehmen beziehen das Wissen über die unbewussten kreativen Schleifen ganz bewusst in die Arbeitsplatzgestaltung mit ein. So wird den kreativen Ideensuchern in einem schön eingerichteten Raum ein bequemer Arbeitssessel am Fenster aufgestellt, so dass der Blick frei nach draußen schweifen kann. In Deutschland würde man so einen „Fenstergucker" sofort als Faulpelz disqualifizieren, in Japan hingegen weiß man genau, dass diese Person beim „In die Luftgucken" gerade sehr produktiv arbeitet. „Besorgen Sie Ihrem Gehirn auch im Büroalltag so viele Freiräume, wie es Ihnen eben möglich ist – ohne ‚außenpolitisch' unangenehm aufzufallen. Aber ‚innenpolitisch' müssen Sie zu Ihren ‚mentalen Spaziergängen' stehen."

Für visuelle Nahrung sorgen

Dann fragte ich Anna, was sich auf der rechten Seite Ihres Arbeitsplatzes befände. „Meist sitze ich vor meinem Computer", sagte sie. „Und rechts neben mir ist gleich eine Wand." „Was befindet sich denn an der Wand?" „Nur die Tapete", war die Antwort. „Wenn Sie sich auf Ideensuche begeben, sollte die rechte Seite Ihres Wahrnehmungsraumes vor allem über der Kopfhöhe besonders schön gestaltet sein. So können Sie beim Nachdenken immer wieder den Blick dorthin richten. Denn auf der rechten Seite nehmen die meisten Menschen im innerlich erlebten Zeitverlauf die Zukunft wahr. Und Ideen sollen sich ja immer in der Zukunft entfalten. Befindet sich auf Ihrer rechten Seite nur eine Wand, so wirkt das symbolisch wie eine Wand vor der Zukunft. Hängen Sie sich dort ein Plakat oder Bild hin, in das Sie quasi hineindenken können, als würde die Welt durch die Wand hindurch weitergehen. Das regt die Kreativität zusätzlich an."

Die Gedanken auf Abwege gehen lassen

„An anderen Orten könnten Sie gezielt mit dem nach rechts gerichteten Blick aus dem Fenster schauen. Beim echten Spazierengehen haben Sie es natürlich besonders leicht, weil da die Augen auch auf der rechten Seite beständig visuelle Nahrung bekommen."

Nach einer Woche war Anna schon viel zufriedener mit sich. „Die mentalen Spaziergänge und das Träumerbild auf der rechten Seite helfen tatsächlich", berichtete sie. „Und Sie haben Recht: fünf Minuten scheinbar untätigen Gedankenschweifens bringt mehr als zehn Minuten krampfhaftes Nachdenken. Neulich sagte sogar der Chefredakteur zu einem Textentwurf von mir: ‚Na also – es geht doch', was bei ihm schon fast das höchste Lob bedeutet. Aber genau da habe ich immer noch Probleme. Ich muss bei der Arbeit ständig an seine Kommentare denken – das nimmt mir immer wieder den Schwung."

Die Walt-Disney-Strategie

Daraufhin machte ich Anna mit der so genannten „Walt-Disney-Strategie" vertraut. Auch er musste sich ständig Geschichten ausdenken – wie jeder weiß. Disney sagte von sich selbst, dass er in seinem kreativen Prozess drei Personen in einer sei: Träumer, Kritiker und Realist. Sein Erfolgsgeheimnis bestand darin, dass diese ‚drei Personen' in seiner Gedankenwelt feste Räume hatten und nicht durcheinander redeten. Wurde geträumt, war kein einziger kritischer Gedanke erlaubt. Nicht umsonst gibt es das Bild von der „reifenden Idee". Beurteilt man die Idee viel zu früh, ist es, als würde man eine grüne, noch saure Kirsche kosten: Sie schmeckt natürlich scheußlich und ist durch das vorzeitige Pflücken für alle Zukunft zerstört.

Disney sagte von sich selbst, dass er in seinem kreativen Prozess drei Personen in einer sei: Träumer, Kritiker und Realist.

Ideen reifen lassen

Erst, wenn Walt Disney seine Fantasie ohne Grenzen entfaltet hatte, wurde er zur ‚zweiten Person'. Nun erlaubte er sich, an den eigenen Ideen teilweise auch harte Kritik zu üben. Gut ausgereifte Ideen jedoch überstehen auch herbe Kritik, wie gesunde Pflanzen einen Frühlingssturm. Natürlich sollte auch negative Kritik nützlich gestaltet und nicht zur alles vernichtenden Sintflut werden. Zum Schluss des Ideenprozesses wurde Walt Disney zum ‚Realisten', der Träume und Kritik zu so berühmten Werken wie Mickey Maus und Donald Duck verarbeitete. Es wird berichtet, dass Walt Disney später sogar drei verschieden ausgestattete Räume einrichten ließ, die er gemeinsam mit seinen Mitarbeitern in den verschiedenen Phasen des kreativen Prozesses benutzte. Im „Träumer-Raum" war nur Fantasie erlaubt, man durfte keinen Gedanken, keine Idee kritisieren. Hatten alle ausgeträumt, ging das Team gemeinsam in den „Kritiker-Raum" ... usw.

Verschiedene Denkplätze einrichten

„Da habe ich schon eine Idee, wie ich das bei meiner Arbeit umsetzen könnte. An meinem PC ist mein Träumer-Platz. Ich schreibe meine Gedanken einfach so auf, wie sie mir einfallen. Dann drucke ich mir die Seiten aus, nehme die Papiere und stelle mich zum kritischen Durchlesen einfach hin. Vorher habe ich nämlich meinen verfassten Text am Bildschirm nochmals durchgelesen. Da sind dann mein ‚Träumer' und mein ‚Kritiker' durcheinander gekommen. Habe ich zu Ende kritisiert, begebe ich mich an meinen Schreibtischplatz und fasse beide Eindrücke zusammen. Zum Schluss gebe ich dann die Änderungen wieder in den PC ein." „Sehr gut", sagte ich. „Wichtig ist noch, dass Sie beim Träumen auch zu dem kleinsten kritischen Gedanken sagen: ‚Du – wir stellen uns gleich hin, dann kannst du richtig loslegen.' Wenn Sie dann stehen, können Sie sich mit dem geistigen Ohr die ganze hemmungslose Nörgelei Ihres Chefredakteurs anhören. Aber wenn Sie sich dann an den Schreibtisch setzen, werden nur Lösungen aufgeschrieben."

Sinnesreize als Auslöser für gute Gefühle

Das tolle ist, wenn Kritik einmal richtig erlaubt ist, hört sie irgendwann ganz von alleine auf.

Die „Walt-Disney-Strategie" half Annas Kreativität wieder vollends auf die Sprünge. „Das wende ich jetzt sogar zu Hause an", berichtete sie. „Ich habe mir einen Sessel für mein Wohnzimmerfenster gekauft, auf dem nur geträumt werden darf. Dann steht in einer anderen Ecke ein ‚Nörgel-Stuhl', auf den ich mich immer setze, wenn mich Selbstzweifel plagen oder ich eine Sache kritisch überdenken muss. Das tolle ist, wenn Kritik einmal richtig erlaubt ist, hört sie irgendwann ganz von alleine auf. An meinem Schreibtisch ist dann mein ‚Realisten-Platz'. Aber am besten gefällt mir mein Träumer-Sessel. Zuerst habe ich mir nur erlaubt, dort zu sitzen, wenn ich in guter Stimmung war. Weil ich das so konsequent gemacht habe, ist es jetzt umgekehrt: schon wenn ich den Sessel sehe, bekomme ich gute Laune und wenn ich mich dann hineinsetze, sprudeln die Ideen nur so aus mir heraus."

Das Verankern von mentalen Zuständen

Den von Anna beschriebenen „Sessel-Effekt" kennt man schon seit vielen Jahren aus der Lernpsychologie. Wenn Sie in einer positiven Verfassung – beispielsweise wenn Sie verliebt sind – ein bestimmtes Musikstück hören, wird bald der umgekehrte Effekt einsetzen: Das Musikstück wird auch nach Jahren noch angenehme Gefühle in Ihnen auslösen. Die mentale Verfassung ist jetzt assoziativ mit der Musik „verankert". Die Musik als „Sinnesreiz" ist zum Auslöser für einen positiven mentalen Zustand geworden.

Sie können alle möglichen Sinnesreize zum Energieanker für positive Zustände nutzen. Wichtig ist nur, dass Sie „sauber" ankern. Anna setzte sich die ersten zehn Male nur in ihren Träumer-Sessel, wenn es ihr wirklich für einen Moment rundum gut ging. Auf diese Weise verknüpft sich dann auch der erwünschte positive Zustand mit dem jeweiligen Sinnesreiz-Anker. Nach zehnmaliger „sauberer Verankerung" ist die innere Verknüpfung so stark geworden, dass man nun auch vom umgekehrten Effekt profitieren kann: hineinsetzen und wohlfühlen. Gleich finden Sie noch einige Beispiele für geeignete Positivanker. Verknüpfen Sie zunächst wie Anna zehn Mal den Sinnesreiz ganz bewusst mit einem positiven Zustand. Danach ist der Anker dann zum Auslöser geworden. Nun können Sie ihn benutzen, um in sich selbst durch einen einfachen Erinnerungsreiz wieder gute Gefühle auszulösen. Der Anker wird dem Gehirn zur Imaginationshilfe für angenehme psychisch-körperliche Zustände. Übrigens handelt es sich hier um nichts anderes als den uralten Talismann- oder Glücksbringer-Effekt. Sie setzen nur eine bestimmte Mentaltechnik ein, um den Effekt gezielt für sich zu nutzen.

- ☺ Kaufen Sie sich ein neues Parfüm, das Sie sich zunächst nur auf ein Taschentuch tun. Dann schnuppern Sie ganz gezielt den Duft, wann immer Sie sich wohl fühlen. Oder sehen Sie ganz bewusst Ihren Lieblingsfilm auf Video, tragen zuvor das neue Parfüm auf, und an den besten Stellen atmen Sie den Duft ein. Ein Film reicht völlig für eine gelungene Verankerung.
- ☺ Wann immer es Ihnen gut geht, berühren Sie ganz bewusst ein Schmuckstück, das Sie täglich tragen.
- ☺ Lutschen Sie in guten Momenten einen Bonbon mit einem typischen Geschmack.
- ☺ Kaufen Sie sich ein kleines Windspiel mit Glockenklang. Wann immer Sie sich wohl fühlen, bringen Sie die Glöckchen zum Schwingen.
- ☺ Sie können auch andere Menschen in guten Momenten „ankern". Viele Eltern nehmen beispielsweise Ihre Kinder ganz gezielt in den Arm, wenn sie weinen. Ich empfehle Ihnen zusätzlich, Ihr Kind auch besonders oft herzlich in den Arm zum nehmen oder zu streicheln, wenn es sich freut und sich wohl fühlt. So lernt es, Ihre Berührung mit einem guten mentalen Zustand zu assoziieren.

ÜBUNG: Strategien zur Kreativitätssteigerung

1. Bestimmen Sie als Vorbereitung in Ihrer vertrauten Umgebung drei räumlich verschiedene Plätze für die verschiedenen Denkstrategien „Träumer", „Kritiker" und „Realist". Orientieren Sie sich dabei an Annas Beispiel. Halten Sie sich öfter an verschiedenen Orten auf, wählen Sie pro Ort die drei Plätze aus. Denken Sie beispielsweise beim Spazierengehen gerne nach, könnten Sie folgende Zuordnung wählen:

Träumer:	beim Gehen
Kritiker:	stehen bleiben
Realist:	auf eine Bank setzen

	Ort 1 (z.B. Büro)	Ort 2 (z.B. Wohnzimmer)
Träumer:	....	....
Kritiker:	....	....
Realist:	....	....

2. Nun denken Sie an eine Aufgabe, für die Sie gute Ideen brauchen. Wählen Sie zum Üben wieder ein „mittelwichtiges" Thema:
   - ☺ Sie suchen nach einem passenden Geschenk.
   - ☺ Sie wollen einen Text formulieren.
   - ☺ Sie möchten ein Zimmer neu einrichten.
   - ☺ Sie wollen eine Party organisieren.

   ....

3. Nachdem Sie das Thema aufgeschrieben haben, sagen Sie zu sich selbst in freundlichem Ton: „Liebes Gehirn, hierfür benötige ich gute Ideen." Dann legen Sie den Zettel auf einen Tisch oder heften ihn an eine Pinnwand. Nun beschäftigen Sie sich gezielt mit einem mentalen oder einem echten Spaziergang: Sie erledigen eine Routineaufgabe, gehen nach draußen oder widmen sich Ihrem Hobby. Hier gilt ein ganz einfaches Auswahlkriterium: Am besten tun Sie etwas, wobei Sie innerlich Melodien summen können. Das regt die kreativen Schleifen besonders gut an.

4. Wann immer eine Idee kommt, würdigen Sie diese innerlich: „Danke, liebes Gehirn." Meldet sich ein kritischer Gedanke an, sagen Sie – ebenfalls in freundlichem Ton: „Das ist jetzt noch etwas früh, wir üben später noch ganz ausführlich Kritik. Wir können doch nicht jetzt schon in eine grüne

Kirsche beißen." Somit ist das Bedürfnis nach Kritik nicht verdrängt, sondern wird nur auf einen günstigeren Zeitpunkt „vertagt".

5. Schon ein paar Stunden, nachdem Sie die kreative Schleife gestartet haben, benutzen Sie Ihre drei verschiedenen Denkplätze, wie zuvor schon ausführlich beschrieben. Schreiben Sie sich nur am Realisten-Platz Lösungen auf. Sind Sie zufrieden mit dem Ergebnis, bedanken Sie sich innerlich bei allen drei „inneren Imaginations-Helfern": dem Träumer, dem Kritiker und dem Realisten.

Hinweise zur Übung:

- Nutzen Sie sowohl die mentalen als auch die echten Spaziergänge zur Inspiration: Lassen Sie neue Eindrücke auf sich und Ihr Gehirn wirken. Es gibt einen guten Ausspruch, der besagt: Abwechslung ist Bodybuilding fürs Gehirn. Kaufen Sie also in einem neuen Supermarkt ein, den Sie noch nicht kennen. Schauen Sie sich alles, was angeboten wird, in Ruhe an. Gehen Sie in einem Park spazieren, in dem Sie sonst nur selten sind. Besuchen Sie die Sauna oder gehen Sie zur Kirmes, wenn Sie dort schon länger nicht mehr waren. Benutzen Sie einmal eine andere U-Bahn oder einen anderen Bus für den Arbeitsweg, denn die Inspirationen müssen thematisch überhaupt nicht zur gestellten Aufgabe passen. Es ist schon Anregung genug, die Alltagsumgebung gegen eine neue auszutauschen – und sei es nur für eine halbe Stunde.
- Bedenken Sie immer wieder, die Denkplätze „sauber" zu benutzen. Träumen Sie also vor sich hin und es schleicht sich plötzlich ein äußerst hartnäckiger kritischer Gedanke ein, wechseln Sie sofort auf den Kritiker-Stuhl.

Stress und Ärger klein denken

Wie man sich von Alltagsproblemen befreit

Hubert arbeitet in der Altenpflege. „Als Schüler machte ich ein Praktikum in einem Altenpflegeheim und war zu meiner eigenen Überraschung von der Arbeit ganz begeistert. Ich habe mit Menschen zu tun, meine Arbeit wird gewürdigt und das gibt mir das Gefühl, etwas wirklich Nützliches zu tun. Mittlerweile habe ich eine Leitungsposition. Und seitdem kann ich nicht mehr schlafen. Einmal muss ich immer über die verschiedenen Probleme der Alten nachdenken und nun gehen mir auch noch die ganzen Mitarbeiterfragen durch den Kopf. Beispielsweise wird zurzeit bei uns geklaut und wir müssen befürchten, dass es einer aus dem Team ist. Ich liege stundenlang wach und denke darüber nach, wie ich das Problem anpacken soll."

Probleme können an jedem Ort der Welt ihre Wirkung entfalten – egal, wie weit entfernt man sich von der realen Störquelle aufhält.

Fast jeder hat schon einmal Phasen wie Hubert durchlebt. Da nützt es nichts, wenn die Uhr Feierabend anzeigt und das Sprichwort „aus den Augen – aus dem Sinn" wirkt wie Hohn. „Aus den Augen und immer noch im Sinn – so müsste es eigentlich heißen", stöhnte Hubert. Andere Redewendungen unserer Sprache sind da schon zutreffender. Man sagt beispielsweise, jemand würde seine „Sorgen mit sich herumtragen" oder sich sogar „Sorgen machen", so als wäre das eine Art mentale Handwerks- bzw. Denkwerkkunst. Probleme können also sehr wohl an jedem Ort der Welt ihre Wirkung entfalten – egal, wie weit entfernt man sich von der realen Störquelle aufhält. „Das Grübeln kostet mich viel zu viel Energie. Eigentlich müsste ich mich in meiner Freizeit erholen und auftanken. Und das Schlimmste ist: Es bringt überhaupt nichts. Ich kann auch stundenlang über schöne Dinge nachdenken – da komme ich wenigstens auch zu Ergebnissen, weil das Denken vorangeht. Aber die Probleme drehen sich immer im Kreis. Es ist wie bei einer Platte mit Sprung – man landet immer wieder an der gleichen Stelle."

Auch Gedanken kann man beeinflussen

Ich bat Hubert, einmal intensiv an das Problem mit den gestohlenen Gegenständen zu denken und stellte dazu ein paar Fragen. „Wenn Sie an das Thema denken, denken Sie dann in Bildern?" „Ja, ich sehe das alles wie einen richtigen Film vor meinem geistigen Auge." „Hören Sie innerlich auch etwas, was zu dem Film passt?" „Ja, ich höre eine Kollegin empört sagen: ‚Du musst jetzt etwas unternehmen' und als Kommentar dazu noch meine eigene Stimme, die immer stöhnt: ‚Das ist zu viel, das ist zu viel!'" „Was unternehmen Sie, um sich von den Gedanken zu befreien?" „Ich sage mir immer: ‚Nein, ich will nicht mehr daran denken, Schluss damit!'" Daraufhin erklärte ich Hubert die Geschichte mit dem grünen Drachen: „Ein ‚Nicht' oder ‚Nein' reicht Ihrem Gehirn nicht aus, um Sie von dem Inhalt zu befreien. Behalten Sie die Gedanken also inhaltlich bei. Ich möchte Sie aber bitten, auf meine Vorschläge hin die Qualität dieser Grübeleibilder zu verändern. Immerhin spielt sich die Geschichte momentan in Ihrem Kopf ab – nehmen Sie also Einfluss auf die Art und Weise, mit der Ihr Gehirn die Sorgengedanken produziert."

Nehmen Sie Einfluss auf die Art und Weise, mit der Ihr Gehirn die Sorgengedanken produziert.

Grübelbilder umdenken

Zunächst befragte ich Hubert noch nach dem Körperecho seiner Sorgen: „Wo im Körper fühlen sich die Sorgen besonders unangenehm an?" „Im Magen." „Wie viele Minuspunkte geben Sie diesem unangenehmen Gefühl auf der SSU-Skala?" Hubert spürte ein paar Sekunden in sich hinein und sagte dann: „Sieben Minuspunkte." „Nun denken Sie weiter lebhaft an die Probleme", fuhr ich fort. „Machen Sie aber die Bilder zu einem Stummfilm. Sehen Sie die empörten Gesichter der Kollegen – jedoch ohne Ton. Nehmen Sie die Farben aus dem Film heraus und fügen Sie den typischen Braunton von alten Bildern und Filmen hinzu. Nun lassen Sie – ebenfalls wie im Stummfilm – eine dramatische Klaviermusik zur Untermalung ertönen. Wie empfinden Sie die Szene jetzt?" „Na ja, es wirkt jetzt natürlich wie ein alter Charly-Chaplin-Film. Mir ist jetzt viel leichter, wenn ich daran denke. Irgendwie scheint sich eine gefühlsmäßige Distanz aufzubauen." „Und wie reagiert jetzt Ihr Körperecho?" „Das Gefühl im Magen ist zwar noch da, aber ich bewerte es nur noch mit vier Minuspunkten."

Probleme durch Verkleinerung entschärfen

Nun zeigte ich auf einen kleinen Würfel und ein leeres Glas, die auf meinem Tisch standen. „In eines dieser Gegenstände können Sie gleich Ihr Problem hineintun. Welchen suchen Sie sich aus?" Hubert entschied sich für den Würfel. „Und wie soll das gehen?" fragte er. „Schließen Sie die Augen. Denken Sie bitte an den Stummfilm mit Klaviermusik. Machen Sie jetzt einen Rahmen um die Szene, indem Sie das ganze Geschehen in einen Mentalfernseher mit einem kleinen Bildschirm stecken." „Ok, ist geschehen“, sagte Hubert. „Öffnen Sie die Augen. Schauen Sie sich nochmals diesen Würfel an. Schließen Sie sie wieder. Nun verkleinern Sie den ganzen Mentalfernseher so stark, bis er so klein wie der Würfel geworden ist. Sehen Sie sich Ihr Problem nun in diesem kleinen Würfel an. Wie ist das?“ „Ob Sie‘s glauben oder nicht: Ich habe eben schon spontan an etwas anderes, angenehmes gedacht. Mein Körperecho ist jetzt beim Gedanken an das Problem neutral – also bei Null Punkten.“ „Auf diese Weise können Sie Sorgen also buchstäblich klein denken“, sagte ich. „Und Sie haben jetzt selbst erlebt, dass dann die Gedanken wie von allein zu anderen, positiven Themen fließen. Testen Sie diese Strategie vor allem kurz vor dem Einschlafen. Ich gebe Ihnen den Würfel mit. Sie legen ihn zwar in Sichtweite, aber weit entfernt von Ihrem Bett hin, beispielsweise auf die Fensterbank.“ Viele Klienten suchen sich zum Problemverkleinern auch das leere Wasserglas aus, tun die unangenehmen Gedanken hinein und sehen dann dabei zu, wie die kleinen Bilder im Glas bunt umherwuseln. Andere wiederum verzichten auch auf die Stummfilm-Klaviermusik und packen aufgeregte oder empörte Stimmen in den Würfel oder in das Wasserglas. Bei dieser Vorstellung entsteht ein Micky-Maus-Effekt: Man hört die Probleme als Comic-Stimmen im Glas oder Würfelchen piepsen und erlebt so den erleichternden Effekt.

ÜBUNG: Stress und Ärger klein denken

1. Suchen Sie sich einen Würfel, ein leeres Wasserglas oder einen anderen Gegenstand, in den Sie Ihr Problem hineinprojizieren möchten. Legen Sie diesen Gegenstand zwei, drei Meter entfernt von sich auf ein Möbelstück, eine Fensterbank oder einfach auf den Fußboden.

2. Denken Sie an ein „mittelwichtiges“ Problem, das Sie in Gedanken mehr beschäftigt als Ihnen lieb ist.

3. Bewerten Sie möglichst präzise Ihr Körperecho, das die Problemgedanken auslösen: Wie viele Minuspunkte geben Sie ihm auf der SSU-Skala?

   ....

4. Konzentrieren Sie sich auf die Art Ihrer inneren Vorstellung: Denken Sie eher in Bildern, eher in Wörtern? Probieren Sie nun einige Imaginationstechniken, um die Gefühlsqualität der inneren Problemwahrnehmung zu entschärfen. Testen Sie, welche Veränderung jeweils die größte Erleichte-

rung bringt. Fühlen Sie ganz bewusst die Veränderungen Ihres Körperechos. Hier einige Beispiele:

- ☺ Nehmen Sie die Farbe aus den Bildern und fügen Sie stattdessen den typischen Braunton alter Bilder hinzu.
- ☺ Lassen Sie alles wie bei Charly Chaplin schneller laufen, drehen Sie wie beim Stummfilm die Töne heraus und unterlegen Sie das Ganze mit der für alte Kintopp-Filme charakteristischen Klaviermusik.
- ☺ Sollten Ihnen die schnellen Bilder nicht zusagen, probieren Sie die Zeitlupe. Zur Zeitlupe passen dann vielleicht besser die verschiedenen Farbfilter: blau, rosa, grün usw. Sehr beruhigend wirkt übrigens ein Farbfilter in dunklem Lila. Oft wirken die Filter auch schon bei normaler Filmgeschwindigkeit „entschärfend".

Diese Imaginationstechnik wirkt bei mir am besten:

....

Und diese wirkt am zweitbesten:

....

Jetzt gebe ich dem Körperecho nur noch .... Minuspunkte.

5. Nun verkleinern Sie in Gedanken die jeweiligen Szenen, indem Sie diese in einen kleinen Mentalfernseher mit ziemlich winzigem Bildschirm packen. Die Bilder werden so klein, dass Sie diese nun in den vorbereiteten kleinen Würfel, in das Wasserglas oder in einen sonstigen bereitliegenden kleinen Gegenstand hineinpacken können.

6. Genießen Sie bewusst das angenehme Gefühl, jetzt gedanklich frei zu sein. Spüren Sie nach, wie stark die Minuswerte beim Körperecho auf einen noch kleineren Wert geschmolzen sind. Wenn Sie möchten, denken Sie nun bewusst an etwas Angenehmes.

Hinweise zur Übung:

- Einige Personen bevorzugen auch Wegschick-Gegenstände außerhalb ihrer Räume. Manchmal bietet sich nämlich beim Blick aus dem Fenster ein Vogelhäuschen im Baum oder gar die Antenne auf dem Dach des Nachbarhauses an.
- Selbstverständlich hat diese Strategie nicht den Sinn, seine Probleme überhaupt nicht zu bearbeiten. Sie ist vielmehr eine gute Hilfe, um zwischendurch immer wieder den Weg zu seinen Energie-Inseln zu finden, um dann seine Aufgaben im ausgeruhten Zustand bewältigen zu können.

Die visuelle Vorstellung schulen

Trainingsprogramm für die Welt der inneren Bilder

Sollten Sie sich in der Welt der inneren Bilder zu Hause fühlen, können Sie dieses Kapitel überspringen. Es gibt nämlich Menschen, die können innere Bilder so abrufen wie Kinofilme – egal, ob es sich nun um Erinnerungen oder um ausgedachte Szenen handelt. Sie sehen alles lebhaft vor sich. So jemand kann kaum nachvollziehen, dass es auch Menschen gibt, die hiermit ihre Schwierigkeiten haben. Umgekehrt ist es ebenso: Wem die Welt der inneren Bilder nicht so spontan zur Verfügung steht, der kann oft auch nicht verstehen, wie die anderen Menschen ihre Bilder in den Kopf bekommen.

Unterschiedliche Wahrnehmungsweisen

Jeder Mensch hat eine ganz individuelle Art, das zu produzieren, was man einen Gedanken nennt. Da gibt es vor allem drei „Wahrnehmungstypen“:

- Der visuelle Typ denkt mit Vorliebe in Bildern. Will er sich den Geheimcode für seine Kreditkarte merken, sieht er die Zahlenfolge vor dem geistigen Auge und ruft sich so die Nummer auch wieder ab.
- Der auditive Typ denkt in Sätzen und Wörtern. Er ist sehr sensibel für Stimmen, Klänge und Geräusche. Will er seine Code-Nummer erinnern, sagt er sie sich innerlich vor, er hört die Zahlenfolge vor dem geistigen Ohr – vielleicht sogar noch mit Rhythmus und Melodie.
- Der fühlende Typ neigt zum räumlichen und zum motorischen Gedächtnis. Bei der Tastenwahl erinnert er beispielsweise mit imaginären Fingerbewegungen die Lage der einzelnen Zifferntasten.

Viele Menschen denken auch in zwei oder in allen diesen Sinneskategorien, andere wiederum haben sich auf einen Sinneskanal „spezialisiert“.

Sinnesbewusstsein – im Alltag wertvoll

Jede dieser Erinnerungs- und Wahrnehmungstechniken hat Vor- und Nachteile, worauf im Teil „Glückliche Beziehungen leben“ noch ganz intensiv eingegangen wird. Viele Menschen denken auch in zwei oder in allen diesen Sinneskategorien, andere wiederum haben sich auf einen Sinneskanal „spezialisiert“. Wichtig ist zu wissen, dass keine dieser verschiedenen Strategien besser als die anderen ist. Dennoch wünschen sich auditive und fühlende Wahrnehmungstypen oft einen besseren Zugang zu der Welt der Bilder. Das liegt daran, dass heutzutage so viel über Visualisieren und

Vorstellungskraft gesprochen wird. Da meinen viele Menschen, man könne so etwas nur, wenn auch innere Bilder abrufbar sind.

Jeder kann innere Bilder abrufen

Wenn das Bilderdenken nicht Ihre Stärke ist, können Sie – wie bereits eingangs erwähnt – dennoch von vielen Übungen profitieren. Meistens finden Sie Hinweise sowohl für eine auditive als auch fühlende Vorstellungsmöglichkeit bei den verschiedenen Imaginationsstrategien. Einige Übungen sind ganz besonders für auditive Menschen geeignet, wenn es beispielsweise um die Imagination innerer Sätze und Stimmen geht. Hier müssen sich vielleicht rein visuelle Typen mehr anstrengen. Grundsätzlich ist jedoch kein Mensch auf seinen bevorzugten Sinneskanal, mit dem er innerlich denkt, festgelegt. Diese Denkweisen sind mehr so etwas wie Vorlieben oder Gewohnheiten. Sie sind nicht so unveränderbar festgelegt wie beispielsweise die Augenfarbe. Wenn Sie grundsätzlich mit Ihren Augen äußerlich sehen können, ist damit auch automatisch die Fähigkeit zum inneren Sehen angelegt. Ist eine Person von Geburt an blind, wurden also dem Gehirn über die Sehnerven real noch nie Bilder zugespielt, sieht die Sache anders aus. Doch wenn jemand erst im Laufe des Lebens erblindet, steht die innere visuelle Wahrnehmung aufgrund der im Gehirn gespeicherten bildlichen Erfahrung zur Verfügung. Ich kenne beispielsweise eine erblindete junge Frau, die zwar sehr gut tasten kann, sich aber zu jedem Tasterlebnis sofort ein lebhaftes Bild macht. Sie ist ein ausgesprochen visueller Typ. Jeder Mensch, der äußerlich sehen kann oder konnte, vermag also visuelles inneres Wahrnehmen zu trainieren wie das Einmaleins oder eine Sportart.

Grundsätzlich ist jedoch kein Mensch auf seinen bevorzugten Sinneskanal, mit dem er innerlich denkt, festgelegt.

Kleines Gedankenspiel zum Einstieg

Beginnen Sie das Training innerer visueller Wahrnehmung mit einem Worttest. Was – glauben Sie – würde Ihnen beim Einstieg in das Training am leichtesten fallen:

- Visualisieren
- Sich etwas vorstellen
- An etwas denken
- Sich ein Bild von einer Sache machen
- Mit den Gedanken woanders sein
- Träumen

Wahrscheinlich haben Sie es schon bemerkt: diese Worte und Begriffe meinen alle ein und dasselbe, nämlich das innere Sehen. Doch Sie werden feststellen, dass Ihnen einige gefühlsmäßig sympathischer sind. Ich hatte eine ältere Klientin, die mir erzählte, sie könne nicht visualisieren. „Aber Sie können sich doch etwas vorstellen?“, fragte ich. „Ja, das kann ich.“ „Das ist doch dasselbe“, sagte ich zu ihr. „Kann sein, aber Visualisieren hört sich schwieriger an“, war ihre Antwort.

Wählen Sie also Ihren Lieblingsbegriff für das innere Sehen:

....

Die folgenden Punkte führen Sie durch ein aufbauendes Visualisierungstraining.

Übung: Trainingsprogramm für die Welt der inneren Bilder

1. In dieser Übung benutze ich den Begriff „Visualisieren“. Sie können in Gedanken dann immer Ihren oben gewählten „Sympathiebegriff“ einsetzen. Wann immer Sie visualisieren, richten Sie Ihre Augen nach oben, wie Sie es bereits kennen gelernt haben.
   Dabei finden Sie bitte für sich selbst heraus, ob Sie beim Visualisieren die Augen offen oder geschlossen haben möchten. Denn viele Menschen schauen gern auf einen Fixpunkt im Raum, weiten den Blick und „träumen mit offenen Augen“.

2. Schauen Sie sich diese Buchseite an. Nun schließen Sie die Augen und sehen Sie die Seite mit dem geistigen Auge vor sich. Sie können sich auch nur ein Wort vornehmen:

   AUTO

   Prägen Sie sich die vier Buchstaben ein, schließen Sie die Augen und rufen Sie diese auf einem geistigen Bildschirm ab.
   Vielleicht nehmen Sie sich auch nur einen Buchstaben vor:

   A

   Danach nehmen Sie das „U“ hinzu. Als nächstes kombinieren Sie dann die beiden Buchstaben. Fahren Sie so lange fort, bis das Wort komplett ist.

3. Wiederholen Sie diese Übung im Alltag, wann immer es Ihnen einfällt.
Im Restaurant z.B. schauen Sie zum Nebentisch, wenden sich dann ab und sehen im Geiste nochmals diese Menschengruppe vor sich. Dann schauen Sie wieder hin und überprüfen Ihr geistiges Bild.
Wenn Sie morgens die Zeitung lesen, prägen Sie sich die Titelseite ein. Legen Sie die Zeitung dann beiseite, und versuchen Sie, sich an die genaue Position der Schlagzeilen und Fotos zu erinnern. Trainieren Sie dieses Visualisieren von gerade eben gesehenen Bildern einige Tage lang.

4. Sind Sie im Visualisieren gerade eben gesehener Bilder sicher geworden, beginnen Sie mit dem Wahrnehmen erinnerter Bilder. Denken Sie an gestern, vorgestern und letzte Woche. Welche Menschen haben Sie getroffen? Rufen Sie sich die Gesichter ab. Trainieren Sie gezielt mit Erinnerungen, die Ihnen angenehm sind. Für diese Trainingsphase ist vor allem auch Fernsehwerbung besonders gut zum Üben geeignet, da sie ganz gezielt für das visuelle Behalten konzipiert ist. Schreiben Sie sich beim Zusehen die einzelnen Produkte auf, für die gerade geworben wird: Geschirrspül-Tabs, Fruchtjoghurts, Autos usw. Ist die Werbung vorbei, visualisieren Sie zu jedem Produkt auf der Liste – so gut es geht – den Werbespot. Widmen Sie sich auch diesen Übungen einige Tage lang.

5. In der nächsten Trainingsphase beginnen Sie, innere Bilder zu komponieren. Schauen Sie sich beispielsweise ein rotes Auto an und überlegen Sie: Wie würde dieses Auto in blau aussehen? Schauen Sie einen guten Freund oder eine Freundin an. Wie würde er/sie mit grünen Haaren aussehen?

6. Finden Sie heraus, ob Sie irgendeinen größeren Gegenstand (mindestens DIN A3-Format), den Sie mögen, besonders gut erinnern können: ein Gemälde, ein Haus, Ihr Auto, Ihren Hund usw. Benutzen Sie als Einstieg in die Welt der Visualisierung immer das Bild von diesem positiven Gegenstand. Stellen Sie dann das Bild, das Sie erinnern oder ausdenken möchten, daneben.

7. Ab jetzt wiederholen Sie die folgenden drei Trainingseinheiten in wechselnder Reihenfolge:
   - das Visualisieren von Gegenständen, die Sie im Hier und Jetzt wahrnehmen

- das Visualisieren von erinnerten Szenen und Gegenständen
- das Visualisieren von komponierten Bildern

Hinweise zur Übung:

- Die meisten Personen haben mit diesem Trainingsprogramm Erfolg. Sie haben aber auch die Möglichkeit, speziell für dieses Thema einige Stunden bei einem erfahrenen Trainer oder Therapeuten für Neurolinguistisches Programmieren zu nehmen, da das NLP bei diesem Thema besonders gut helfen kann.
- Wir haben festgestellt, dass viele Klienten auch zu streng mit ihren Maßstäben an innere Bilder sind. Sie erwarten gestochen scharfe „Fotos". Vorstellungen dürfen aber auch mal verschwommen oder vage sein.

IMMER WIEDER AUFTANKEN

Zum Thema „innere Kräfte wecken" gehört auch die Aufmerksamkeit für unseren Körper. Denn der Begriff „Imaginationstraining" ist bei vielen Menschen mit einem fatalen Irrtum verbunden. Man meint, dass Imagination etwas mit Gedanken zu tun hat, was grundsätzlich stimmt. Gleichzeitig besteht die Annahme, dass Gedanken so etwas wie Luft sind, was völlig falsch ist. Gedanken sind Körperreaktionen. Sie werden vom Gehirn organisiert, einem Organ unseres Körpers. Wann immer wir denken, verbraucht das Gehirn Energien in Form von Kalorien. Außerdem wird unser Denken durch eine Reihe von körpereigenen Chemikalien bzw. Stoffwechselprodukten ermöglicht, die sich Nervenbotenstoffe nennen. Sowohl Kalorien als auch Stoffwechselprodukte müssen vom Körper immer wieder aufgetankt werden. Nicht umsonst spricht man von der so genannten „Nervennahrung". Denn nur gut ernährte Gehirnnerven können ihren Beitrag zu einem erfolgreichen Imaginationstraining leisten.

Gedanken sind Körperreaktionen. Sie werden vom Gehirn organisiert, einem Organ unseres Körpers.

Im Einklang mit dem Körper

Glauben Sie also nicht, dass ein gutes Mentaltraining dabei helfen könnte, die körperlichen Bedürfnisse zu überwinden. Wer beispielsweise mit den im Buch vorgestellten Mitteln versuchen möchte, ohne Schlaf auszukommen, wird ganz einfach scheitern. Alle vorgestellten Methoden greifen nur, wenn sie im Einklang mit den körperlichen Bedürfnissen ihre Wirkung entfalten dürfen. Wer immer sich vornimmt, gegen die eigene Biologie anzukämpfen, wird feststellen, dass dieser Gegner immer der stärkere ist. Körperliche Störungen wie Erschöpfung oder gar Krankheiten sind oft die Antwort auf eine jahrelange Missachtung der körperlichen Energien. Akzeptieren Sie also Ihr biologisch verankertes Bedürfnis, die Energievorräte immer wieder aufzutanken.

Imaginationstraining und Gesundheit

Das Sprichwort „der Geist ist willig, doch das Fleisch ist schwach" beschreibt sicherlich eine Wahrheit. Man müsste noch ergänzen: „... also muss das Fleisch (der Körper) immer wieder gestärkt werden, wenn man seine Ziele erreichen möchte." Im Folgenden habe ich Ihnen die wichtigsten Punkte für eine ausreichende innere Körperpflege und somit auch für eine „Gehirnernährung" zusammengestellt.

Genügend Wasser trinken

Ein erwachsener Körper benötigt täglich durchschnittlich zwei Liter Wasser.

Ein erwachsener Körper benötigt täglich durchschnittlich zwei Liter Wasser. Das kommt vor allem auch der Gehirnleistung zugute. Sehr alte Menschen werden beispielsweise öfter in einem geistig verwirrten Zustand ins Krankenhaus eingeliefert. Führt man ihnen ausreichend Wasser zu, stellt sich häufig ihre Geisteskraft nach kurzer Zeit wieder vollständig ein. Das Problem besteht nur darin, dass alte Leute oft vergessen, ausreichend und regelmäßig zu trinken. Jüngere Menschen werden bei Flüssigkeitsverlust nicht sofort geistig verwirrt, büßen vorübergehend aber auch einen Teil der Gedankenkraft ein. Konzentrationsschwächen, Müdigkeit oder gar Kopfschmerzen sind die Folge. Sorgen Sie also schon aus diesem Grunde immer für den erforderlichen Flüssigkeitsnachschub.

Alkohol, Kaffee und schwarzer Tee nur in Maßen

Viele Menschen denken, dass diese drei Getränke auch zum Flüssigkeitshaushalt des Körpers beitragen. Das Gegenteil ist der Fall: Sie alle entziehen den Körperzellen sogar Wasser. So entsteht paradoxerweise Durst beim Trinken! Aus diesem Grund wird in Ländern mit einer jahrhundertealten Kaffeekultur der Kaffee auch immer in Kombination mit einem Glas Wasser gereicht, um den Flüssigkeitsverlust auszugleichen. Nehmen Sie eines dieser Getränke in größeren Mengen zu sich, müssen Sie immer wieder kräftig mit Wasser, verdünnten Säften oder Kräutertees gegen den Flüssigkeitsverlust „antanken".

Auf eine ausgewogene Ernährung achten

Natürlich wissen Sie, wie wichtig eine vitaminreiche, ausgewogene Kost für die allgemeine Gesundheit ist. Zu diesem Thema gibt es auch unzählige Ratgeber und Zeitungsberichte. Auf zwei Aspekte möchte ich jedoch hier noch ganz gezielt hinweisen: Die gesündeste Ernährung erzielt nur die halbe Wirkung, wenn sie unregelmäßig über den Tag verteilt eingenommen wird. Vor allem stundenlanges Hungern macht dem Gehirn sofort zu schaffen und führt oft sogar zu vorübergehenden Stimmungstiefs. Viele Menschen lassen beispielsweise das Frühstück ausfallen, essen mittags nur einen Salat und „schlagen" dann abends „zu". Sehr viele unserer Nervenbotenstoffe bilden sich jedoch stündlich bzw. minütlich aus der Nahrung. Wird diese – vor allem tagsüber – nur unregelmäßig aufgenommen, sinkt der Spiegel dieser wichtigen Gehirnstoffe und führt zu mentalem Leistungs- und Stimmungsabfall.

Stundenlanges Hungern macht dem Gehirn sofort zu schaffen und führt oft sogar zu vorübergehenden Stimmungstiefs.

Regelmäßig kleine Mahlzeiten zu sich nehmen

Britische Wissenschaftler führten mit Personen, die eine Diät hielten, Erinnerungstest durch und fanden heraus, dass Hungern vergesslich macht. Hier hilft dann kein Imaginationstraining mehr, sondern nur noch regelmäßiges Essen für die Tagesaktivität von Geist und Körper. Nun gibt es viele Menschen, die dem entgegenhalten, dass man ja gerade beim Fasten besonders gute Stimmungs- und Leistungsniveaus erzielt. Doch dieser Effekt basiert auf einem recht tragischen Mechanismus: Da es nichts zu essen gibt, meint unser Unbewusstes, wir müssten bald an Hunger sterben. Damit sich das nicht so grausam anfühlt, spendiert der Organismus dem Gehirn eine Extraportion Endorphine – das sind körpereigene, dem Rauschmittel Opium verwandte Stoffe, die vor allem in lebensbedrohlichen Situationen in großen Mengen im Organismus in Umlauf gebracht werden. Dieser „Notstands-Rausch" vermittelt also die vermeintlich gesteigerte Geisteskraft. Radikales Hungern führt auch zu weiteren zweifelhaften Erfolgen. Zwar verliert man an Gewicht, jedoch weiß man heute, dass unser Körper beim reinen Hungern nur Muskulatur – und eben kein Fett – abbaut. Muskulatur ist jedoch das Gewebe, das die meisten Kalorien verbrennt. Muskulatur macht schlank. Fettgewebe hingegen verbraucht am Tag nur wenige Kalorien. Verliert man also seine Muskulatur, sinkt auch der allgemeine Energieverbrauch. Als Folge wird man von weniger Essen schneller dick. Essen Sie also nicht viel, aber gesund und regelmäßig. Das

Heute weiß man, dass unser Körper beim reinen Hungern nur Muskulatur – und eben kein Fett – abbaut.

ist Bodybuilding für Gehirn und für den Körper, da so Gehirnnerven und Muskulatur ernährt und optimal erhalten werden.

Kohlenhydrate richtig kombinieren

Viele Menschen meiden immer noch kohlenhydratreiche Nahrung, angebliche Dickmacher wie beispielsweise Kartoffeln, Brot, Reis oder Nudeln. Doch gerade diese Nahrungsmittel stellen eine hervorragende Gehirnpflege dar. Aus Ihnen „bastelt" das Gehirn den wichtigen Stoff Serotonin, der für unsere gute Laune, ausgeglichene Stimmung und einen erholsamen Nachtschlaf zuständig ist. Natürlich sollten auch diese Produkte in möglichst gesunden Varianten gegessen werden: statt reinem Weißmehlbrot sollte man vollkornhaltiges Brot wählen, statt weißem Reis Naturreis oder den so genannten „parboiled" Reis und statt Eiernudeln dürfen es die guten italienischen Pasta aus Hartweizengries sein. Müsli ist natürlich auch ein äußerst gesunder Kohlenhydrate-Lieferant. Essen Sie gleich von morgens an über den Tag verteilt ausreichend von diesen Kohlenhydrat-Trägern, macht das schlank: Serotonin hat nämlich die Eigenschaft, uns subjektiv ein zufriedenes Sättigungsgefühl zu geben. So isst man über den Tag verteilt viel weniger, als wenn der Serotonin-Spiegel stets kurz vor dem Null-Punkt hängt. Außerdem ermöglicht Serotonin ein „buntes", kreatives und freundliches Denken, was für ein erfolgreiches mentales Selbst-Coaching äußerst vorteilhaft ist.

Für genügend Bewegung sorgen

„In einem gesunden Körper wohnt ein gesunder Geist" sagten die alten Griechen und erfanden die olympischen Spiele. Natürlich müssen Sie selbst keine Goldmedaillen gewinnen, wenn Sie Sport treiben. Es geht bei unserem Thema vielmehr um den Aspekt, dass Sport nicht nur den Körper belebt, sondern auch die Psyche und somit den Geist aufhellt. Diese Wirkung kommt dadurch zustande, dass beim Sport überschüssige Stresshormone im Körper abgebaut werden. Diese Stresshormone – wie beispielsweise das bekannte Adrenalin – tummeln sich nämlich auch im Gehirnstoffwechsel und blockieren hier den Gedanken- und Ideenfluss. So entsteht der subjektive Eindruck, dass man mit seinen Themen und Problemen nicht weiterkommt. Sport bringt demnach nicht nur die Muskeln, sondern auch die Gedanken wieder in Bewegung, wenn die Stresshormone sich beim Laufen, Fahrradfahren, Schwimmen usw. verflüchtigt haben.

Beim Sport werden überschüssige Stresshormone im Körper abgebaut.

Ausdauersport bevorzugen

Sportarten, die den Kreislauf anregen, sind für diesen positiven Effekt besonders gut geeignet. „Ruhige" Sportarten wie beispielsweise Angeln oder Bogenschießen müssten jedoch durch ein sinnvolles Bewegungstraining ergänzt werden, da der körpereigene Stressabbau am besten über ausdauernde Bewegung erzielt werden kann. Nach neuesten Erkenntnissen soll man sich nicht verausgaben, sondern sich so bewegen, dass man sich „nebenbei" noch unterhalten kann. Das hat sowohl für den Stress- als auch für den Fettabbau den besten Effekt. Die Annahme, dass ein heftiger Muskelkater gesund sei, gilt auch als überholt: Stark schmerzende Muskeln zeigen nur an, dass es in den Muskelfasern zu feinen Verletzungen gekommen ist. Statt Schmerzen sollte man nur spüren, dass man „etwas getan" hat, das ist viel gesünder. Übrigens: Es gibt auch Bewegungsformen, die man landläufig nicht Sport nennt, die aber ebenso positiv wirken: mit dem Hund toben, spazieren gehen, ein Beet umgraben oder auf einer Party tanzen.

Die Annahme, dass ein heftiger Muskelkater gesund sei, gilt auch als überholt.

Den Stress in Grenzen halten

Stress ist ein natürlicher Bestandteil des täglichen Lebens. Man unterscheidet in der Psychologie zwischen zwei Stresssorten:

- ☹ Den Stress, der sich subjektiv unangenehm anfühlt, nennt man Distress. Hiermit sind Ärger, Wut, Angst und auch Langeweile gemeint. Natürlich gehören diese Emotionen zum Leben dazu und sind auch nicht zu vermeiden. Denn oft führt der Weg zu einem lohnenswerten Ziel durch stressreiche Phasen.
- ☺ Dann gibt es noch den so genannten Eustress, der Begeisterung und Lebensfreude als Motor hat. Gerade Dinge, die uns Spaß machen, rufen unsere Energiequellen wach: die Aussicht auf einen Erfolg, die Liebe, interessante Hobbies und schlichte Neugier. In der Literatur nennt man diese Form von Stressenergie oft auch Lebenshunger.

Beide Stresssorten sind wichtige Bestandteile für unsere psychische Ausgeglichenheit. Dabei liegt die Betonung auf dem Begriff *Ausgleich.* Denn Stress – egal ob positiv oder negativ empfunden – verbraucht unsere körperlichen Energiereserven. Bei negativem Stress erscheint das selbstverständlich – aber auch positiver Stress kann dazu führen, dass wir „auf zu vielen Hochzeiten tanzen" und nicht mehr zur Ruhe kommen. Im Stress zeigt der Körper eine Reihe von typischen Reaktionen, wie Sie aus der folgenden Liste ersehen können:

Körperreaktionen bei Stress ...	**und bei körperlicher Entspannung**
beschleunigter Herzschlag	langsamer, regelmäßiger Herzschlag
flacher und schnellerer Atem	ruhiger und tiefer Atem
teilweise verengte Gefäße	gleichmäßig weite Gefäße, dadurch optimale Durchblutung und Sauerstoffversorgung des Körpers
Stoffwechselspitzen in der Körperchemie	ausgeglichener Stoffwechsel

Die Seele baumeln lassen

Vor allem die regelmäßige Durchblutung von Muskeln, Haut und Organen ist wichtig für die Gesundheit und auch für die Schönheit.

Ausgleich bedeutet, dass wir zwischen den Stressphasen immer wieder körperlich entspannen müssen, damit sich der Körper mit all seinen Zellen wieder regenerieren kann. Vor allem die regelmäßige Durchblutung von Muskeln, Haut und Organen ist wichtig für die Gesundheit und auch für die Schönheit. Deshalb muss man sowohl von seinen Problemen – als auch von schönen Aufgaben – immer wieder einmal abschalten und „die Seele baumeln" lassen. Hierfür ist die Imaginationsübung „Stress und Ärger klein denken" (S. 88) sehr nützlich. Eine Fülle von weiteren Möglichkeiten finden Sie dann noch im Kapitel „Selbsthypnose" (S. 167ff.).

Das A und O – erholsamer Schlaf

Kleine Kränkungen und Sorgen sehen manchmal am nächsten Morgen „schon ganz anders" aus oder sind gar überwunden.

Natürlich darf bei der Aufzählung der körperlichen Bedürfnisse auch der Schlaf nicht fehlen. Schlaf ist mit eines unserer wirksamsten Erholungs- und sogar Heilmittel. Nicht umsonst neigen Kranke zu mehr Schlaf als Gesunde, weil in diesem Zustand die körperliche Genesung besonders rasch voranschreitet. Auch psychische Gesundung läuft im Schlaf oft von ganz allein ab. Kleine Kränkungen und Sorgen sehen manchmal am nächsten Morgen „schon ganz anders" aus oder sind gar überwunden. Eine besondere Bedeutung haben hierbei unsere Träume. Auch zu diesem Thema erhalten Sie weitere Informationen im Selbsthypnose-Kapitel.

ÜBUNG: Immer wieder auftanken

1. Besorgen Sie sich ein normal großes, durchsichtiges Trinkglas mit Wasser, Kräutertee oder Saft. Sorgen Sie für mindestens zehn Minuten Ruhe, um sich in dieser Zeit entspannen zu können. Setzen oder legen Sie sich bequem hin. Das Glas steht in Sicht- und in Reichweite.

2. Betrachten Sie das Glas von außen. Während Sie das tun, sagen Sie zu sich selbst: „Dieses Wasser (bzw. dieser Tee/Saft) wird gleich in meinem Körper sein. Schluck für Schluck werde ich die Flüssigkeit aufnehmen. Mein Körper freut sich darüber, weil dadurch die Zellen erfrischt werden und so neue Energie entsteht."

3. Nun nehmen Sie das Glas und trinken Sie es langsam leer. Spüren Sie, wie die Flüssigkeit die Speiseröhre herunterrinnt und sagen Sie sich: „Das tut gut, das ist angenehm." Sie stellen das Glas zurück, schließen die Augen und lockern alle Muskeln. Atmen Sie tief und regelmäßig.

4. Stellen Sie sich vor, was nun weiter mit dem Wasser in Ihrem Körper geschieht: Wie der Körper die Flüssigkeit annimmt und sie zu Körperzellen transportiert, die sich schon auf die Erfrischung freuen.

5. Stellen Sie sich bildlich vor, wie es dort, wo das Wasser jetzt im Körper anlangt, heller und bunter wird. Vielleicht hören Sie mit dem geistigen Ohr, wie es leise fließt oder sachte sprudelt, oder Sie spüren ein leises Kribbeln.

6. Spüren Sie, wie Sie sich immer wohliger fühlen, wenn Sie diesen Gedanken nachgehen. Nach ein paar Minuten können Sie auch zu anderen angenehmen Vorstellungen abschweifen.

7. Verbleiben Sie in diesem wohligen Zustand, solange es Ihnen gut tut. Tanken Sie auf. Zum Schluss machen Sie einen tiefen Atemzug und recken und strecken sich, bevor Sie sich wieder nach außen orientieren.

Hinweis zur Übung:

- Obwohl Essen nicht so schnell körperlich wirkt wie Trinken, können Sie diese Übung auch spielerisch mit jeder Mahlzeit durchgehen. So stellen Sie sich eine halbe oder auch eine Stunde nach dem Essen vor, wie jetzt die Energien und Stoffwechselprodukte in den Zellen verteilt werden und diese neu aufbauen und beleben.

FERNZIELE ERREICHEN

In den vorangegangenen Kapiteln haben Sie die Grundlagen imaginativer Beweglichkeit kennen gelernt und trainiert. Das Thema „Fernziele" baut auf dieser mentalen Basis auf. Daher sollten Sie sich auch bei der Beschäftigung mit den „großen" Lebensthemen immer wieder auf das Know-how der kleinen Schritte besinnen. So geht es beispielsweise auch in diesem Teil darum, sein Körperecho im Zusammenhang mit den verschiedenen Mentaltechniken zu spüren, aktiv auf die Ziele hinzuleben anstatt zu warten, bis die Lebenserfolge an die Tür klopfen. Außerdem geht es um den Einsatz Ihrer positiven Motivationsstimme.

Wie man sich optimal motiviert

Gerade diese innere Stimme ist beim Überwinden von „Durststrecken" auf dem Weg zum Lebensglück weiterhin von entscheidender Bedeutung. So nützt es also gar nichts, wenn Sie sich innerlich mit ungeduldiger und aggressiver Stimme anherrschen: „Es geht mir jeden Tag in jeder Beziehung immer besser und besser." Erst der freundliche Klang des inneren Dialogs setzt die Kräfte frei, die Sie für weitreichende Lebensziele benötigen.

Der freundliche Klang des inneren Dialogs setzt die Kräfte frei, die Sie für weitreichende Lebensziele benötigen.

Auch der grüne Drache ist bei diesen Fernzielen immer wieder ein Thema. Viele Menschen wollen beispielsweise reich sein, um ihre innere Angst zu bekämpfen. Machen die inneren Gedanken jedoch die Angst zum Hauptanliegen im Leben, so wird man auch in noch so sicheren und erfreulichen Lebenssituationen die Energie auf mögliche Angstmomente richten. Diese Zielkonzentration führt jedoch dazu, dass man blind für die bereits geschaffenen sicheren Inseln ist und diese dann auch nicht genießen und würdigen kann. Denken Sie hier beispielsweise an die Comic-Figur Dagobert Duck, der in seinem Geld badet und dabei immer mit Schweißperlen auf der Stirn an die Panzerknacker denken muss. Daher liegt das hauptsächliche Augenmerk der Fernziele auf kraftvollen Visionen Ihres Zukunfts-Ichs und nicht etwa auf Ihrem Bankkonto.

Mit Blockaden konstruktiv umgehen

In den folgenden Kapiteln widmen wir uns deshalb auch überwiegend dem Anliegen, das Leben genießen zu können – und das nicht nur in ferner Zukunft, sondern auch als Energiequellen im Hier und Jetzt. Sie lernen, die täglichen Blockaden abzubauen, die Sie auf dem kontinuierlichen Weg zu Ihren positiven Lebenszielen behindern könnten. Waren die vorgestellten Themen bisher inhaltlich sehr konkret, werden Sie in diesem Buchteil mit allgemeinen Grundeinstellungen vertraut gemacht, die für persönliche Erfolge wichtig sind.

Für das nötige Know-how sorgen

Als Vergleich für diese Aussage stellen Sie sich bitte einmal eine Fußballmannschaft vor, die aus einem Spiel unbedingt als Sieger hervorgehen möchte. Der Trainer wird dafür sorgen, dass jeder Spieler in Topform ist, seine Spielzüge beherrscht und im richtigen Moment zuspielen kann. Eines kann der Trainer jedoch nicht sagen: „Leute, in der ersten Halbzeit wird nach einundzwanzig Minuten und dreiundzwanzig Sekunden der gegnerische Stürmer genau an dieser Stelle von rechts kommen. Lasst uns trainieren, ihm zwei Sekunden später dann den Ball abzujagen." Denn natürlich kann man bei einem Spiel mit mindestens 22 Beteiligten den genauen Ablauf nicht vorhersagen. Vielmehr sollte der Trainer dafür sorgen, dass seine Mannschaft von der Grundvoraussetzung her gerade auch auf Überraschungen gut reagieren kann und fit ist. Genau diese Fähigkeiten sichern den Weg zum Erfolg.

Erfolg kann man lernen

Fähigkeiten sind das wichtigste Potenzial für Ihre Lebenserfolge. Denn es kann auf dem langen Lebensweg immer wieder Pannen geben. Auch eine gute Fußballmannschaft kann einmal verlieren. Genauso kann eine nur mäßig gute Mannschaft einmal Glück haben. Solche einmaligen äußeren Ergebnisse sagen noch nichts über das Erfolgspotenzial aus. Erst die vielen Spiele einer gesamten Saison ergeben ein reales Bild vom Können einer Mannschaft. Vielleicht kennen Sie in diesem Zusammenhang den bekannten Ausspruch: „Du kannst einem Hungrigen einen Fisch schenken – aber du kannst ihm auch beibringen, wie man fischt!"

Ein positives Selbstbild aufbauen

Die Entwicklung eines positiven Grundkraftniveaus

Beginnen wir das Kapitel „Fernziele" mit Ihrer eigenen Person – denn um Sie selbst geht es ja bei Ihrer Lebensgestaltung. Es ist nämlich nicht so wichtig, sich für die Zukunft ein großes Haus, einen tollen Partner oder einen gefüllten Geldspeicher vorzustellen – sondern zuerst müssen Sie lernen, sich selbst in einer erfolgreichen Zukunft wahrnehmen zu können. Was nützt Ihnen das Haus, wenn Sie darin einsam leben? Was haben Sie vom tollen Partner, wenn Sie sich selbst schon mit 40 oder 50 Jahren nicht mehr leiden mögen? Und wie will man das viele Geld genießen, wenn man sich nur ausgelaugt und erschöpft fühlt?

Innere Stabilität schafft Erfolg

Fangen Sie also bei Ihren wichtigsten Lebenszielen nicht mit äußeren Dingen, sondern mit sich selbst an, denn Ihnen soll es gut gehen und nicht einem Haus oder Auto. Sicher kennen Sie ein Stehaufmännchen. Man kann es zwar nach unten drücken – aber sowie der Druck nachlässt, steht es von ganz allein wieder, pendelt ein bisschen und steht dann wieder völlig aufrecht. Unten hat es ein Gewicht, das dem Stehaufmännchen immer wieder Stabilität verleiht. Dieses Stehaufmännchen-Phänomen kann auch das Seelenleben eines Menschen ausmachen: Es gibt zwar immer wieder Unglückstage oder Augenblicke schlechter Laune, aber schon nach kurzer Zeit pendelt sich wieder eine körperlich fühlbare Positivenergie ein, auf die das sprichwörtliche seelische Gleichgewicht unbewusst immer wieder hinstrebt. Man sagt dann, dass dieser Mensch Ausstrahlung oder Charisma hat.

Fangen Sie also bei Ihren wichtigsten Lebenszielen nicht mit äußeren Dingen, sondern mit sich selbst an.

Mit sich selbst im Einklang sein

Wir nennen diese immer wiederkehrende Positivenergie in diesem Training das Grundkraftniveau eines Menschen. Dieses Grundkraftniveau sollte auf der SSW-Skala bei zwei und mehr Pluspunkten liegen. Die Ausstrahlung eines Menschen ergibt sich also nicht nur aus einem momentanen Glücksfall, sondern aus der inneren Standfestigkeit im Leben. Je höher das Grundkraftniveau, desto größer sind die unbewusste Ausstrahlung und die Überzeugungskraft einer Persönlichkeit.

Des eigenen Glückes Schmied

Lassen Sie in diesem Zusammenhang einmal die folgenden Sätze auf sich wirken:

Ich bin glücklich	**Ich habe Glück**
Ich hoffe	**Ich habe Hoffnung**

Die beiden Sätze auf der rechten Seite beinhalten die Hauptworte „Glück" und „Hoffnung". Durch das Wort „haben" wird so getan, als ob man diese Dinge anfassen und herumtragen könne wie ein Pfund Kirschen oder einen Beutel Reis. Sie befinden sich also außerhalb der Person und könnten dementsprechend auch verloren gehen oder gar weggenommen werden, wie auch der Satz zeigt: „Ich habe die Hoffnung verloren."

Die Sätze auf der linken Seite hingegen zeigen, dass Glück und Hoffnung eigentlich Energien in Form von Eigenschaften und Aktivitäten sind, die ein Mensch von innen heraus lebt, die ein Teil seines Selbst sind. Hier ist das „Ich" das einzige Hauptwort und „glücklich" und „hoffen" sind Adjektiv bzw. Verb.

Rückschläge besser verkraften

Glückliche Menschen müssen nicht unbedingt mehr Erfolge im Leben verbuchen als andere. Sie erleben auch Niederlagen und Rückschläge.

Sagt man beispielsweise: „Das ist ein glücklicher Mensch", so meint man nicht, dass die Person jetzt gerade im Lotto gewonnen hat. Man meint das zeitüberdauernde Grundkraftniveau der Person, auf das sich die Seele immer wieder von allein einpendelt. Glückliche Menschen müssen nicht unbedingt mehr Erfolge im Leben verbuchen als andere. Sie erleben auch Niederlagen und Rückschläge. Doch für sie sind diese Ereignisse nicht das Eigentliche, sondern die Abweichung vom Eigentlichen. Das macht den entscheidenden Unterschied aus. Liegt hingegen das innere Grundkraftniveau eines Menschen im Null- oder gar im Minusbereich, so wird er Erfolge und schöne Momente im Leben als Ausnahmen registrieren.

Ihr Selbstbild ist ein wichtiger Teil des Selbstbewusstseins.

Sie können lernen, über Ihr Selbstbild ein positives Grundkraftniveau aufzubauen. Ihr Selbstbild ist ein wichtiger Teil des Selbstbewusstseins. Wissen Sie eigentlich bewusst, wie Sie aussehen? Und was noch wichtiger ist: Wissen Sie, wie Sie wirken? Sie selbst sind der Mensch, mit dem Sie die meiste Zeit Ihres Lebens verbringen. Dafür sehen Sie sich relativ selten: täglich ein paar Minuten im Spiegel und ab und zu auf Fotos oder Videos. Welches dieser Bilder taucht auf Ihrem geistigen Bildschirm auf, wenn Sie an sich selbst denken?

Vorbilder für das Zukunfts-Ich

Suchen Sie einmal möglichst viele Fotos der letzten Wochen, Monate und Jahre heraus, die Sie abbilden. Wählen Sie sich daraus eine Reihe von Selbstbildern mit folgenden Eigenschaften:

1. Sie mögen die Fotos selbst gut leiden.
2. Die Bilder strahlen aus, dass Sie ein Mensch mit einem positiven Grundkraftniveau sind.
3. Bei diesen Fotos gewinnt man den Eindruck, dass Sie auch noch später als alter Mensch eine positive Ausstrahlung haben werden.

Die Punkte zwei und drei sind besonders wichtig. Denn in den Medien werden oft Fotos von Menschen verherrlicht, die vom Ausdruck her neurotisch, unreif oder traumatisiert wirken: Frauen mit hilflosem Augenaufschlag oder dekadentem Heroin-Look; finstere Gesichter von Männern, die scheinbar viel durchgemacht haben und nun niemandem mehr vertrauen können; abweisende „Beauties“, die ohne Blickkontakt in die Ferne gucken. Man unterstellt, dass diese Darstellungen „geheimnisvoll“ wirken – was in der Tat stimmt. Denn man kann bei diesen Bildern wirklich nicht erahnen, ob es diesen Personen gut oder schlecht geht. Machen Sie mit diesen Fotos den „Alterstest“, indem Sie fragen: Wie würde dieser Ausdruck bei einem alten Menschen wirken? So verlieren diese Bilder schnell ihre attraktive Wirkung: Alte Menschen mit diesen Gesichtsausdrücken wirken nicht interessant, sondern verbittert, statt süß-ängstlich orientierungslos und statt dekadent schlichtweg krank.

Besonders erstrebenswert: Lebensfreude

Es gibt jedoch Körperhaltungen und Gesichtsausdrücke, die auch bei einem uralten Menschen schön und anziehend wirken: lachend, nachdenklich weise, freundlich, wissend. Sie zeigen die Schönheit der Psyche.

„Lebensfreude" heißt hier das Schlüsselwort. Denken Sie einmal an einen blinden Menschen der plötzlich wieder sehen kann. Selbst, wenn sein Blick nach der Heilung zuerst auf einen Mülleimer fällt, würde er sich dennoch über die Tatsache, dass er sehen kann, sehr freuen. Ebenso ergeht es einem Menschen, der gern lebt: Er liebt das reine Erleben, so wie der geheilte Blinde das Sehen. Daran ändern auch Krisen und Probleme nichts. Diese Lebensfreude drückt das schöne Gesicht eines alten Menschen aus. Denn niemand kann 70, 80 oder gar 90 Jahre werden, ohne dass er oder sie Lebenskrisen durchstehen und bewältigen musste.

Nachdem Sie die Fotos nach den drei genannten Kriterien ausgewählt haben, wählen Sie das aus, das Ihnen am besten gefällt. Verinnerlichen Sie dieses Foto als repräsentatives Selbstbild für Ihr positives Grundkraft- oder Lebensfreudeniveau. Bauen Sie dieses positive Selbstbild aus, wie Sie es im ersten Abschnitt gelernt haben. Im Kasten finden Sie noch eine kleine Zusammenfassung der Ihnen schon bekannten Imaginationsverstärker.

Das positive Selbstbild stärken

- Sie nehmen Ihr Foto mit dem positiven Selbstbild in die Hand und betrachten es intensiv.
- Schließen Sie die Augen und machen Sie das Bild in Gedanken groß und dreidimensional.
- Sorgen Sie für angenehme Farben und eine gute Beleuchtung.
- Bringen Sie Bewegung in Gestik und Mimik.
- Hören Sie sich selbst sprechen, lachen und atmen.
- Blenden Sie vielleicht noch eine „Filmmusik" ein.
- Assoziieren Sie vielleicht noch einen Geruch oder Geschmack, der gut zu diesem Bild passt.
- Arbeiten Sie so lange mit diesem Selbstbild, bis Sie ganz deutlich ein positives Körperecho wahrnehmen. Der Gefühlswert sollte bei zwei Punkten und mehr auf der SSW-Skala liegen.
- Verstärken Sie das positive Körperecho mit der wingwave-Methode.

Mit der folgenden Übung lernen Sie, dieses positive Bild mit einem Gefühl von Dauerhaftigkeit zu verknüpfen.

ÜBUNG: Das Grundkraftniveau festigen

1. Denken Sie an Ihr positives Selbstbild, das Sie sich bei der Auswahl des Fotos verinnerlicht haben. Nehmen Sie die positive Ausstrahlung wahr.

2. Nun denken Sie an den nächsten runden Geburtstag: 30, 40, 50 Jahre usw. Überlegen Sie: Wenn Sie auch dann Ihr positives Grundkraftniveau bewahren, wie werden Sie dann aussehen? Stellen Sie sich Ihr Selbstbild etwas älter, vielleicht mit anderer Kleidung – aber mit der gleichen positiven Ausstrahlung vor. Bauen Sie dieses Selbstbild wieder lebhaft aus – bis Sie ein positives Körperecho spüren.

3. Beschäftigen Sie sich nun mit dem nächsten runden Geburtstag. Verfahren Sie ebenso: Das Selbstbild wirkt älter, aber das positive Grundkraftniveau ist noch da – oder hat sich noch verstärkt.

4. Gehen Sie nun alle Jahrzehnte bis ins hohe Alter durch. Stellen Sie sich vor, dass sich das positive Grundkraftniveau bis ins hohe Alter von Jahr zu Jahr weiter stabilisiert.

5. Denken Sie an ein „mittelwichtiges“ Ziel, das Sie in ca. zehn Jahren erreichen wollen:

   ....

6. Kommen Sie auf das Bild von Ihrem positiven Zukunfts-Ich zurück und machen Sie sich einen Film davon, wie Sie dieses Ziel mit dem inneren positiven Grundkraftniveau erleben.

7. Versetzen Sie sich nun in Ihr Zukunfts-Ich hinein. Seien Sie für einen Augenblick älter, spüren Sie die Positivenergie in Ihrem Körper und versetzen Sie sich in diesem Zustand in Ihr Zielerlebnis.

8. Nun kehren Sie wieder in die Jetztzeit zurück und genießen Sie die Erinnerung an die Zukunft.

Hinweise zur Übung:

- Sollten Sie keine positiven Fotos von sich finden, gehen Sie zu einem guten Fotografen, der auf Porträtfotografie spezialisiert ist. Lassen Sie sich diese Fotos etwas kosten – es lohnt sich.
- Je älter die Zukunfts-Ichs sind, desto länger braucht man oft, um sich diese Selbstbilder lebhaft auszumalen. Gerade die ältesten Ich-Imaginationen sind jedoch besonders kraftspendend für Ihre heutige Lebensenergie. Die Mühe lohnt sich also. Es ist eine gute Hilfe, wenn Sie zur Inspiration für diese Übung Fotos und Abbildungen von schönen alten Menschen mit einer positiven Ausstrahlung sammeln.
- Wann immer Sie ein Ziel in Ihrem Leben anstreben, imaginieren Sie Ihr positives Zukunfts-Ich, das dieses Ziel von innen heraus genießt.

Werte als Kraftquelle

Die Gestaltung einer inneren Wertehierarchie

Vielleicht haben Sie sich eben beim Lesen gewundert, dass ich das Thema „Fernziele" nicht mit Themen wie Erfolg und Reichtum, sondern mit Glücklichsein und Lebensfreude begonnen habe. Vielleicht befürchten Sie sogar, dass ich Ihnen beispielsweise finanzielle Sicherheit oder gar Reichtum als etwas Schnödes und Unwichtiges verkaufen möchte. Keine Angst – so weltfremd geht dieses Buch nicht vor. Natürlich sind auch die „weltlichen" Ziele wichtig für eine gute Lebensqualität. Sie entfalten jedoch nur ihre positive Wirkung, wenn sie auf der inneren Wertehierarchie einen strategisch günstigen Platz erhalten.

Unbewusste Rangfolge

Bevor Sie weiterlesen, lassen Sie einmal die Werteliste im nachstehenden Kasten auf sich wirken. Sie erkennen, dass ich in diesem Training mit dem Begriff „Werte" nicht so altmodisch-sinnentleerte Worthülsen wie „Anstand" oder „Moral" meine. Sie finden hier alle möglichen Lebensinhalte wiedergegeben, die Menschen heutzutage anstreben, wobei jede Person eine andere Gewichtung dieser Werte in ihrem Leben vornimmt. Wir bringen also unbewusst eine Reihenfolge in unser inneres Wertesystem, was sich auch in unserer Sprache ausdrückt: „Das geht mir über alles", sagen wir beispielsweise. „Das ist das höchste." Vielleicht erleben auch Sie schon beim Durchlesen, dass Sie einige der genannten Begriffe persönlich völlig unwichtig finden, während Sie sich bei anderen wiederum emotional angesprochen fühlen.

Werte von A bis Z:

Achtung
Aktivität
Altruismus
Anerkennung
Ausgeglichenheit
Bildung
Charisma
Demokratie
Distanz
Disziplin
Ehre
Ehrlichkeit
Einfluss
Erfolg
Familie
Fantasie
Freiheit
Freude
Freundschaft
Frieden
Gastlichkeit
Gerechtigkeit
Geschmack
Geselligkeit
Gesundheit
Glaube
Gleichheit
Glück
Gute Laune
Harmonie
Heiterkeit
Herkunft
Höflichkeit
Identität
Individualismus
Kameradschaft
Klugheit
Kompetenz
Kreativität
Lässigkeit
Liebe
Macht
Menschlichkeit
Mitgefühl
Mut
Nachkommen
Nachsicht
Nähe
Objektivität
Offenheit
Ordnung
Persönlichkeit
Pflichtbewusstsein
Pragmatismus
Rechtmäßigkeit
Redegewandtheit
Reichtum
Ruhe
Ruhm
Selbstverwirklichung
Sexualität
Sicherheit
Sparsamkeit
Stärke
Tapferkeit
Toleranz
Treue
Überlegenheit
Überzeugung
Umweltschutz
Unabhängigkeit
Verantwortung
Vergnügen
Vernunft
Vertrauen
Wahrheit
Wechsel
Weisheit
Weitblick
Zärtlichkeit
Zeitlosigkeit
Zugehörigkeit

Platz für eigene Werte:

....

....

(aus: Barbara Schott: Andere Wege wagen, 1994)

Ihre persönliche Wertehitliste

Wir bitten unsere Klienten oft, sich aus dieser Liste die für sie und ihr Leben zehn wichtigsten Werte herauszusuchen. Danach sollen diese Werte dann in eine Wichtigkeitsreihenfolge gebracht werden. Dabei hat es sich bewährt, die zehn ausgewählten Werte auf Kärtchen oder Zettel zu schreiben, die man dann hin- und herschieben kann, bis die „Wertehierarchie" erstellt ist. Sehen Sie hier das Beispiel des 55-jährigen Johannes:

1. Erfolg
2. Liebe
3. Ordnung
4. Familie
5. Spaß
6. Gesundheit
7. Reichtum
8. Gerechtigkeit
9. Freundschaft
10. (religiöser) Glaube

Diese Wertehierarchie lässt sich mit einer Hitliste vergleichen. Da gibt es tausende von Liedern und Songs. Gerät ein Stück unter die „ersten zehn", ist das eine äußerst positive Bewertung. So hat auch der Wert „Gerechtigkeit" durchaus eine große Bedeutung in Johannes Leben – er steht eben nur nicht auf Platz 1. Aber Platz 8 ist immer noch einer unter den zehn wichtigsten Werten. Die Hierarchie aber bewirkt nun Folgendes: Wenn in einer Situation die Werte konkurrieren, würde der höhere Wert den rangniedrigeren „aushebeln". Nehmen wir an, Johannes wird von seinem Vorgesetzten befördert. Eigentlich findet Johannes jedoch, dass sein Kollege Horst viel qualifizierter ist als er und wundert sich sehr, dass nicht Horst sondern er befördert wird. Er könnte nun dem Vorgesetzten seine Gedanken mitteilen, um für Gerechtigkeit zu sorgen. Eine Person, bei der Gerechtigkeit Platz 1 in der Wertehierarchie einnimmt, würde in der Tat jetzt so handeln. Für Johannes jedoch ist in diesem Moment der Erfolg der stärkere Hebel – und er behält seine Überlegungen für sich. Dennoch handelt er beispielsweise in der Kindererziehung gerecht: er achtet immer darauf, seine drei Kinder gleich zu behandeln.

Die richtigen Schwerpunkte setzen

Aber seine Familie – seine Frau eingeschlossen – beschwert sich oft über ihn. Er sei zu „pingelig" und würde dadurch oft den Familienfrieden stören. Kein Wunder, wenn man einen Blick auf seine Wertehierarchie wirft: Ordnung ist bei ihm ja ein noch höherer Wert als Familie. Im Zweifelsfall ist Johannes auch der Erfolg wichtiger als die Familie, die schon dreimal mit ihm umgezogen ist. Beim nächsten Mal wollen Frau und Kinder sich weigern. Das wird für Johannes schwierig, weil ja auch die Liebe gleich hinter dem Erfolg kommt. Apropos Liebe: Niemals könnte Johannes eine Frau allein wegen ihres Reichtums heiraten, ohne sie zu lieben, denn der Wert Reichtum rangiert weit unter der Liebe. Es gibt aber auch Menschen, bei denen diese Werte anders geordnet sind und die sich sehr wohl für eine solche Vernunftehe entscheiden würden. Zu einem wäre Johannes auf keinen Fall fähig: Er würde nie für seinen Glauben ein Selbstmord-Attentat verüben oder den Märtyrertod sterben, da er den Glauben nicht über alle anderen Werte seines Lebens stellt.

Bei Widersprüchen Werte umschichten

Wir stellten gemeinsam fest, dass Johannes Werte für den Erhalt einer guten Lebensqualität sinnvoller geordnet sein könnten. So hebelt beispielsweise der Erfolg auf Platz 1 Werte wie Spaß, Gesundheit und Kontakte aus. Was nützt aber Erfolg, wenn man krank, depressiv und einsam ist? Wäre es nicht besser, sich im Zweifelsfall lieber um die Gesundheit zu kümmern anstatt irgendwann zusammenzubrechen? Langfristig gesehen schließt nämlich Gesundheit auch große Lebenserfolge mit ein: Man hat viel mehr Kraft und Zeit zur Verfügung, um in Ruhe seine Erfolge aufzubauen und zu erhalten. Ebenso steht es mit den Werten „Spaß" und „Lebensfreude": Nichts ist kraftraubender als eine Aufgabe oder Position, die überhaupt keinen Spaß macht. Wer den Spaß an der Arbeit oder an einer Tätigkeit verliert, verfällt von den Leistungen her schnell in Mittelmäßigkeit und muss dann Erfolgseinbußen in Kauf nehmen. Ohnehin kam Johannes von selbst auf die Idee, den Begriff „Erfolg" durch „Anerkennung" zu ersetzen. „Denn um Anerkennung geht es mir eigentlich – das ist mir sehr wichtig. Aber ich möchte auch, dass meine Frau und meine Freunde mich bei Erfolg weiter anerkennen und nicht abwertend sagen: ‚Er hat zwar Erfolg ... aber rein menschlich kannst du ihn vergessen.'" Man muss also immer prüfen, ob höhere Werte rangniedrigere eher verhindern oder unterstützen:

	Fall 1	**Fall 2**
Höherer Rang	Erfolg	Gesundheit
Niedrigerer Rang	Gesundheit	Erfolg

Wer wie im ersten Fall für den Erfolg die Gesundheit ernsthaft aufs Spiel setzt, riskiert, aus dem „Rennen" zu fliegen. Das ist so, als würde ein Rennfahrer keinen Wert auf die Wartung seines Wagens legen. Besser „fährt" man mit dem zweiten Beispiel: Eine gute Gesundheit schließt – oft lebenslangen – Erfolg mit ein.

Das Thema Werte passt gut zu den Ergebnissen, die man über die Lebensverhältnisse von langlebigen Menschen herausfand:

- Hundertjährige leben oft in einem guten sozialen Netz – bestehend aus Familie und Freunden.
- Sie haben in ihrem Leben von ihren Mitmenschen vor allem für ihre Arbeit soziale Anerkennung bekommen. Dabei scheint es unerheblich zu sein, ob jemand als Hausmeister, Hausfrau oder Top-Manager gearbeitet hat.
- Diese Alten genießen und genossen das Leben vor allem mit der Strategie des „kleinen Glücks": ein Schwätzchen, ein Hobby oder auch ein „Schnäpschen" und andere angeblich ungesunden Leckereien. Entscheidend ist offensichtlich, dass sie diese Dinge nicht als Problemlöser benutzen, sondern als Ausdruck ihrer allgemeinen Lebensfreude.

Sie können also nachvollziehen, warum die kraftspendende Imagination eines positiven Bildes vom eigenen alten Zukunfts-Ich so bedeutsam für Ihre Lebensqualität sein kann.

Vor diesem Hintergrund ordnete Johannes seine Werte neu – wobei er alle Werte – bis auf den durch „Anerkennung" ersetzten Erfolg – in den Top Ten beließ. Statt Spaß gefiel ihm das Wort Lebensfreude besser. Es gibt auch Klienten, die noch mehr neue Begriffe in die Top Ten der Werte aufnehmen und dafür andere weglassen. Ich bat Johannes dann, die neue

Wertehierarchie als Plakat mit bunter Schrift zu malen. Er hängte sich dieses Plakat auf, um sich diese neue Hierarchie mit ihren Begriffen zu verinnerlichen.

1. Lebensfreude
2. Gesundheit
3. Liebe
4. Familie
5. Anerkennung
6. Freundschaft
7. Reichtum
8. (religiöser) Glaube
9. Gerechtigkeit
10. Ordnung

Begründung für die neue Reihenfolge

- **Lebensfreude** steht vor **Gesundheit**, da auch Lebensfreude für Johannes schon Gesundheit verstärken kann. Bei dieser Reihenfolge wird man beispielsweise kein verbissener Gesundheitsfanatiker.
- Über der **Liebe** stehen **Gesundheit** und **Lebensfreude**. Liebe ist zwar sehr wichtig für Johannes, aber er würde sich nicht aus Liebeskummer gesundheitlich aufreiben oder sich gar dafür umbringen.
- **Liebe** steht über **Familie**, denn Johannes würde nicht wegen einer Familie jahrzehntelang mit einer Partnerin zusammenleben wollen, die er nicht mehr liebt.
- Die **Ordnung** bleibt zwar mit Platz zehn immer noch unter den „Top Ten", soll aber auf keinen Fall mehr „das halbe Leben" ausmachen.
- **Anerkennung** steht nach wie vor über **Reichtum**. Johannes findet Geld nach wie vor attraktiv, doch er würde dafür nicht „seine Seele verkaufen" oder wichtige Beziehungen aufgeben wollen.
- Jedoch darf nach Johannes Meinung **Reichtum** auf keinen Fall in den „Top Ten" fehlen, denn dieser Wert ist wichtig, um die höheren Werte zu unterstützen und zu fördern. Somit dient **Reichtum** der Lebensfreude, aber diese kann durch Reichtum nicht ernsthaft „abgeschafft" werden.

Die Wertehierarchie als Entscheidungshilfe

So oft es ihm einfiel, dachte Johannes an sein buntes Werteplakat. Mittlerweile imaginiert er die Begriffsreihenfolge ganz automatisch immer wieder auf dem „inneren Bildschirm". Vor allem in schwierigen Situationen taucht jetzt seine bunte Wertehierarchie ganz von allein vor dem geistigen Auge auf. „Das ist auch eine enorme Hilfe bei Entscheidungen", sagt er heute. Im Folgenden finden Sie einige Imaginationshilfen für die Erstellung Ihrer Wertehierarchie. Stellen Sie sich dabei einige völlig fiktive Entscheidungssituationen vor, in denen Werte konkurrieren. Fragen Sie sich: Was mache ich letztendlich, wenn es wirklich hart auf hart kommt?

Imaginationshilfen für die Erstellung Ihrer Wertehierarchie.

1. Ihre Wohnung müsste dringend aufgeräumt werden. Da ruft eine Freundin/ein Freund an und lädt Sie spontan zum Essen ein. Würden Sie absagen, um aufzuräumen oder würden Sie die Einladung annehmen? **Ordnung/Pflicht** kontra **Spaß/Freundschaft**
2. Jemand bietet Ihnen einen Fünf-Jahres-Vertrag für einen hochbezahlten Job an. Sie aber wissen genau, dass die Tätigkeit Sie anödet. Wie entscheiden Sie? **Lebensfreude** kontra **Reichtum**
3. Jemand macht eine Äußerung, die total Ihrer Meinung widerspricht. Wie verhalten Sie sich? **Ehrlichkeit** kontra **Harmonie**

ÜBUNG: Die Gestaltung einer inneren Wertehierarchie

1. Schreiben Sie sich die für Sie zehn wichtigsten Werte aus der abgebildeten Werteliste auf zehn Kärtchen oder Zettel. Fügen Sie ruhig auch eigene Begriffe ein, die Sie nicht auf der Liste finden, die Ihnen aber wichtig sind.

2. Schieben Sie die Zettel so lange rauf und runter, bis Sie Ihre jetzige Wertehierarchie repräsentieren. Als Entscheidungshilfe begeben Sie sich in Gedanken in Werte-Konkurrenzsituationen, wie oben dargestellt.

3. Betrachten Sie nun diese Liste und lassen Sie die Anordnung auf sich wirken. Fragen Sie sich: Bin ich so zufrieden?

4. Überprüfen Sie Ihre Hierarchie mit der Einschluss/Ausschluss-Frage, wie Sie es mit den Beispielen **„Erfolg"** und **„Gesundheit"** kennen gelernt haben.

5. Nehmen Sie entsprechende Veränderungen vor, wenn Ihnen eine andere Reihenfolge für den Erhalt oder die Steigerung Ihrer jetzigen Lebensqualität sinnvoll erscheint. Bedenken Sie dabei: Rutscht ein Wert auf einen tieferen Platz, ist er immer noch unter den Top Ten und wird auch auf diesem Platz eine große Bedeutung in Ihrem Leben behalten.

6. Fertigen Sie sich mit bunter Schrift ein Plakat mit Ihrer neuen Wertehierarchie an und hängen es an einen gut sichtbaren Platz (z.B. Kleiderschrank).

7. Rufen Sie sich immer wieder dieses Plakat auf den geistigen Bildschirm, um Ihre jetzige Wertehierarchie zu verinnerlichen.

Hinweise zur Übung:

- Selbstverständlich können Sie nach einigen Tagen oder Wochen die neue Wertehierarchie nochmals ändern, wenn Ihnen das sinnvoll erscheint.
- Ich empfehle Ihnen, Werte wie **Lebensfreude**, **Glück** und **Gesundheit** weit oben auf der Wertehierarchie anzusetzen, damit Sie stets genügend Kraft für Ihre Lebenserfolge haben und diese auch möglichst lange genießen können.

Erfolge auf der Zeitlinie

Den Lebensweg visualisieren

Zeit ist etwas ganz Wichtiges in unserem Leben. Aber man kann Zeit weder sehen noch anfassen. Die Uhr teilt uns nur den genauen Zeitpunkt mit. Aber sie kann uns nichts über unser individuelles Zeiterleben sagen: Vergeht die Zeit gerade wie im Fluge? Oder geht die Zeit im Moment überhaupt nicht herum? Sind um Jahre zurückliegende Ereignisse in meinem Leben „ganz weit weg“ oder wirken sie immer noch so, „als wäre es gestern“? Liegen sie „hinter mir“ oder habe ich sie „immer noch vor Augen“?

Zeit in der subjektiven Vorstellung

Unsere Sprache zeigt uns, dass wir Menschen Zeit wie einen Weg erleben. Man spricht sogar vom „Lebensweg“ oder sagt, jemand „komme gut vorwärts“, sei „zurück-“ oder auch „stehen geblieben“. Denn Zeit ist auch der Raum für Entwicklungen und Prozesse: „Gut Ding will Weile haben“ heißt es und man behauptet sogar, dass „die Zeit alle Wunden heilt“. Manche Lebenswege scheinen auch „Höhen und Tiefen“ zu haben: Da geht es „aufwärts“ und man kann leider auch „abrutschen“. Um mit dem psychologischen Phänomen Zeit imaginativ umzugehen, kann man sich die Zeit wie eine Linie oder einen Weg durch die Welt der inneren Wahrnehmung vorstellen. Die meisten Menschen geben dabei spontan an, dass sie sich den Zeitverlauf wie beim Schreiben oder Lesen vorstellen: Der Zeitstrahl verläuft in Gedanken meist von links nach rechts.

Unsere Sprache zeigt uns, dass wir Menschen Zeit wie einen Weg erleben.

Das Zeiterleben in verschiedenen Kulturkreisen

Es gibt auch Menschen – beispielsweise im Orient –, die den Zeitverlauf genau anders herum erleben: von rechts nach links. In der Vorstellung einiger asiatischer Kulturen verläuft sie sogar von oben nach unten oder im Kreis. Da dieses Vorstellungsphänomen in unserer Kultur selten vorkommt habe ich eine Bitte: Sollten Sie sich Zeit entsprechend „umgekehrt“ verlaufend vorstellen, wandeln Sie alle in diesem Kapitel vorgestellten Überlegungen und Übungen auf Ihren individuellen Zeitverlauf ab. Es könnte auch sein, dass Sie Ihren inneren Zeitverlauf spontan noch ganz anders erleben: die Vergangenheit liegt hinter Ihnen, Sie fühlen sich eins mit der Gegenwart und die Zukunft liegt vor Ihnen, so als würden Sie auf einem Weg gehen.

Ein visuelles Modell – der Zeitstrahl

Erinnern Sie sich an ein positives Erlebnis in der vergangenen Woche. Dann vergegenwärtigen Sie sich den heutigen Tag. Zuletzt denken Sie an ein schönes Erlebnis, das in der kommenden Woche auf Sie wartet. Wenn Sie an alle drei Situationen gleichzeitig denken, müssen Sie diese innerlich ordnen. Die meisten werden das so tun:

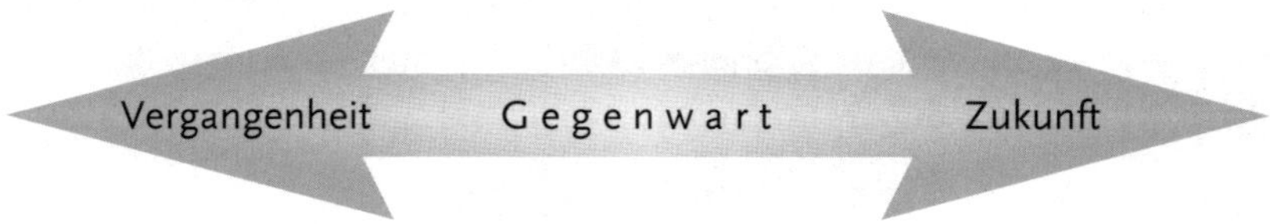

Mentale Probefahrt in die Zukunft

Wenn Sie eine persönliche Veränderung anstreben, ist der auf die klare Zieldefinition folgende Schritt die innere Platzierung des Zielvorgangs auf Ihrer Zeitlinie. Dabei unterscheidet man zwei Wahrnehmungsarten, die dissoziierte und die assoziierte.

Bei der dissoziierten Wahrnehmung erlebt man seinen Zeitstrahl in der Betrachtung von außen. Diese Wahrnehmungsart hat folgende Vorteile:

- ☺ Man hat einen guten Zeitüberblick.
- ☺ Man kann auch im Hier und Jetzt weit in die Zukunft hinein denken und so eine gute Sicht für weitreichende Konsequenzen haben.
- ☺ Auch die Vergangenheit ist gut im Blickfeld: so kann man viele Erinnerungen gleichzeitig wahrnehmen.
- ☺ Gefühlsmäßig ist man „außen vor", da man mehr die Überblicks-Perspektive genießt. Das gibt immer wieder Gelegenheit zum ruhigen Nachdenken. Es ist auch besser absehbar, wann Ereignisse anfangen und aufhören.

Wenn die innere Distanz zu groß ist

Die dissoziierte Wahrnehmung hat aber auch ihre Nachteile:

- ☹ Sie vermittelt das subjektive Gefühl, dass die Zeit schnell vergeht – weil man so viele Ereignisse auf einmal imaginieren kann. Bei unangenehmen Lebensmomenten oder gar Krisen ist das recht angenehmen. Aber es fällt entsprechend schwer, die schönen Momente des Lebens „mit

Haut und Haaren“ zu genießen und auch mal die Zeit „stehen lassen“ zu können.

☹ Entsprechend oft entsteht ein Gefühl von Überforderung, weil man an alle Aufgaben der nächsten Wochen und Monate gleichzeitig denken kann. Man nimmt sich auch leicht zu viel vor, weil man hier nicht gut „nachfühlen“ kann, ob die Energien für die vielen Projekte überhaupt ausreichen.

☹ Weil auch immer die Vergangenheit im Visier ist, fällt es schwer, etwas hinter sich zu lassen oder auch zu verzeihen.

Mit der Zeit gedanklich eins werden

Bei der assoziierten Wahrnehmung lebt man im Augenblick. Die Vergangenheit ist im Denken hinten und die Zukunft vorn. Entsprechend sind die Vorteile:

☺ Man kann sich bei dieser Sichtweise ganz auf den Augenblick einstellen und in einem schönen Moment „völlig aufgehen“.

☺ Es fällt leicht, „abzuschalten“, weil man nicht ständig an zukünftige Aufgaben und Konsequenzen denkt. Das Denken an ein Problem kann gut „vertagt“ werden.

☺ Die Vergangenheit vermag gut überwunden oder auch vergessen werden, da der Blick nach vorn geht. Entsprechend leicht kann der assoziierte Zeittyp verzeihen und abhaken.

Wenn der Abstand fehlt

Sicherlich erahnen Sie nach diesen Ausführungen auch schon die Nachteile der assoziierten Wahrnehmungsweise:

☹ Sie erschwert ein vorausschauendes Planen, denn der Blick reicht nicht weit genug über die Gegenwart hinaus in die Zukunft. Dementsprechend oft wird man auch von den Ereignissen überrollt.

☹ Lebenskrisen und unangenehme Ereignisse treffen einen mit „voller Wucht“. Das kann zu unüberlegten Kurzschlusshandlungen verführen, weil die Hoffnung am Horizont wortwörtlich nicht in Sicht ist.

☹ So schön das Vergessen bei Lebenskrisen sein mag – so bedauerlich ist es bei den schönen Lebensereignissen, die für die Zukunft immer wieder eine Kraftquelle sein können. Es besteht auch die Gefahr, Fehler öfter zu wiederholen, weil man aus Fehlern nur klug wird, wenn man sie noch erinnert.

Das Erfolgsgeheimnis – Flexibilität

Vielleicht haben Sie es sich schon gedacht: Natürlich sind beide Arten von Zeiterlebnis wichtig für das Planen und Genießen von Lebenserfolgen. Deshalb ist es nützlich zu lernen, wie man zwischen diesen beiden Wahrnehmungen des individuellen Zeitstrahls hin- und herwechseln kann. Für Ihr persönliches Training finden Sie jetzt in diesem Kapitel zwei Übungen für die mentale Erlebniswelt Ihres Lebensweges. Die erste beschäftigt sich mit der allgemeinen imaginativen Gestaltung Ihres persönlichen Lebenswegs als Zeitstrahl-Vorstellung. In der zweiten Übung trainieren Sie den Wechsel zwischen assoziierter und dissoziierter Zeitwahrnehmung.

ÜBUNG: Mein Zeitstrahl als Kraftquelle

1. Stellen Sie sich Ihren Lebensweg wie das Bild eines Zeitstrahls vor, der von links nach rechts verläuft. Sie schauen von oben – bzw. von außen – auf den Verlauf. Wählen Sie als Wahrnehmungsort die Gegenwart: rechts von Ihnen ist die Zukunft, links die Ereignisse der Vergangenheit.

2. Nehmen Sie genau wahr: Wie wirkt der Zeitstrahl auf Sie?
   - Sind die Zeitphasen schwarz/weiß, grau oder bunt?
   - Gibt es helle und dunkle Bereiche?
   - Nehmen Sie Höhen und Tiefen wahr?
   - Verläuft der Zeitstrahl auf einer Ebene oder steigt er insgesamt auf oder ab?
   - Wie sieht die Zeit ganz weit rechts von Ihnen aus – die Zeit des hohen Alters?

3. Nehmen Sie wieder Ihr Körperecho beim Wahrnehmen Ihres Lebensweges wahr. Reagiert es bei der Wahrnehmung der einzelnen Wegabschnitte immer gleich? Oder gibt es Schwankungen? Sollten Sie sich insgesamt vom Körperecho her wohlfühlen, gehen Sie weiter zu Punkt 5. Ansonsten arbeiten Sie zunächst mit Punkt 4 weiter.

4. Sie können nun Ihren inneren Zeitstrahl in der subjektiven Wahrnehmung verändern. Probieren Sie die einzelnen Imaginationshilfen aus. Das Ziel ist wie immer eine Steigerung Ihres positiven Körperechos auf die Imagination. Arbeiten Sie so lange, bis Ihr Körperecho beim Gedan-

ken an die Zukunft mindestens bei zwei Pluspunkten auf der SSW-Skala liegt. Der Steigerung nach oben sind natürlich keine Grenzen gesetzt.

- Sorgen Sie dafür, dass vor allem die Zukunft auf dem Zeitstrahl bis ins hohe Alter – also bis zum Horizont – von einem angenehmen Licht beleuchtet wird. Malen Sie sich die Zukunft auf dem Zeitstrahl bis zum Horizont sprichwörtlich bunt aus.
- Manchmal geht der Zeitstrahl bergauf oder bergab. Überprüfen Sie, ob Sie mit dem Grad der Neigung zufrieden sind. Fällt die Zukunft zu stark ab, bringen Sie die gesamte Linie mehr in Richtung waagerecht. Steigt die Zukunft zu stark an, hat man oft das Gefühl, der Lebensweg sei sehr mühsam. Verfahren Sie in diesem Fall ebenso.
- Einige Menschen erleben, dass der Zukunftsverlauf ihres Zeitstrahls irgendwann um eine Ecke herum verläuft und sie dann die Zukunft aus den Augen verlieren. Sollte dies der Fall sein, sorgen Sie für einen von der Tendenz her geraden Verlauf, den Sie bis nach weit hinten gut wahrnehmen können.

5. Wann immer Sie an Ihre Zukunft denken, imaginieren Sie Ihren positiven Zeitstrahl bis weit zum Horizont. Sorgen Sie wiederholt dafür, dass gerade auch weiter vorn in der Zukunft angenehme Farben und schönes Licht herrschen.

Hinweis zur Übung:

→ Bedenken Sie: Die Zukunft ist der einzige Teil der Zeit, den Sie durch Ihre eigenen Aktivitäten gestalten können. Freunden Sie sich also mit ihr durch dieses Zeitstrahl-Training an, damit Ihre Zukunftsgedanken automatisch mit einem guten Gefühl verknüpft sind. Dabei geht es nicht um einzelne Tage, sondern um Ihre Grundstellung dem Gedanken Zukunft gegenüber.

ÜBUNG: Mein Zeitstrahl als Weg zum Erfolg

1. Denken Sie jetzt an ein Ereignis in der nächsten Woche oder in den nächsten Monaten, von dem Sie sich ein gutes Ergebnis wünschen:
   - ☺ eine Unterredung
   - ☺ eine Prüfung
   - ☺ eine Party
   - ☺ eine sportliche Leistung
   - ☺ ....

2. Machen Sie sich eine Liste von realistischen Schwierigkeiten, mit denen Sie rechnen müssen. Benennen Sie mindestens drei mögliche Hindernisse:

   ....

   ....

   ....

3. Sehen Sie jetzt Ihren Zeitstrahl *von außen* aus der Überblicksperspektive an: Sie schauen auf die Gegenwart, die Zukunft liegt rechts von Ihnen.

4. Nun nehmen Sie rechts von sich auf dem Zeitstrahl den Tag des von Ihnen gewählten Ereignisses wahr. Gestalten Sie diesen Tag durch die aktive Imaginationskraft:
   - ☺ Geben Sie ihm Ihre Lieblingsfarbe oder –farben.
   - ☺ Beleuchten Sie ihn freundlich.
   - ☺ Setzen Sie weitere Zeichen, wie beispielsweise einen „guten Stern" oder eine bunte Girlande.
   - ☺ Assoziieren Sie eine geeignete „Titelmelodie", die gut zu einem gelungenen Tag passt.

5. Wenn Ihnen alles gut gefällt, werden Sie eins mit Ihrem Zeitstrahl: Begeben Sie sich auf den Weg. Durchleben Sie die Zeit assoziiert bis zu Ihrem Erfolgstag. Tauchen Sie nun ganz in das Ereignis ein, nehmen Sie die positiven Farben, das freundliche Licht und die Erfolgssymbole wahr.

6. Gehen Sie dieses Zukunftsereignis in seinem Verlauf durch und lassen Sie sich dabei weiterhin durch die positive Imagination dieses Tages inspirieren.

7. Begeben Sie sich jetzt in Gedanken auf dem Zeitstrahl zum Tag danach: Der gelungene Tag liegt hinter Ihnen. Versetzen Sie sich ganz in das angenehme Gefühl, einen Erfolg hinter sich zu haben.

8. Stellen Sie sich vor, Sie würden jemandem von dem gelungenen Tag erzählen: „Also, gestern war vielleicht ein toller Tag. Da hat alles so geklappt, wie ich es mir gewünscht habe." Erzählen Sie genau, wie es zum Erfolg kam: Hatten Sie gute Einfälle, waren Sie besonders wach oder locker, mutig oder zurückhaltend, vielleicht auch besonders gut vorbereitet? Was war Ihr Anteil am Erfolg? Berichten Sie vor allem, wie Sie die in Punkt 2 genannten Hindernisse erfolgreich angepackt und bewältigt haben.

9. Nachdem Sie diesen Erfolg jetzt in Gedanken „überholt" haben, kehren Sie in die Gegenwart zurück. Nun liegt das Ereignis wieder vor Ihnen. Spüren Sie, wie angenehm jetzt der Gedanke an diesen wichtigen Tag mit der „Erinnerung an die Zukunft" ist. Holen Sie sich aus diesem positiven Gefühl die Tatkraft für eventuell erforderliche Vorbereitungen. Verstärken Sie die Konzentration auf anstrengende Vorbereitungen zusätzlich mit der Übung „Unangenehme Dinge schnell erledigen".

Hinweise zur Übung:
Nachdem Sie mit Ereignissen geübt haben, die in naher Zukunft bevorstehen, können Sie diese Technik auch auf weiter entfernte wichtige Lebensmomente richten:

- ein eigenes Haus/eine eigene Wohnung haben
- einen Karrierefortschritt machen
- in einer glücklichen Partnerschaft leben

Sehen Sie das Ereignis auf dem Zeitstrahl und sorgen Sie wieder für eine positive Imagination dieses Ereignisses auf dem Lebensweg. Notieren Sie sich realistische Hindernisse. Überholen Sie nun wieder den Erfolg und versetzen Sie sich in den „Ich habe es geschafft"-Zustand. Stellen Sie sich auch hier vor, Sie erzählen einem anderen Menschen, wie der Weg zum Ziel war und vor allem wie Sie die Schwierigkeiten überwunden haben. Lassen Sie Ihrer Fantasie freien Lauf. Entwerfen Sie vor allem Erklärungen, die etwas mit Ihren Talenten und Fähigkeiten zu tun haben. Sagen Sie also nicht: „Da hat mir einer geholfen", sondern erzählen Sie, wie Sie die andere Person dazu motivieren konnten, Ihnen zu helfen. Alle Teile der Erfolgsstory sollten etwas mit Ihrer Ausstrahlung, mit Ihren Gedanken und Ihren Aktivitäten zu tun haben. Kehren Sie mit dieser „Erinnerung an die Zukunft" dann wieder mit dem Bewusstsein in die Jetztzeit zurück und setzen Sie sie in die Tat um.

- Zum Einstieg empfehle ich Ihnen, die persönliche Zeitlinie im Raum mit Hilfe von Markierungspunkten auch wirklich aufzubauen: Bestimmen Sie zunächst Ihre Zeitlinie im Raum, und „schneidern" Sie die angestrebten Zeitpunkte auf die Raummaße zurecht. Legen Sie entsprechend die Punkte für die Gegenwart und den Zeitpunkt des Zielerfolges fest. Bestimmen Sie als Vergleich im Vergangenheitsbereich einen Punkt für ein schönes Erlebnis im letzten Monat. Sie können diese Punkte mit Gegenständen sichtbar darstellen. Lassen Sie vor und hinter diesen Punkten etwas Platz.

Das Zeiterleben programmieren

Es gibt noch eine Fülle von Möglichkeiten, den Zeitstrahl für eine positive Lebensqualität einzusetzen. Wie bereits erwähnt, ist unser subjektives Zeittempo höchst unterschiedlich. Verlebt man eine schöne Party, geht die Zeit oft viel zu schnell herum. Bewältigt man eine langweilige Aufgabe, erlebt man subjektiv das berühmte Schneckentempo. Gestalten Sie daher schon in der Gegenwart Ihre zukünftigen Highlights, indem Sie imaginativ schöne Lebensmomente strecken und die nicht so schönen verkürzen. Sehen Sie hier eine Reihe von Möglichkeiten:

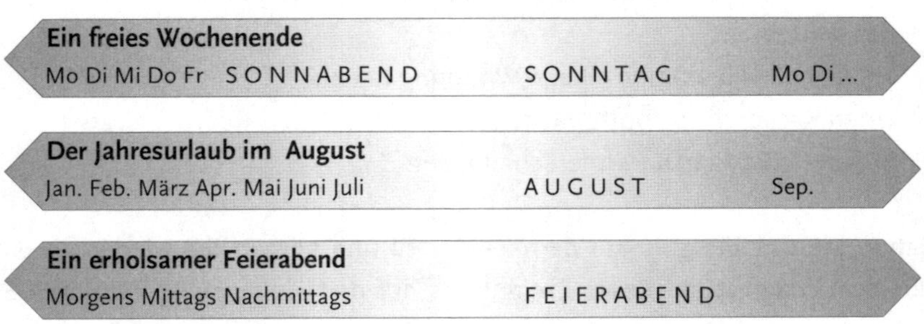

Strecken Sie also die schönen Momente und verkürzen Sie die Zeiten, die schnell herumgehen sollen. Imaginieren Sie Ihren so gestalteten Zukunftsstrahl, wann immer Sie an die Zukunft denken. Wenn Sie schon in der Gegenwart damit anfangen, haben Sie Ihr subjektives Zeiterleben programmiert. Spätere Situationen werden Ihnen dann tatsächlich so wie deren Darstellung auf dem Zeitstrahl vorkommen.

Der Blick zurück

Alte Ängste überwinden

In diesem Kapitel wollen wir uns mit der linken Seite des Zeitstrahls beschäftigen: mit der Vergangenheit. Auch diese Erlebnisse können Sie symbolisch auf Ihrem Lebensweg-Zeitstrahl darstellen. Manche Menschen stellen sich schwierige Lebensphasen mit grauen oder gar schwarzen Abschnitten auf dem Vergangenheits-Zeitstrahl vor. Andere sehen Klippen oder Berge im Verlauf. Man sagt nicht umsonst, dass jemand eine „dunkle Vergangenheit" oder gar ein „schwarzes Kapitel" in seinem Leben hat.

Frühere Kraftquellen wieder finden

Genauso gibt es auf jedem Lebensweg viele schöne Ereignisse. Das sind meist bunte oder helle Zeiten. Und manchmal werden auch Erhebungen auf dem Zeitstrahl positiv empfunden: Das waren dann „Höhepunkte" und „Highlights" im Leben. Entsprechend stellen sich auch zwei Sorten von mentalen Blockierungen aus der Vergangenheit dar:

- Zum einen befürchten viele Menschen, dass sich die negativen Lebensereignisse auch in der Zukunft wiederholen werden.
- Zum anderen denkt man oft wehmütig, dass man auf dem Lebensweg etwas „verloren" hätte, beispielsweise die Hoffnung, die Freude, Kreativität oder Humor. Sie sind da irgendwo links liegen geblieben und können deswegen nicht mehr in die Zukunft mitgenommen werden – so meint man.

Im Bann der Vergangenheit

Wenn Sie jetzt an Ihre persönliche Vergangenheit denken, tun Sie das zunächst ausschließlich aus der Überblicksperspektive, also aus der dissoziierten Sicht. Lassen Sie dabei den Zeitstrahl wieder von links nach rechts verlaufen. Ich betone das, weil viele Menschen sich bei der Sicht in die Vergangenheit „rückwärts" auf den Lebensweg begeben: Sie sehen die Vergangenheit vor sich und haben die Zukunft im Rücken. Diese Vergangenheitsorientierung führt entweder dazu, dass man stets über vergangenes Pech oder verpasste Chancen nachdenkt, oder auch, dass man ständig davon erzählt, wie viel besser früher alles war.

Sich selbst erfüllende Prophezeiungen

Wenn wir einmal etwas Schlimmes erlebt haben, entsteht natürlich die Angst, dass sich das Ereignis nochmals wiederholen könnte.

Aber auch bei der Überblicksperspektive kann es schnell geschehen, dass vergangene negative Ereignisse ihre Schatten in die Zukunft werfen. Denn wenn wir einmal etwas Schlimmes erlebt haben, entsteht natürlich die Angst, dass sich das Ereignis nochmals wiederholen könnte. Auf diese Weise packen wir die Angst vor der Vergangenheit in die Zukunft, wodurch wir selbst unbewusst die Wiederholung provozieren. So saß der Studentin Maria auch nach vier Jahren immer noch die Erinnerung an eine schlimme mündliche Abiturprüfung in den Knochen. Wann immer sie jetzt eine Prüfung vor sich hatte, erinnerte sie das damalige Gefühl. Es ging ihr dann schon beim Lernen so schlecht, dass sie anfing, einen Bogen um ihre Unterlagen zu machen – was natürlich für die zukünftige Prüfung nicht besonders förderlich war.

Aus schlechten Erfahrungen lernen

Ich bat Maria, sich die Abiturprüfung auf dem Vergangenheitszeitstrahl symbolisch vorzustellen. Ganz spontan stellte sie sich an der Stelle des damaligen Unglückstags ein schwarzes Loch vor. Daraufhin sollte sie sich eine wichtige Prüfung denken, die ihr nächste Woche bevorstand. Und schon wieder sah sie spontan ein schwarzes Loch – diesmal in der Zukunft. „Es ist schon richtig, dass man seine bereits gemachten Erfahrungen nicht vergisst“, erklärte ich. „Denn natürlich muss man aus Fehlern klug werden. Gibt es beispielsweise irgendetwas, das Sie selbst damals in der Abiturprüfung hätten anders oder besser machen können?“

Veränderungschancen wahrnehmen

Maria dachte nach. „Na ja, das war damals eine mündliche Prüfung. Ich hatte mich zwar gut vorbereitet, bin aber absolut provozierend in die Situation gegangen: blau gefärbte Haare, weiße Gespensterschminke, Sicherheitsnadeln in der Jeans, gelangweilter Gesichtsausdruck. Natürlich wollte ich damit auch zeigen, wie wenig ich mich um die Lehrer schere. Und das gleiche haben die dann auch mit mir gemacht, als ich einen Black-out bekam. Von einer anderen Schülerin weiß ich, dass zwei der Lehrer sie bei ihrem Black-out beruhigten und ihr freundlich zuredeten. Das hat bei mir natürlich keiner getan.“ – „Was könnte man also bei den nächsten Prüfungen anders machen?" – „Natürlich sollte ich nicht wieder mit einer so naiven Selbstüberschätzung hineingehen."

Ereignisse umdeuten

Der Satz: „Was kann ich das nächste Mal anders machen?" ist hier die Zauberformel. Sie gibt Ihnen das Gefühl, in Ihrem Schicksal „mitmischen" zu können. Die Zukunft ist der einzige Bereich der Zeit, den Sie mitgestalten können. Lassen Sie die Ereignisse also nicht auf sich zukommen – wie ein hypnotisiertes Kaninchen – sondern suchen Sie nach Denkstrategien, Tätigkeiten und Vorbereitungen, um damit auf die Zukunft einzuwirken. Sie haben jederzeit die Freiheit sich vorzunehmen, dass es das nächste Mal anders sein wird. Das muss nicht heißen „supertoll statt ganz schlimm", sondern es kann auch bedeuten „halb so schlimm" statt „schlimm". Schon wenn das Körperecho auf der SSU-Skala nur noch ein oder zwei Minuspunkte hat, entsteht das Gefühl: „Es ist nicht schön, aber ich kann es packen." Alte Ängste können nur in der Zukunft überwunden werden, indem Sie der alten Erfahrung eine neue Erfahrung gegenüberstellen.

Lassen Sie die Ereignisse also nicht auf sich zukommen – wie ein hypnotisiertes Kaninchen.

Neue Gedächtnisspuren legen

Aus diesem Grund bat ich Maria, die nächste Prüfung nicht als schwarzes Loch, sondern mit einem anderen Symbol zu imaginieren. „Stellen Sie sich die Prüfung aber bitte nicht wie einen freien Tag oder eine Party vor. Denn dann hätten Sie keine Motivation zu üben und würden die Angelegenheit wieder nur falsch einschätzen. Finden Sie eine symbolische Darstellung, die Leistung und Erfolg gleichermaßen darstellt." Maria fiel dabei spontan ein Doktorhut ein. Als nächstes bat ich sie, das schwarze Loch auf dem vergangenen Weg zu verändern: „Finden Sie ein Symbol, das Ihnen sagt ‚Hier war etwas Schlimmes oder Unangenehmes – aber es ist jetzt vorbei'." „Da fällt mir sofort ein, dass meine Mutter früher immer große Pflaster aufgeklebt hat, wenn wir uns verletzt hatten – sogar auf blaue Flecken! Das war medizinisch natürlich sinnlos, aber es hat uns ungeheuer beruhigt. Sofort tat es nicht mehr weh." Als sie dann das schwarze Loch mit einem Pflaster versehen hatte, musste sie gleich lächeln: „Jetzt kann ich den Satz ‚Es ist vorbei' richtig körperlich spüren."

Verschüttete Energien freisetzen

Danach fiel ihr noch ein, dass sie vor dem Abitur gar keine Prüfungsängste hatte. „Vor allem auf Sportprüfungen habe ich mich immer richtig gefreut. Da habe ich auch in jeder freien Minute geübt und war dabei ganz zuversichtlich, dass ich es schaffe. Aber diese Zuversicht ist mir dann verloren gegangen." Ich habe bereits weiter vorn beschrieben, dass Phänomene wie „Hoffnung", „Freude", „Zuversicht" oder „Glaube" nicht verloren gehen wie ein Taschentuch oder eine Brille. Man aktiviert diese Energien nur nicht mehr in seinem Inneren. Es gibt aber die Möglichkeit, sich wieder an diese Kräfte zu erinnern. Trainieren Sie dafür die zweite Übung im Anschluss an dieses Kapitel: „Frühere Kraftquellen wiederfinden." Auch Maria durchlief diese Übung und fand dadurch ihre Prüfungszuversicht wieder. Oder besser gesagt: Sie wurde einfach wieder zuversichtlich.

ÜBUNG: Alte Ängste überwinden

1. Denken Sie an ein „mittelwichtiges" Ereignis, das vor Ihnen liegt. Es sollte folgende Eigenschaften haben:
   - Das Ereignis ist für Sie beruflich oder privat von so großer Bedeutung, dass Sie ihm nicht ausweichen können oder wollen.
   - Gleichzeitig haben Sie aber Angst davor, weil Sie in der Vergangenheit mit ähnlichen Ereignissen schlechte Erfahrungen gemacht haben. Das könnte sein: eine Prüfung, eine Verabredung, ein neuer Arbeitsplatz, ein wichtiges Gespräch usw.

   ....

2. Visualisieren Sie nun wieder Ihren Zeitstrahl aus der Überblicksperspektive: Vergangenheit links, Gegenwart auf Ihrer Höhe, Zukunft rechts. Konzentrieren Sie sich auf die linke Seite.

3. Nehmen Sie die negativen Erfahrungen der Vergangenheit wahr, die Ihre heutige Angst vor der Zukunft unterhalten. Vielleicht denken Sie sogar an ein oder zwei Schlüsselerlebnisse.

   ....

4. Symbolisieren Sie diese Ereignisse spontan auf dem inneren Lebensweg: Stellen Sie sich ein Loch, eine schroffe Felsklippe, eine graue oder schwarze Zeitphase o.Ä. vor.

5. Denken Sie den Zaubersatz: „Was könnte ich selbst machen, damit das zukünftige Ereignis anders wird?" (Erinnern Sie: nicht gleich „supertoll", sondern vielleicht statt „schlimm" nur noch „halb so schlimm".) Das könnten sein: Handlungen, Gedanken, Vorbereitungen.
   Das könnte ich anders machen als damals:

   ....

6. Symbolisieren Sie nun das zukünftige Ereignis rechts in der Zukunft. Sorgen Sie hier für ein im Vergleich zur Vergangenheit deutlich anderes Symbol, das Wichtigkeit und Zuversicht gleichzeitig ausdrückt. So imaginieren Sie die Chance, dass die Zukunft jederzeit anders als die Vergangenheit verlaufen kann.

7. Nun „versorgen" Sie noch die Vergangenheit. Bedecken Sie die negativen Erinnerungen mit einem Symbol, das für Sie bedeutet: „Es war schlimm, aber es ist vorbei." Vermeiden Sie dabei ein optisches „Wegmachen", denn dann kann Ihnen die Vergangenheit nicht mehr als Erfahrungsschatz dienen. Außerdem hätten Sie so auch keinen Zugang mehr zur „Zauberformel": „Was kann ich aufgrund dieser Erfahrung in Zukunft anders oder besser machen?" Es gibt folgende Möglichkeiten, negative Ereignisse zu neutralisieren:
   - Man klebt ein Pflaster darüber.
   - Man bedeckt sie mit einem Tuch in einer bestimmten Farbe.
   - Das Ereignis wird „blass" gemacht.
   - Klippen oder Hügel bekommen eine bestimmte Farbe oder werden etwas abgeflacht usw.

8. Arbeiten Sie so lange, bis Ihr Körperecho auf der SSU-Skala beim Gedanken an das zukünftige Ereignis höchstens nur noch ein bis zwei Minuspunkte hat. Das ist zwar immer noch unbehaglich, aber doch so erträglich, dass man sich sagen kann: „Das schaffe ich schon irgendwie." Sollte sich das Körperecho sogar in den Plusbereich der SSW-Skala hineinentwickeln, ist das selbstverständlich erlaubt!

9. Wann immer Sie an das zukünftige Ereignis denken, rufen Sie sich kurz diesen Zeitstrahl, so wie Sie ihn jetzt gestaltet haben, vor Augen.

Hinweise zur Übung:

- Wiederholen Sie diese Übung, wann immer Ihnen ein vergangenheitsbelastetes Ereignis bevorsteht. Auf diese Weise bereiten Sie den Boden für die großen Ziele des Lebens. Je mehr alte Ängste durch neue, positive oder auch „halb so schlimme" Erfahrungen real ersetzt wurden, desto mutiger gehen Sie insgesamt Ihren Lebensweg.
- Bei dieser Übung lohnt es sich, auch mit Buntstiften und Papier zu arbeiten.
- Diese Übung hilft nur bei „mittleren" Vorbelastungen aus der Vergangenheit. Es gibt Menschen, die haben auf ihrem Lebensweg regelrechte Traumata erlebt: Unfälle, Naturkatastrophen, schwere Krankheiten, unzumutbare Familienverhältnisse. Hier wäre die Vorstellung, ein imaginatives Pflaster über derartig gravierende Ereignisse zu kleben, eine unzumutbare Verharmlosung. Auch die Frage: „Was hätte ich anders machen können?" ist hinfällig, wenn Menschen objektiv völlig chancenlose Opfer der Ereignisse waren. In solchen Fällen hilft nur eine Psychotherapie, um das Trauma zu verarbeiten.

Übung: Frühere Kraftquellen wieder finden

1. Denken Sie jetzt an ein „großes Ziel" in Ihrem Leben: Gesundheit, Karriere, eine glückliche Partnerschaft usw. Wichtig ist, dass Sie sich ein paar Jahre Zeit dafür genommen haben.

   ....

2. Welche Fähigkeit oder Eigenschaft könnte Ihnen helfen, dieses Ziel zu erreichen? Sagen Sie hier beispielsweise nicht „perfekt Englisch sprechen", sondern „Durchhaltekraft zum Englischlernen". Es geht also um den inneren Antrieb. Das könnten sein:
   Mut, Freude, Selbstsicherheit, Gelassenheit, Kreativität usw.

   ....

3. Denken Sie nun an Ihren Zeitstrahl. Gehen Sie mit der Aufmerksamkeit in die Vergangenheit. Suchen Sie nach Erlebnissen und Ereignissen, wo Sie genau diese Fähigkeit oder Eigenschaft schon einmal hatten: beim Sport, im Umgang mit Tieren, im Umgang mit bestimmten Freunden. Der Zusammenhang, in dem die Fähigkeiten damals auftraten, kann ruhig ein ganz anderer sein, als das angestrebte Ziel. Durchhaltekraft haben beispielsweise auch Kinder im intensiven Spiel. Irgendwann geht diese Energie dann scheinbar verloren.

4. Sie können aber wieder einen Zugang zu diesen scheinbar verschütteten Kraftquellen finden: Wenn Sie einen vergangenen Lebensmoment mit der erwünschten inneren Energie gefunden haben, machen Sie eine Reise in die Vergangenheit. Umgehen Sie in der inneren Richtung die anderen Lebenserinnerungen: Machen Sie einen großen Bogen darum oder fliegen Sie darüber hinweg.

5. Wenn Sie bei dem positiven Lebensmoment angekommen sind, werden Sie mit der Erinnerung eins. Sie assoziieren sich. Nehmen Sie genau wahr:
   - ☺ Was gibt es in der Erinnerung zu sehen?
   - ☺ Was gibt es zu hören?
   - ☺ Was zu fühlen?
   - ☺ Gibt es vielleicht sogar etwas zu riechen und zu schmecken?
   - ☺ Nehmen Sie auch das Körperecho wahr.

6. Wackeln Sie nun nacheinander mit Ihren zehn Fingern. Sie werden überrascht sein: Bei mindestens einem der Finger verstärkt das Wackeln die Kraft der Erinnerung. Verstärken Sie das Wackeln, wenn Sie Ihren „Zauberfinger“ gefunden haben.

7. Nun kehren Sie auf dem gleichen Weg in die Gegenwart zurück: Sie umgehen wieder die Zeitlinie. In der Gegenwart angekommen, wackeln Sie wieder mit dem „Zauberfinger“ und schon erinnert sich Ihr Unbewusstes an die damalige Energie, die Sie damit wiedergefunden und in die Jetztzeit gebracht haben.

8. Wann immer Sie nun an Ihr Fernziel denken, wackeln Sie – natürlich nur für sich als Geheimzeichen – mit Ihrem „Zauberfinger“. Sie werden sofort wieder einen Hauch Ihrer positiven alten Kraftquelle wahrnehmen und somit als Antrieb für Ihr Ziel nutzen.

Hinweis zur Übung:

→ Individuelle Körperbewegungen können Anker für eine gute innere Verfassung sein. Wenn Sie in bester Stimmung sind, registrieren Sie gezielt Ihre unbewussten Bewegungen. Testen Sie dann die beobachteten Bewegungen bewusst aus. Sie werden schnell merken, welche körpereigene Motorik Sie in den Kraftquellenzustand versetzt.

„Freu dich nicht zu früh …“

Inneren Erfolgsblockaden die Wirkung nehmen

Tatsache ist, dass wir uns einerseits Erfolge wünschen, andererseits aber fest davon ausgehen, dass die Freude darüber eigentlich gar nicht „rechtens“ ist.

Viele Menschen stellen es sich wunderschön vor, ihre wichtigsten Lebensziele zu erreichen. Doch geht ein Traum in Erfüllung, passiert oft etwas Seltsames: Anstatt sich zu freuen und den lang ersehnten Lebensmoment zu genießen, werden einige der Glücklichen unruhig und nervös. „Also, es geht mir zur Zeit wirklich gut“, heißt es dann. Aber dann springen sie auf und suchen mit panischem Blick nach einem Stück Holz, auf das man angeblich klopfen muss, wenn man eine derartig größenwahnsinnige Äußerung gemacht hat. Tatsache ist, dass wir uns einerseits Erfolge wünschen, andererseits aber fest davon ausgehen, dass die Freude darüber eigentlich gar nicht „rechtens“ ist. Denn es gibt da etliche Sprichwörter, die nicht gerade Mut zum Glück machen und uns sogar an uns selbst zweifeln lassen:

- ☹ „Freu dich nicht zu früh – das dicke Ende kommt bestimmt.“
- ☹ „Den Vogel, der morgens singt, holt abends die Katz.“

Vom zweifelhaften Wert alter Weisheiten

Der Tenor lautet hier, dass es einem Menschen auf keinen Fall zu gut gehen darf – sonst passiert etwas Schlimmes. Da ist es kein Wunder, dass der Wunsch nach Lebensglück und Lebensfreude unbewusst mit der Angst gepaart ist, „wie lange das wohl gut geht“. Leider überprüfen wir diese „Weisheiten“ viel zu selten auf ihre Tauglichkeit als Lebenshilfe, die sie ja eigentlich darstellen sollen. Wir nehmen sie so auf, wie Eltern und Großeltern sie uns verkündet haben oder wie sie uns ins Poesiealbum geschrieben wurden. Einmal im Gehirn an der richtigen Stelle angekommen, können sie jahrzehntelang als „automatische Gedanken“ unser Leben beeinflussen. So werden diese Aussagen zu so genannten Glaubenssätzen. Und da der Glaube bekanntlich ohne Beweise auskommt, hält man sie unkritisch für wahr und richtig.

Als gäbe es eine Art Schicksalsbuchführung, wo irgendeine Macht darauf aufpasst, dass schöne Lebensmomente mit Pech, Schmerz oder einem Opfer ausgeglichen werden.

Der angebliche Preis des Erfolgs

So unterstellen die zwei oben genannten Glaubenssätze, dass Lebensglück immer „bezahlt“ werden muss – als gäbe es eine Art Schicksalsbuchführung, wo irgendeine Macht darauf aufpasst, dass schöne Lebensmomente mit Pech, Schmerz oder einem Opfer ausgeglichen werden. So ist einem schon beim Freuen unheimlich, weil ja demnächst das „dicke Ende" droht. Damit entsteht eine unbewusste Scheu, Fantasien und Sehnsüchte zu realisieren. Man mag sie nicht durch Taten anpacken, in der Angst, sich die Finger zu verbrennen.

Der „Weisheits-TÜV"

Vor allem in der Kognitiven Verhaltenstherapie und auch im Neurolinguistischen Programmieren versucht man die Gedanken von der blockierenden Wirkkraft dieser Sätze zu befreien und durch positive Glaubenssätze zu ersetzen, die den Lebensmut wecken. Durch die Technik des „präzisen Fragens" lässt man aus den stets schwammig formulierten blockierenden Glaubenssätzen die Luft heraus, wie folgendes Beispiel zeigt.

Negative Glaubenssätze hinterfragen

Denken Sie noch einmal an den Satz: „Freu dich nicht zu früh – das dicke Ende kommt bestimmt." Fragen Sie nun sich selbst:

- „Was heißt hier eigentlich ‚zu früh'? Wer sagt denn, dass jetzt nicht genau der richtige Moment für meine Freude ist?"
- „Was bedeutet denn ‚bestimmt'? Ist denn die Reihenfolge von frühem Freuen und dem dicken Ende ein Naturgesetz – so wie die Reihenfolge von Winter und Frühling? Wahrscheinlich nicht. Denn wie oft haben sich schon Menschen früh gefreut und das dicke Ende ist ausgeblieben?"
- „Und außerdem: Wer bestimmt denn so etwas? Wer hat das Recht, solche Regeln auszugeben? Und wer kontrolliert deren Einhaltung?"
- „Und selbst, wenn es eine Bestimmung ist – was ist, wenn ich mich nicht bestimmen lassen will – schon gar nicht von jemand mir Unbekanntem?"

Sachverhalte neutral sehen

Dieser „Weisheits-TÜV" wird übrigens nicht nur in der Psychologie, sondern auch in anderen Bereichen von Menschen eingesetzt, die sich nicht durch bloße Sätze einschüchtern lassen wollen. So sagte zum Beispiel die

Schriftstellerin Marie von Ebner-Eschenbach sinngemäß: „Der Klügere gibt nach – das ist wohl auch der Grund dafür, dass die Welt nur von den Dummen regiert wird." Das ist ein sehr schönes Beispiel für das Ergebnis von präzisem Fragen nach der Gültigkeit von „luftigen" Aussagen. Sie selbst müssen nicht Schriftsteller oder Psychologe sein, um sich auch an diese „Luft-raus-Technik" zu gewöhnen. „Allein der Gedanke daran, dass dieses Hinterfragen ‚erlaubt' ist, hat mir ungeheuer weitergeholfen", erzählte mir neulich eine Klientin. „Meine Freundin sagte zu mir: ‚Wer A sagt, muss auch B sagen.' Allein, als ich das ‚muss' hörte, antwortete ich schon wie von selbst: ‚Wer sagt denn, dass man nicht auch erkennen kann, dass es nicht gut war, A zu sagen?'"

Positive Leitsätze finden

Glaubenssätze müssen nicht unbedingt Sprichwörter sein. Auch ganz allgemeine Aussagen wie: „Frauen verstehen nichts von Technik" können sich schnell zu automatischen Glaubenssätzen entwickeln, von denen man sich ungünstig beeinflussen lässt. Finden Sie für sich selbst heraus, welche inneren Sätze Sie auf dem Weg zu Ihren gesteckten Zielen blockieren könnten. Weigern Sie sich, diese Sätze als Allgemeingültigkeit anzuerkennen und seien Sie offen für Gegenbeispiele für diese angeblichen „Wahrheiten". Vor allem möchte ich Sie auffordern, sich einmal eine Sprichwortsammlung anzusehen und sich dort Sätze herauszusuchen, die Sie bei Ihren wichtigsten Zielen unterstützen und Ihnen den Blick zum Horizont erlauben. Ich selbst mag besonders gern so humorvolle, paradoxe Sprüche wie: „Nimm dir nichts vor – dann geht dir nichts schief" oder „Bescheidenheit ist eine Zier – doch weiter kommst du ohne ihr". Sie geben mir Kraft, meinen Zielen treu zu bleiben. Menschen haben ganz offensichtlich das Bedürfnis, ihr Leben unter das Motto von Glaubenssätzen zu stellen. Lassen Sie deshalb auch nicht nur aus einschränkenden Sätzen die Luft heraus, sondern ersetzen Sie diese durch positive und vor allem ermutigende Glaubenssätze.

Menschen haben ganz offensichtlich das Bedürfnis, ihr Leben unter das Motto von Glaubenssätzen zu stellen.

Angstwörter entschärfen

Bei manchen Menschen lösen auch Allerweltsworte in einem bestimmten Kontext Blockaden aus. Meist sind diese Worte mit einem negativen Erlebnis in der Vergangenheit verbunden. So wurde einer Klientin beim Wort „Mathematik" regelrecht schlecht. Sie hatte offensichtlich früher nicht allzu ermutigende Erfahrungen mit diesem Schulfach gemacht. In ihrer Vorstellung sah sie die Buchstaben des Wortes wie aus Stein gehauen vor sich. Sie erschienen in dramatischem Gewitterlicht. Sie hatte zuvor nie über ihr inneres Bild des Wortes „Mathematik" nachgedacht. Jetzt war es für sie nachvollziehbar, warum sie das Wort nicht mit neutralen Gefühlen hören konnte.

Aber Sie können Angstwörtern den Schrecken nehmen, indem Sie sie in Ihrer Vorstellung „verzaubern". Sie können dabei die gleiche Technik verwenden, die in der folgenden Übung am Beispiel der negativen Glaubenssätze trainiert wird.

ÜBUNG: „Freu dich möglichst früh – so hast du Kraft fürs Ziel"

1. Denken Sie an ein Fernziel, das Sie gern in Ihrem Leben erreichen möchten.

   Mein Ziel: ....

2. Überlegen Sie: Gibt es in Ihrem Leben vielleicht einen oder mehrere automatische Glaubenssätze, von dem oder von denen Sie sich blockiert fühlen? Solche Glaubenssätze wären z.B.:
   - „In unserer Familie schafft man so etwas nicht."
   - „Da bin ich nicht der Typ dazu."
   - „Freu dich nicht zu früh ..."
   - „Erfolgreiche Menschen werden immer unglücklich."
   - „Es ist egoistisch, zu viel an die eigenen Wünsche zu denken."

   Meine blockierenden Glaubenssätze sind:

   ....

   ....

   ....

3. Stellen Sie sich den Glaubenssatz geschrieben oder gesprochen vor. Was ist daran beängstigend?

4. Stellen Sie sich vor, Ihre blockierenden Glaubenssätze würden als ein gestickter Spruch in Uromas Küche hängen: Nehmen Sie wahr, wie ein Satz bei dieser Vorstellung seinen psychischen Zauber einbüßt. Er wirkt wie ein verstaubtes Relikt aus alter Zeit. Man schaut es interessiert wie im Museum an – aber es hat keine Bedeutung mehr für das heutige Leben.

5. Wann immer Sie in Ihren Gedanken weiter blockierende Sätze entdecken, machen Sie aus Ihnen ein antiquiertes Stück aus der Vergangenheit.

6. Nun suchen Sie sich einen oder mehrere Glaubenssätze heraus, die Sie bei Ihrem wichtigsten Ziel unterstützen:

   ....

   ....

   ....

7. Verfahren Sie nun umgekehrt: geben Sie diesem Satz mit Ihrer Vorstellungskraft eine „glaubwürdige" Darstellung. Gestalten Sie in nach Ihrem Geschmack positiv und anziehend. Z.B.:
   - Ein Flugzeug schreibt diesen Satz mit dem Kondensstreifen in den Himmel.
   - Er ist mit Ihrer Lieblingsfarbe auf ein riesiges Plakat geschrieben.
   - Stellen Sie sich vor, der Satz würde von einer tragenden weiblichen oder männlichen Stimme in einer großen Halle ausgesprochen und klingt dann wie ein „Götterhall" nach.
   - Oder stellen Sie sich vor, wie ein berühmter Nobelpreisträger Ihren Satz auf einer Pressekonferenz sagt, während alle anderen mit strahlenden Augen zu ihm aufblicken.

8. Arbeiten Sie so lange mit diesen „Verstärkern", bis Sie beim Gedanken an den Satz ein freudiges und starkes Gefühl haben.

9. Wann immer Sie jetzt weitere Sätze finden, die Ihnen Kraft geben könnten, verwandeln Sie diese mit Ihrer in Punkt 7 gefundenen Imaginationstechnik in einen Glaubenssatz.

10. Wenn Sie jetzt an Ihr Ziel denken, sehen oder hören Sie gleichzeitig Ihre positiven Glaubenssätze.

Hinweis zur Übung:

- Arbeiten Sie auch bei dieser Übung mit dem Körperecho. Schwächen Sie den Gefühlswert des negativen Glaubenssatzes ab, und verstärken Sie den des positiven.

Erfolge säen und ernten

Über die tägliche Erfolgspflege

Stellen Sie sich vor, eine Familie geht im Urlaub an einem Bauernhaus vorbei, das über und über mit Blüten berankt ist. Es sieht toll aus. „Das wollen wir auch bei uns zu Hause machen", denken sich unsere Urlauber, „das sieht ja wunderschön aus." Sie besitzen zwar nur ein kleines Reihenhaus am Stadtrand – aber immerhin. Zu Hause angekommen, erzählen sie Freunden, Nachbarn und Verwandten von ihrer Idee. Weil sie so plastisch von dem Blütenmeer erzählen, können sich alle schon lebhaft die Pracht vorstellen.

Hoffnung allein versetzt noch keine Berge

„Aber wie kommen denn nun die Blumen an unser Haus?" fragt das kleinste Kind. „Mein Kind, es ist die Hauptsache, dass wir alle ganz fest daran glauben", sagt der Vater. „Und je intensiver wir uns das vorstellen, desto eher geht es in Erfüllung", ergänzt die Mutter.
Also sitzt die ganze Familie im Wohnzimmer, schließt die Augen und stellt sich mit aller Konzentration eine prächtig gedeihende Ranke vor. „Ich sehe richtig die Blüten!", ruft die Oma. „Und ich kann sie sogar riechen!", schwärmt die älteste Tochter. „Komm, lass uns schnell hinauslaufen und nachsehen – es hat bestimmt schon gewirkt!", sagt die Mutter. Aber an der Hauswand zeigt sich noch keine einzige Blüte. „Natürlich nicht", werden Sie als Leser sagen. „Die haben doch überhaupt nichts dafür getan!" Die Familie hätte mehr Erfolg, wenn sie sich in Sachen Rankpflanze sachkundig machen würde.

Wo bekommt man solche Pflanzen? Muss man sie säen? Welche Pflanzen passen überhaupt an die Hauswand? Wann ist denn die beste Zeit zum Pflanzen? Wie macht man es, dass die Pflanze nicht einfach wild in die Luft wächst, sondern wie geplant an der Hauswand hochklettert? Was muss man tun, damit sie besonders gut gedeiht?

Wenn der Wunsch Vater des Gedankens ist

„Inspiration" heißt das Zauberwort.

„Inspiration" heißt hier das Zauberwort. Eine weniger romantische Formulierung wäre, dass man sich schlichtweg sachkundig machen muss, um seine Lebensziele zu erreichen. Wie oft hören wir beispielsweise von Klienten, dass sie davon träumen, sich „irgendwie" einmal selbstständig zu machen, weil sie sich das „sehr schön" vorstellen. „Ich sehe mich da schon in meinen eigenen Räumen sitzen und anderen Menschen helfen", erzählte mir neulich meine Klientin Tanja von ihrem Heilpraktikertraum. „Wie viel wollen Sie denn monatlich mindestens verdienen, um zurechtzukommen?" fragte ich sie. „Also, darüber mache ich mir jetzt noch keine Gedanken", war die Antwort. Zu diesem Zeitpunkt befand sie sich schon ein Jahr in einer recht kostspieligen Ausbildung.

Die drei Denkarten:

DAS VORSTELLUNGSDENKEN öffnet Ihnen gleich zwei Türen: Zum einen können Sie Ideen für eine positive Zukunft entwerfen, zum anderen können Sie sich damit auf die konkreten Vorstellungen von Lebenszielen konzentrieren – vor allem, wenn deren Verwirklichung in ferner Zukunft liegt. Je lebhafter die Vorstellung in der Fantasie wird, desto stärker wird das positive Körperecho im Hier und Heute und verleiht Ihnen Motivation und Durchhaltekraft. Ohne Vorstellungskraft gäbe es auch keine großen Lebensziele.

DAS WISSENSDENKEN sichert Ihr nötiges Können für ein gesetztes Ziel. Denn jeder Lebenserfolg ist auch mit einem „Know-how" verbunden: sei es nun ein Wissen über die Heilpraktikerlehre, über Gärtnerlatein oder über das A und O gelungener Kommunikation mit wichtigen Mitmenschen. Leider gibt es einige Menschen, die alles Mögliche sein wollen, aber stets einen großen Bogen um das Können schlagen. Hierzu möchte ich nur ein schönes Sprichwort zitieren: „Ausbildung verhindert Einbildung." Ziele ohne Wissen werden nie über das Stadium der Einbildung hinauskommen.

Jeder Lebenserfolg ist auch mit einem „Know-how" verbunden.

DAS PRAXISDENKEN, denn Ziele ausdenken und Ziele realisieren sind zweierlei. Wissen haben und Wissen anwenden sind ebenfalls zweierlei. Zu jeder praktischen Umsetzung gehören konkrete Fragen, wie: „Wann wird die Pflanze von wem wo besorgt? Wie viel kostet sie? Haben wir einen Spaten, um sie einzugraben? Wer gräbt sie ein und wann? Wer begießt die Pflanze und wie oft?" Auf diese Fragen müssen Antworten und darauf dann Taten folgen. Ohne diese Taten wird die Pflanze niemals wachsen, frei nach der Devise: „Es gibt nichts Gutes außer man tut es."

Klare Voraussetzungen schaffen

„Ich stelle Ihnen jetzt eine Reihe von Praxisfragen. Sie machen sich eine Liste der Praxisthemen, die Sie noch nicht für sich geklärt haben." Tanja stimmte zu. Hier sind einige dieser Fragen:

- Waren Sie schon einmal selbstständig?
- Wenn nicht: Haben Sie schon einmal ein Existenzgründungsseminar besucht?
- Besitzen Sie Grundkenntnisse in Buchführung?
- Wie viel möchten Sie verdienen?
- Reicht das aus, um Krankenversicherung und private Altersvorsorge zu finanzieren?
- Haben Sie schon andere Heilpraktiker mit laufenden Praxen nach deren Erfahrungen gefragt?
- Gibt es die Möglichkeit, bei einem zukünftigen Kollegen eine Urlaubsvertretung zu machen?
- Mit welcher Anlaufzeit rechnet man in diesem Beruf?
- Wie wollen Sie diese Anlaufzeit finanzieren?
- Gibt es Vorschriften vom Gesundheitsamt für die Ausstattung der Praxisräume?
- Sind Sie in der Lage, vor Ihren Patienten Ihre Preise zu vertreten?
- Was machen Sie, wenn jemand Sie nicht bezahlen kann oder will?
- usw.

Die ganze Zeit über rutschte Tanja unruhig auf ihrem Stuhl hin und her. „Also, ich finde diese Fragen irgendwie ..." Sie suchte nach einem Wort. „Ja, ich finde sie irgendwie störend, unromantisch. Sie lenken mich von meinen schönen Zukunftsvisionen ab." „Stellen Sie sich vor, Sie fahren mit dem Auto in den Urlaub", bat ich Tanja. „Sie kommen gut voran und genießen die Fahrt. Da fällt Ihr Blick auf die Tankanzeige: Die Nadel zeigt auf Reserve. Würden Sie jetzt denken: ‚Ach, ich fahre gerade so schön, das beachte ich einfach nicht. Außerdem würde mich das Tanken ja auch Zeit kosten.'?" „Natürlich werde ich tanken, denn ich möchte ja nicht auf der Strecke bleiben!", war die Antwort. Sofort grinste Tanja und sagte dann noch: „Schon verstanden." Manchmal muss man die schönste Gedankenfahrt für das Tanken von Praxiswissen unterbrechen.

Das Ziel nicht aus den Augen verlieren

Von nun an widmete sich Tanja der „täglichen Erfolgspflege", indem sie in wechselnder Reihenfolge die drei Arten des Erfolgsdenkens einsetzte. Weil das Praxisdenken bisher ein wenig zu kurz gekommen war, investierte sie in diese Denkart. Also intensivierte sie noch ihr Praxisdenken. Der Umgang mit allen drei Denkarten hat generell einen großen Vorteil: Sie können sich auf diese Weise täglich das Erlebnis verschaffen, an Ihrem wichtigen Ziel gearbeitet zu haben. Diese tägliche Motivation verschafft das subjektive Erleben, dass „es vorwärts geht". Gerade bei zeitlich weit entfernten Zielen ist ein häufiger imaginativer Zielkontakt äußerst wichtig, um die innere Verbundenheit mit der positiven Zukunft zu pflegen.

Gerade bei zeitlich weit entfernten Zielen ist ein häufiger imaginativer Zielkontakt äußerst wichtig.

IMAGINATIONSÜBUNG: Die tägliche Erfolgspflege

Vorbereitung:

A. Bestimmen Sie ein für Sie wichtiges „großes Ziel", das Sie in den nächsten Monaten oder Jahren erreichen möchten.
Mein Ziel ....
Bis wann möchte ich es erreicht haben?
....

B. Richten Sie sich ein besonderes Heft oder einen Order für dieses wichtige Ziel ein. Teilen Sie die Seiten in drei Abschnitte: Vorstellung, Wissen und Praxis. Unterstreichen Sie dann diese Überschriften mit jeweils einer anderen Farbe.

C. Eröffnen Sie jeweils Listen, die die abstrakten Überschriften mit Inhalt füllen:
Vorstellungsdenken: Versuchen Sie, Gefühle, Bilder, Gespräche, Begegnungen und Situationen im Zielerleben zur Motivation zu durchdenken und vorweg zu empfinden. Entwerfen Sie wie ein Regisseur verschiedenste Szenen.
Wissensdenken: Schreiben Sie auf, was Sie gern lernen möchten oder müssen, um Ihr Ziel zu erreichen. Setzen Sie sich in diesem Bereich auch schriftlich zeitliche Teilziele.
Praxisdenken: Notieren Sie Ideen zur praktischen Umsetzung Ihres Zieles. Wen muss man fragen? Wo kann man etwas „besichtigen"? Was muss man besorgen oder kann man jetzt schon in die Wege leiten? Setzen Sie auch hier schriftlich zeitliche Teilziele.

1. Sie können sich jeden Tag aussuchen, mit welcher „Denkbrille" Sie sich heute Ihrem Ziel widmen wollen: in der Vorstellung, mit dem Wissen oder mehr in „anpackender" Weise. Die Zeitspanne kann zwischen fünf Minuten (z.B. drei Vokabeln Englisch lernen) und einer Stunde variieren.

2. Sie haben zuvor jeder der drei Überschriften eine Farbe gegeben. Wenn Sie an einem bestimmten Tag „Vorstellungstag" haben, bekommt dieser Tag auf dem Kalender den entsprechenden Farbpunkt. Ebenso verfahren Sie mit den anderen Denkarten.

3. Gehen Sie zunächst spontan vor, und schauen Sie nach zwei Wochen die Kalenderübersicht insgesamt an. Sehen Sie nun fast nur „Vorstellungs-

punkte", wissen Sie, dass in der nächsten Woche mehr Praxis oder Wissen dran wäre. Auf diese Weise reguliert sich die richtige Aufteilung von selbst.

4. Wenn Sie nach einem Monat auf den Kalender schauen, genießen Sie den Anblick der vielen Punkte. Sie geben Ihnen das Gefühl, auf einem guten Weg zu sein.

Hinweise zur Übung:

- Sie können auf dem Kalender auch Zwischenziele eintragen, die Sie auf dem Weg zum großen Ziel erreichen wollen. Dieses Aufteilen in „kleine Häppchen" erhöht die Motivation.
- Wählen Sie für die „großen Ziele" jeweils ein eigenes Kalenderblatt.
- Natürlich können Sie auch mal „Zielurlaub" machen und ein oder zwei Tage aussetzen.
- Gehen Sie so bei allen wichtigen Themen vor, auch in Sachen Liebe. Lesen Sie Bücher über das Thema Beziehungen, lernen Sie flirten, sprechen Sie mit guten „Vorbildern", unternehmen Sie etwas usw.

	1	**2**	**3**	**4**	**5**	**6**	**7**	**8**	**9**	**10**	**11**	**12**	**13**	**14**	**15**
Jan.	Sa ◖	So ◖	Mo ◖	Di ●	Mi	Do	Fr ◖	Sa ◖	So ●	Mo ●	Di ●	Mi ○	Do ●	Fr	Sa ◖
Feb.	Di ○	Mi ○	Do ○	Fr ◖	Sa ◖	So ●	Mo ○	Di ●	Mi ◖	Do ○	Fr	Sa ○	So ◖	Mo ◖	Di ●
März	Mi ◖	Do ●	Fr ◖	Sa ◖	So ◖	Mo ○	Di	Mi	Do	Fr ◖	Sa ●	So ◖	Mo ◖	Di ◖	Mi ●
April	Sa ○	So ●	Mo ○	Di ○	Mi	Do ◖	Fr ◖	Sa ●	So	Mo ●	Di ○	Mi ●	Do ◖	Fr	Sa ○
Mai	Mo ●	Di ○	Mi ○	Do ◖	Fr ◖	Sa	So ○	Mo ◖	Di ◖	Mi ●	Do ◖	Fr	Sa	So ●	Mo ○
Juni	Do ◖	Fr ◖	Sa ○	So ◖	Mo ◖	Di ●	Mi ◖	Do ◖	Fr	Sa	So ●	Mo ○	Di ○	Mi ○	Do

DIE ERFOLGSBILANZ

Sicher kennen Sie das Sprichwort: „Wer wagt, gewinnt." Diese Redewendung ist durchaus zutreffend – aber nur für Personen, die rechnen können. Denn ein Gewinn stellt sich auch beim Kaufmann nur dann ein, wenn das Einkommen den Einsatz überwiegt. Viele Menschen sind von ihren Lebensträumen derart fasziniert, dass sie sich überhaupt nicht mit der Sollseite der Lebensbilanz auseinander setzen. Sie wollen nicht wahrhaben, dass Leidenschaften, denen man sich blind hingibt, zuweilen einen hohen Preis fordern. So beschäftigen sich passionierte Raucher liebend gern mit Fallbeispielen von anderen Rauchern, die trotz ihres Lasters uralt geworden sind.

Viele Menschen sind von ihren Lebensträumen derart fasziniert, dass sie sich überhaupt nicht mit der Sollseite der Lebensbilanz auseinander setzen.

Wer wagt, gewinnt nicht immer

Berichte von wirklich erschreckenden Statistiken über den Zusammenhang von Rauchen und schweren – auch todbringenden Krankheiten – werden jedoch geflissentlich übersehen, überhört und überfühlt. Gerade Menschen, die ihre eigene Gesundheit oder gar ihr Leben wagemutig aufs Spiel setzen, müssen oft die äußerst bittere Erfahrung machen, dass sie nachher – wenn sie krank sind – plötzlich doch sehr am Leben hängen. Es ist recht einfach, seine Gesundheit für unwichtig zu erklären, wenn man sich noch pudelwohl fühlt. Stellt sich dann das Leiden ein, würde man wiederum alles dafür tun, gesund zu werden.

Man sollte aber immer bedenken, dass das Sprichwort nicht heißt: „Wer wagt, muss blind sein." Menschen, die jeden Gedanken an negative Konsequenzen ihrer Träume konsequent verdrängen, sind wie die berühmten drei Affen, die immerhin ein uraltes Symbol für einen gern ausgeübten Verdrängungsmechanismus der Menschen sind.

Unsicherheitsfaktoren ausschalten

Viele Menschen haben sich frei nach dem Motto: „Wer wagt, hat das Nachsehen“ in recht unglückliche Lebenssituationen manövriert.

Viele Menschen haben sich frei nach dem Motto: „Wer wagt, hat das Nachsehen“ in recht unglückliche Lebenssituationen manövriert. Man denke allein an Millionen von verschuldeten Haushalten, die sich für einen Auto- oder Hauskauf auf einen gewagten Bankkredit eingelassen haben. Hier waren die Träume derartig faszinierend, dass man vor den negativen Konsequenzen einfach die Augen verschlossen hat. Denken Sie hier nochmals an den anfangs erwähnten Begriff „Imagineering“. Auch im Ingenieurswesen würde keine einzige Konstruktion gebaut werden können, wenn man nicht alle – vorteilhafte wie schwierige – Eventualitäten gut durchdacht hätte.

Die Erfahrung anderer Menschen nutzen

Sprechen Sie mit möglichst vielen Menschen, die bereits ähnliche Ziele erreicht haben, die Sie selbst anstreben:

- Wünschen Sie sich mehrere Kinder, unterhalten Sie sich mit Eltern, die einen entsprechend zahlreichen Nachwuchs haben.
- Wird Ihnen ein Auslandsjob in China angeboten, suchen Sie Kontakt zu älteren Kollegen oder Personen, die selbst bereits dort gelebt und gearbeitet haben.
- Möchten Sie ein Haus bauen, besprechen Sie die Finanzierung nicht nur mit Banken, sondern vor allem mit Familien mit vergleichbarem Einkommen, die das Hausbau-Erlebnis schon hinter sich haben.
- Haben Sie einen bestimmten Berufswunsch, suchen Sie das Gespräch mit erfolgreichen Vorbildern.
- Zum Schluss noch ein wichtiger Tipp: Manchmal wäre der Kontakt zu vielbeschäftigten und gut verdienenden Personen als „Inspiration“ eine unschätzbare Hilfe. Denken Sie nicht, dass man „an die ja sowieso nicht herankommt“. Fragen Sie vielmehr an, was eine Stunde Beratung bei so einem wichtigen Menschen kostet. Viele der „Vorbilder“ sind über eine solche Anfrage zunächst höchst erstaunt, gehen aber meist darauf ein. Und selbst, wenn Sie für eine Stunde Unterhaltung mit gezielten Fragen € 150-200 zahlen müssen, können das die gewinnbringendsten Euro sein, die Sie jemals in Ihrem Leben ausgegeben haben.

Innerlich vorbereitet sein

Nehmen Sie also schon im Geiste auch die unangenehmen Seiten Ihrer Lebensträume wahr – nicht zur Abschreckung, sondern zur guten Vorbereitung auf Ihren Erfolg. Wenn Sie alles Material gesammelt haben, das Sie für Ihr Projekt zur Zeit bekommen können, verfügen Sie über die beste Motivation, um auch etwas zu „wagen“: Sie haben ein gutes Gewissen für Ihre nächsten Schritte, denn Sie übernehmen jetzt die bewusste Verantwortung für die Risiken auf Ihrer Reise nach vorn, da Sie geprüft haben, dass Ihr Ziel in der Bilanz Gewinn für Sie und Ihr Leben bedeuten wird. Und selbst wenn durch absolut unvorhersehbare Ereignisse etwas schief geht oder Sie gar Pannen erleben, ersparen Sie sich etwas ganz Bedeutsames: Sie werden nie das Gefühl haben, mit sich selbst unverantwortlich umgegangen zu sein. Sie können sich im Spiegel ansehen und sagen: „Das konnte ich einfach nicht wissen.“ Denn bei allem Vorausdenken kann niemand von Ihnen erwarten, dass Sie in eine Zeitmaschine steigen, um die Zukunft hundertprozentig vorwegzunehmen. Zeitmaschinen gibt es nämlich leider – oder glücklicherweise – noch nicht. Wenn Sie aber statt des Unmöglichen das „Menschenmögliche“ an Vorbereitung getan und gedacht haben, können Sie auch stets mit Pannen selbstversöhnlich umgehen.

Wenn Sie statt des Unmöglichen das „Menschenmögliche“ an Vorbereitung getan und gedacht haben, können Sie mit Pannen selbstversöhnlich umgehen.

ÜBUNG: Die Erfolgsbilanz

Vorbereitung
Sammeln Sie alle möglichen Informationen und Aspekte über ein wichtiges Ziel in Ihrem Leben. Erstellen Sie in Ihrem „Projektheft“ zwei Listen: eine mit den positiven und eine mit den negativen Punkten Ihrer Materialsammlung.

1. Nun denken Sie wieder an die Skalen für subjektives Erleben. Für diese Übung richten Sie jedoch Werte zwischen -100 und +100 ein:

SSU	neutral	SSW
-100	0	+100

2. Denken Sie nun über den ersten Pluspunkt auf Ihrer Liste nach. Versetzen Sie sich mit allen Sinnen in diesen Aspekt hinein. Beziehen Sie vor

allem auch den Zeitaspekt mit ein: Schaffen Sie beispielsweise einen Berufsabschluss, könnte das bedeuten, ein Leben lang ausreichend Geld zu haben. Spüren Sie Ihr Körperecho sowohl für die Erlebnisqualität als auch für den Zeitaspekt und geben Sie ihm dann einen Wert auf der SSW-Skala.

3. Nun denken Sie über den ersten Minuspunkt auf der anderen Liste nach. Nehmen Sie wiederum mit allen Sinnen die negative Auswirkung wahr. Auch hier ist der Zeitaspekt besonders wichtig. So könnte man voller Grausen an das morgendliche Duschen denken, das aber nur fünf Minuten dauert. Demgegenüber steht das wohlige Gefühl, sich am Tag viele Stunden lang frisch und sauber zu fühlen. Entsprechend müsste der SSU-Wert auch die kurze Zeit mit einbeziehen.

4. Verfahren Sie so eine Weile. Sie können auch gern einige Tage oder Wochen dieser Imaginationsarbeit widmen. In dieser Zeit sollten Sie sich zu keiner Entscheidung zwingen, da Sie einfach noch nicht genug Entscheidungs-Vorarbeit geleistet haben.

5. Zum Schluss rechnen Sie die empfundenen Körperecho-Werte aus. Wenn Ihre Bilanz dann einen voraussichtlichen Gewinn anzeigt, steigen Sie mit allen Kräften in die Verwirklichung Ihres Ziels ein.

Hinweis zur Übung:

- Die Arbeit mit der Skala ist äußerst wichtig, da man die verschiedenen Aspekte nicht einfach „pur“ von der Anzahl her gegenüberstellen darf. So kann es sein, dass ein einziger positiver Aspekt 90 Pluspunkte für seine Positivenergie im Leben bekommt, und dass fünf Negativpunkte jeweils nur zehn Minuspunkte auf der SSU-Skala erhalten. So wäre man bereits mit nur einem Positiv-Aspekt im Gewinn-Bereich.

Ein Grundkurs in Schwarzmalerei

Auch wenn Ihr persönliches Ziel Ihnen noch so erstrebenswert und verlockend erscheint, gibt es unter Garantie irgendwelche negativen Konsequenzen, an die man jetzt noch gar nicht denkt. Suchen Sie sich in jedem Fall mindestens drei Dinge heraus, mit denen Sie unter Umständen zu kämpfen haben, wenn Sie Ihr Traumziel anstreben oder schon erreicht haben. Diese dürfen auch völlig absurd sein.

Hier ein paar Schlüsselfragen, die Ihnen beim Aufspüren möglicher negativer Konsequenzen helfen könnten:

- Werde ich all meine Freunde behalten – oder werden einige mit Neid und Verärgerung reagieren?
- Werde ich genug Zeit für mich selbst haben?
- Wie wird sich der Erfolg gesundheitlich auswirken?
- Kann ich mich in Extremsituationen noch sinnvoll verhalten? (Z.B.: Werde ich bei einem gesteigerten Selbstwertgefühl größenwahnsinnig und schätze Gefahren nicht mehr richtig ein?)
- Kann ich mich auch mal daneben benehmen oder Fehler machen?
- Werde ich „ich selbst“ bleiben?
- Wird man mich noch lieben?

Überlegen Sie bei jeder vorstellbaren negativen Konsequenz schon jetzt, was Sie *vorbeugend* tun können, um damit konstruktiv umzugehen.

Neue Wege beschreiten

Die Angst vor Unbekanntem überwinden

Nun kann es sehr gut sein, dass Ihre Imaginationsbilanz eindeutig grünes Licht für die Zukunftsfahrt zu Ihrem Ziel gibt. Einiges spricht zwar dagegen, aber das meiste dafür. Doch viele Menschen machen oft eine überraschende Entdeckung, wenn der Erfolg sich zu verwirklichen „droht“: Kurz vor dem Ziel lässt die Euphorie plötzlich nach, manchmal schiebt man sogar das Ziel noch hinaus. So hatten sich Manuela und Dennis schon lange auf eine gemeinsame Zukunft gefreut. Sie studierten an unterschiedlichen Orten und hatten jahrelang eine Wochenendbeziehung geführt. Dabei sparten die beiden die ganze Zeit auf eine gemeinsame Wohnung. Sie machten gleichzeitig ihren Abschluss. Er bekam in einer „mittelgroßen“ Stadt eine tolle Stelle angeboten und Manuela boten sich am gleichen Ort auch gute Chancen für ihren Beruf als Lehrerin.

Viele Menschen machen eine überraschende Entdeckung, wenn der Erfolg sich zu verwirklichen „droht“: Kurz vor dem Ziel lässt die Euphorie plötzlich nach.

Veränderungen sind unheimlich

Doch schon bei der Wohnungssuche in der neuen Stadt bekam Manuela einen Katzenjammer. „Ich kenne doch die Leute dort gar nicht, ich weiß nicht, wie es ist, jeden Tag mit Dennis zusammen zu sein. Wahrscheinlich bin ich auch keine gute Lehrerin, ich vermisse schon jetzt meine Wohnungsgemeinschaft – obwohl ich weiß, dass alle nun woanders hingehen – es ist alles ganz schrecklich!“ Nun sprach aber so viel für den Umzug in die neue Stadt und so wenig dafür, allein in der Studentenwohnung weiterzuleben, dass Manuela das eigene Jammern selbst nicht verstand. „Es ist noch nicht mal so, dass ich Dennis nicht mehr mag – ganz im Gegenteil. Ich weiß wirklich nicht, was mit mir los ist.“

Die Macht der Gewohnheit

In einem kurzen Gespräch wurde der Unruheherd ihres inneren Chaos schnell gefunden. Denn ich erzählte ihr die Geschichte von dem australischen Ehepaar, das vier Millionen Dollar in der Lotterie gewonnen hatte und morgens wie eh und je Zeitungen für drei Dollar Stundenlohn austrug. Die Erklärung für ein solches Verhalten ist keineswegs krankhafter Geiz. Vielmehr gehört dieses Ehepaar zu den Menschen, die Dinge tun, weil sie diese schon immer getan haben. Das ist der einzige Grund. Man fragt nicht: „Ist das sinnvoll oder nicht?“ sondern sagt nur: „Das war schon immer so." Für viele Menschen reicht diese Feststellung aus, um jede noch so aberwitzige Gewohnheit unkritisch bis in alle Ewigkeit weiterzubetreiben.

Offen sein für Fremdes

Hat jemand zwanzig Jahre lang im Gefängnis gesessen, ist ihm seine Zelle eben vertrauter als die große bunte Stadt mit ihren tausend Möglichkeiten. Darin liegt der Haken: Viele Menschen finden Vertrautes unkritisch gut und Fremdes unkritisch schlecht. Oft ist aber auch das Vertraute schlecht und das Fremde und Neue gut oder sehr gut. Man denke da nur an Galileo Galilei, der behauptete, dass die Erde rund sei. Obwohl seine Überlegungen überwältigend stimmig und schlüssig waren, wurde er zum Schweigen verurteilt. Das Gehirn der damaligen Menschen war dermaßen mit dem „Scheiben-Denken" vertraut, dass das fremde „Kugel-Denken" Angst und Schrecken auslöste.

Menschen finden Vertrautes unkritisch gut und Fremdes unkritisch schlecht.

Ausgetretene Pfade verlassen

„Ebenso ergeht es Ihnen jetzt: Der Umzug ist eine runde Sache – aber er erfordert ein neues Erleben und Denken. Und das ist Ihnen unheimlich." „Da bin ich ja genau wie meine Eltern", antwortete Manuela und wurde richtig rot. „Wie sehr habe ich denen immer vorgeworfen, dass sie nie über ihren Tellerrand gucken, nie ihr Kaff verlassen und immer eintönig vor sich hinleben. Da dachte ich, ich sei die fortschrittliche Studentin und bin doch innerlich genau so unbeweglich wie sie. Das wird jetzt anders!"

ÜBUNG: Die Angst vor Unbekanntem überwinden

1. Denken Sie an ein bevorstehendes Ereignis, das in Ihrer Vorstellung eine unheimliche Veränderung mit sich bringt.

2. Spüren Sie genau hin: Ist Ihnen das Neue vielleicht einfach nur fremd? Ist Ihnen das Alte einfach nur vertraut? Sollte es gute Gründe für das „ungute" Gefühl geben, durchlaufen Sie nochmals die „Imaginationsbilanz". Wenn Sie keine guten Gründe finden gehen Sie zu Punkt 3.

3. Denken Sie an eine Referenzerfahrung in Ihrem Leben, wo Sie etwas Neues oder Fremdes gemacht oder gedacht haben, was Ihr Leben erheblich bereichert hat:
   - der erste Tag im Kindergarten
   - ein Urlaub in einem fremden Land
   - der Kontakt mit einem Menschen, der Ihnen zuerst sehr fremd war und der Ihnen danach etwas sehr Wichtiges gegeben hat

4. Versetzen Sie sich in das damalige Erlebnis hinein. Wackeln Sie dabei mit dem rechten Daumen.

5. Nun denken Sie an eine Sache in Ihrem Leben, die Sie Ihrer Meinung nach viel zu lange gemacht oder gedacht haben. Heute sagen Sie sich: „Hätte ich doch viel früher damit aufgehört!"

6. Versetzen Sie sich auch in diese Erinnerung hinein. Wackeln Sie mit dem linken Daumen.

7. Nun denken Sie an den wichtigen Schritt, den Sie in Ihrem Leben machen möchten. Falten Sie dabei die Hände, legen Sie die Daumen aneinander und wackeln jetzt mit beiden beim Nachdenken langsam hin und her. So erinnern Sie automatisch das Erlebnis, dass Fremdes gut und Vertrautes auch einschränkend sein kann. Das hilft Ihnen beim „inneren Sprung".

Hinweis zur Übung:

- Diese Übung ist speziell für das innere Zögern vor einer wichtigen anstehenden Veränderung gedacht.

Entscheidungen treffen

Über den Umgang mit richtig und falsch

Neulich wollte mich eine Freundin ins Kino einladen. Natürlich wollte ich von ihr wissen, welchen Film wir sehen würden. Sie las mir eine Filmkritik aus der Zeitung vor und zeigte mir einige Szenenfotos. „Aber deswegen weiß ich noch lange nicht, ob der Film mir gefällt“, gab ich zu bedenken, „da kann man mir ja viel erzählen!“ Daraufhin berichtete mir meine Freundin noch von verschiedenen Leuten, die den Film schon gesehen hatten und ihn toll fanden. „So viel nützt mir das aber auch nicht“, gab ich zu bedenken. „Was denen gefällt, muss mir noch lange nicht gefallen! Kannst du mir vielleicht das Drehbuch besorgen, damit ich sicher gehen kann, dass es ganz bestimmt kein Fehler ist, diesen Film zu sehen? Wenn ich nämlich Geld dafür ausgebe, muss ich hundertprozentig wissen, woran ich bin.“

Probieren geht über studieren

Sicher ist Ihnen schon aufgefallen, dass diese Geschichte nicht so ganz ernst gemeint ist. Natürlich kann man nicht wissen, ob einem ein neuer Kinofilm zusagen wird – das bekommt man nur heraus, indem man wirklich hineingeht. Und selbst wenn der Film dann nicht so besonders gut war, war es deswegen noch lange kein Fehler, den Film anzusehen. Das „Richtig-“ und „Falsch-Denken“ ist der Realität eines vielschichtigen Menschenlebens überhaupt nicht angemessen. Es handelt sich hier um ein künstliches Schwarz-Weiß-Denken, das alle Zwischen- oder gar Farbtöne aus dem Leben unberücksichtigt lässt.

Das „Richtig-“ und „Falsch-Denken“ ist der Realität eines vielschichtigen Menschenlebens überhaupt nicht angemessen.

Das Leben ist voller Möglichkeiten

Viele Menschen führen ein ereignisloses Leben, weil sie stets vor jedem Lebensexperiment ganz genau wissen wollen, ob es „richtig“ oder „falsch“ ist, diese Sache auszuprobieren. Dabei gibt es Lebenssituationen, in denen es zehn verschiedene Wahlmöglichkeiten gibt und alle zehn Möglichkeiten können „richtig“ sein. Glaubt man jedoch daran, dass es nur die besagten zwei gibt, entsteht bei jeder Lebensentscheidung ein fürchterlicher Druck: „Was ist, wenn ich die falsche Möglichkeit wähle?“ Das Ende vom Lied ist, dass man gar nichts tut vor lauter Angst, einen Fehler zu begehen. „Am Zögern und Harren erkennt man den Narren“ heißt es hierzu in einem Sinnspruch.

Lebendigkeit oder „Der Weg ist das Ziel"

Entscheiden Sie sich nicht für eine einzelne Möglichkeit, entscheiden Sie sich jetzt einfach dafür, zu leben.

Wenn Sie mehrere Entscheidungsmöglichkeiten haben, überprüfen Sie jede einzelne mit der „Imaginationsbilanz". Stellen Sie fest, dass alle Möglichkeiten ähnlich gut sind, ist das kein Anlass, jetzt vor lauter Unsicherheit nichts zu tun. Entscheiden Sie sich nicht für eine einzelne Möglichkeit, entscheiden Sie sich jetzt einfach dafür, *zu leben.* Man hat nämlich festgestellt, dass alte Menschen dann mit ihrem Leben besonders zufrieden sind, wenn sie es rückblickend als besonders ereignisreich einstufen. „Hauptsache ist, man hat viel ausprobiert – dann ist man zum Schluss mit sich und seinem Leben glücklich", erzählte mir neulich eine 80-jährige Frau.

In Bewegung bleiben

Es ist also sogar besser, in dieser Situation zu würfeln, als starr zu werden. Vergleichen Sie hier einmal das Leben mit einer Kirmes: Der eine genießt es generell, dass es überhaupt eine gibt und freut sich über jede Bahn, mit der er fahren könnte. Der andere verdirbt sich die Kirmes mit dem zwanghaften Glauben, er müsse herausfinden, welche Bahn die beste ist. Schlimmer noch: Er denkt, es gibt nur eine „richtige" Bahn und der Rest sind „falsche" Bahnen. Und er muss darauf kommen, welches die richtige ist.

Bedenken Sie immer: es ist nie ein Fehler, sich für eine gute Lebensmöglichkeit zu entscheiden. Es kann höchstens einer sein, diese Möglichkeit dann nicht auszubauen und auszuleben.

ÜBUNG: Alles ist richtig

An dieser Stelle fällt die Übung ganz einfach aus. Wann immer Sie in Ihrem Leben mit Entscheidungen konfrontiert sind, unterziehen Sie alle Möglichkeiten der Imaginationsbilanz. Erscheinen alle Möglichkeiten gleich gut, dann sind alle richtig und alle sind es wert, ausprobiert zu werden. Der Unsicherheitsfaktor des Unbekannten ist in jeder Möglichkeit enthalten – wie bei einem Kinofilm. Da Sie nicht alle Möglichkeiten gleichzeitig leben können, entscheiden Sie sich – und sei es durch Würfeln – für eine der vielen Möglichkeiten und sagen Sie sich: „Ich entscheide mich nicht nur für diese Möglichkeit, ich entscheide mich dafür, zu leben."

„Wer weiß, wozu es gut war …"

Wie man das Weisheitsdenken erlernt

Neulich war ich zu einem Essen eingeladen. Die Gastgeber haben eine fünfjährige Tochter. Kurz nachdem wir ankamen, ging es diesem Kind sehr, sehr schlecht. Es weinte laut und anhaltend, verkrampfte dabei den ganzen Körper und wälzte sich zwischendurch sogar auf dem Teppich. Die Eltern jedoch ließ dieses Drama des eigenen Kindes völlig kalt. Sie unterhielten sich mit uns Gästen und kümmerten sich kein bisschen um ihren leidenden Nachwuchs. Da könnte man sich fragen: „Warum nur sind manche Eltern derartig grausam?"

Die andere Seite der Medaille

Nun fällt mir aber ein, dass ich die Geschichte noch nicht ganz erzählt habe: Als wir kamen, hatte das Mädchen sich selbst den Fernseher eingestellt. Als die Eltern das entdeckten, schalteten sie das Gerät wieder aus und sagten ihrer Tochter, dass sie für heute genug vor dem Fernseher gesessen hätte. Das nun fand besagtes Mädchen furchtbar gemein und versuchte mit allen Mitteln, doch noch zu seinem Fernsehrecht zu kommen. Die Eltern jedoch blieben bei ihrem „Nein", luden stattdessen aber ihre Tochter an den gedeckten Tisch mit ein – was diese wütend ablehnte. Nun ist die Frage: Hat dieses Mädchen wirklich so grausame Eltern, wie es auf den ersten Blick erschien? Oder hat es sogar besonders gute Eltern, die alle Unbequemlichkeiten in Kauf nehmen, um ihr Kind möglichst gut – und gesund – zu erziehen? Sie hätten ja auch sagen können: „Gut, dass unser Kind beschäftigt ist – dann stört es uns und unsere Gäste nicht!" Dann wäre es dem Kind sehr gut gegangen – vordergründig.

Warum es mehr als eine Wahrheit gibt

Die Wirkung dieser Geschichte beruht auf der Technik, mit eingeschränkten Wahrnehmungsfiltern zu arbeiten, wobei man aber bei der vollen Wahrheit bleibt. Denn dem Kind ging es ja tatsächlich schlecht. Öffnet man dann die Wahrnehmungsperspektive, erscheint das leidende Kind in einem neuen Beurteilungsrahmen, der auch einen positiven Aspekt in diesem Elend ersichtlich werden lässt. In der Psychologie nennt man das Wahrnehmen eines Erlebnisses in einem neuen Rahmen Umdeuten. Unsere Umgangssprache kennt eine ganze Reihe von Redewendungen für ein Umdeutungserlebnis, wie beispielsweise die Aussage: „Ach, von der Seite habe ich das noch gar nicht gesehen!"

Glück im Unglück

Hat man zu Ereignissen einen zeitlichen Abstand gewonnen, geschieht oft etwas Erstaunliches: Man entdeckt, dass in diesem Unglück auch eine Chance enthalten war.

Ältere Menschen berichten oft über Umdeutungserlebnisse vor dem Hintergrund ihrer Lebenserfahrungen. So erlebt jeder Mensch im Laufe seines Lebens eine Reihe von Pannen und Unglücksmomenten. Hat man zu diesen Ereignissen aber einen zeitlichen Abstand gewonnen, geschieht oft etwas Erstaunliches: Man entdeckt, dass in diesem Unglück auch eine Chance für eine positive Lebensweiche enthalten war. „Ich wollte mit 25 Jahren nach Amerika auswandern", erzählte mir ein 70-jähriger Rentner, „das war mein großer Lebenstraum. Ich hatte dort sogar schon einen Job. Zwei Tage vor der Abreise rutschte ich bei Glatteis auf der Straße aus und holte mir einen komplizierten Beinbruch. Für mich brach nicht nur das Bein, sondern auch eine Welt zusammen. Und dann lernte ich meine Frau kennen – sie war damals auf meiner Station Krankenschwester. Ich kann Ihnen gar nicht sagen, wie dankbar ich auch heute noch diesem Beinbruch bin."

Der Versöhnungszustand

Der Dichter Eugen Roth schrieb einmal zu diesem Thema: „Ein Mensch bleibt steh'n und schaut zurück und sieht: sein Unglück war sein Glück!" Hat man öfter eine entsprechende Lebenserfahrung gemacht, führt das bei vielen – meist älteren Menschen – zu einer gewissen Gelassenheit in Krisen. Obwohl etwas Negatives passiert, sagt man abwartend: „Wer weiß, wozu es gut ist!" Das führt keinesfalls dazu, dass man in Krisen nicht mehr leidet. Aber man hat nicht das Gefühl, dass jetzt alles zu Ende ist, da noch nicht genug Zeit vergangen ist, um alle Folgen der Krise jetzt schon zu kennen. Gehen Sie mit der Weisheitsfrage: „Wer weiß, wozu es gut ist?" durch das Leben, behalten Sie auch bei Pannen und Unglücksphasen den offenen Weitwinkel für neue Lebensmöglichkeiten und Lebensqualitäten. So steigen dann auch real die Chancen, Wege aus der Krise zu finden.

Beispiele für Umdeutungen

Ein Messer ist schlecht, weil man damit jemanden verletzen kann.	Ein Messer ist nützlich, weil man damit Brot schneiden kann.
Peter ist taktlos.	Peter ist ehrlich.
Anna ist langweilig, weil sie nie etwas sagt.	Anna kann aufmerksam zuhören. Das ist sehr angenehm.
Neulich hat ein starker, großer Mann einen kleinen, schmächtigen Jungen geschlagen. Das war gemein.	Der große Mann war ein Rettungsschwimmer und musste so handeln, um den kleinen Jungen lebend an Land zu bringen. Das war natürlich gut.
Einer Frau fährt der Bus vor der Nase weg. Das ist ärgerlich.	Kaum ist der Bus weg, kommt eine Freundin überraschend um die Ecke, die sie seit Jahren nicht mehr gesehen hat. Das ist erfreulich.
Ein Mann bekommt einen Herzinfarkt. Das ist gefährlich.	Er fängt an, über den Sinn des Lebens nachzudenken und alle finden ihn jetzt viel, viel sympathischer als zuvor. Das ist positiv.

ÜBUNG: Das Weisheitsdenken „einschalten“

1. Denken Sie an drei Pannen oder Krisen in Ihrem Leben, über die Sie heute rückblickend sagen würden: „Heute weiß ich, dass dieses Lebensereignis mir auch etwas Gutes gebracht hat.“
   1. Lebensereignis:
   ....
   2. Lebensereignis:
   ....
   3. Lebensereignis:
   ....

2. Nehmen Sie jetzt ganz intensiv den positiven Aspekt des ersten Ereignisses wahr. Während Sie daran denken, atmen Sie bewusst mindestens dreimal hintereinander ganz tief durch.
   Verfahren Sie ebenso mit dem zweiten und dem dritten Lebensereignis.

3. Wann immer Sie ab jetzt in eine Krise geraten oder eine Panne erleben, atmen Sie dreimal tief durch und sagen Sie sich: „Wer weiß, wozu es gut ist – man muss abwarten.“

Hinweise zur Übung:

- Diese Selbst-Coaching-Technik ist natürlich keine gezielte Vorstellungsübung, da sie sich nicht mit den Motiven von Zukunftsbildern beschäftigt. Die Vorstellungskraft wird hier vielmehr auf die Rahmengröße der Zukunftsbilder gelenkt, um diese möglichst weit und groß im mentalen Erleben zu gestalten. Insofern könnte man sie als „Anti-Scheuklappen-Übung“ bezeichnen.
- Mit dem „Weisheitsdenken“ bringen Sie sich auch körperlich in eine Verfassung der „vorsorglichen Versöhnung“. Dieser Versöhnungszustand lässt einen optimalen Gedankenfluss zu – was für eine Lösungsfindung ja die Voraussetzung ist. Der Problemzustand dagegen kann Gedankenblockaden zur Folge haben. In einer solchen Verfassung stehen Sie nicht nur sich selbst im Weg, sondern sind auch ein schlechtes Vorbild. Gerade wenn etwas schief gelaufen ist, helfen Sie allen am besten durch eine positive Ausstrahlung von Gelassenheit und ungebrochener Kreativität. Sie macht aus Ihnen den „Fels in der Brandung“. Das Weisheitsdenken soll nicht dazu führen, die negative Seite eines Ereignisses zu tilgen. Aber es hilft Ihnen dabei, die Sache ruhig von allen Seiten zu betrachten.

Den Moment leben

Auftanken im Hier und Jetzt

Zum Schluss dieses Kapitels möchte ich noch erwähnen, dass Sie sich in Ihrem Leben nicht ausschließlich mit mentalem Selbst-Coaching beschäftigen sollten. Dieses Training hilft Ihnen zwar beim Planen und Gestalten einer schönen Zukunft. Aber wie sollen Sie jemals von einem Erfolg profitieren, wenn Sie nicht auch den Augenblick genießen können? Wer immer nur in die Zukunft denkt, verliert den Kontakt zur Gegenwart. Und gerade die Gegenwart ist die „Zeitsorte", die Ihnen Kraft für zukünftige Erfolge schenkt.

Alltägliche Freuden genießen

Man hat herausgefunden, dass glückliche Menschen nicht ausschließlich auf die ganz großen Momente des Lebens warten, sondern dass sie auch die Kunst beherrschen, jeden Tag ein kleines Glück zu entdecken und wahrzunehmen: das Lachen des eigenen Kindes, das Erlebnis des Sonnenuntergangs, ein tolles Essen, ein guter Witz, der Anblick einer blühenden Wiese, der Duft von Badeöl. Wenn Sie sich die Fähigkeit erhalten, ein kleines Glück zu empfinden und auch zu würdigen, wirken die „großen Erfolge" dann besonders intensiv und berauschend auf Ihr Erleben und werden so wiederum zu Kraftquellen für Ihr Leben.

Man hat herausgefunden, dass glückliche Menschen auch die Kunst beherrschen, jeden Tag ein kleines Glück zu entdecken.

Ziele neu überdenken

Aus diesem Grunde möchte ich Sie auch dazu ermutigen, Lebensprojekte, die Ihnen im Hier und Jetzt überhaupt keine Luft mehr zum Atmen lassen, auch einmal aufzugeben. Ich finde es bedenklich, immer wieder zu lesen oder zu hören, dass erfolgreiche Menschen „stets beenden, was sie angefangen haben". Denn es kann im Leben immer wieder passieren, dass sich auch bei der allersorgfältigsten Vorbereitung – einschließlich intensiver Imaginationstechniken – Dinge anders entwickeln, als man anfangs angenommen hatte: das Eigenheim, die Partnerschaft, ein Job, eine Freundschaft, ein Lernprojekt.

Werden die Durststrecken länger, die Entbehrungen härter als ursprünglich angenommen, verfallen viele Menschen in einen fragwürdigen Aberglauben: „Nun habe ich schon so viel investiert und erlitten – nun muss doch bald das Happy End kommen." Ich kann Ihnen nur versichern, dass Schmerz und Stress keinesfalls so etwas wie eine „Schicksals-Währung" sind, die sich dann „irgendwie" schon auszahlt, wenn man nur genug investiert hat. Sie werden durch diesen Aberglauben zu einem Schicksalsspieler, der nicht vom Spieltisch aufstehen kann, weil er immer noch auf den großen Gewinn wartet – und sich auf diese Weise immer mehr verschuldet.

Ein guter Verlierer sein

Machen Sie also auf dem Weg zu einem wichtigen Lebensziel allzu viele freud- und glücklose Zeiten durch, spielen Sie nicht Vogel Strauß, sondern packen Sie die Realität bei den Hörnern. Setzen Sie sich wieder hin und erstellen Sie ganz bewusst nochmals eine Erfolgsbilanz. Passen Sie dabei die Negativpunkte den jetzigen Erfahrungen – von denen Sie damals nichts wissen konnten – an und fragen Sie sich wieder: „Lohnt es sich?" Oft gehört zum Aufhören dann sogar mehr Mut als zum Weitermachen. Denken Sie dabei nochmals an den Spruch: „Man kann auch durch Erfahrung erkennen, dass es nicht gut war, A zu sagen. Also sage ich jetzt auch nicht B." Ein Erfolg im Leben kann auch der Moment sein, in dem Sie sich in den Spiegel sehen und sagen: „Ich habe zwar nicht B gesagt, aber ich bin stolz auf mich, denn ich habe es auf jeden Fall versucht und ich konnte rechtzeitig aufhören." Sollten Ihre höchsten Lebenswerte Glück und Gesundheit sein, können Sie eine derartige Entscheidung sich selbst und anderen gegenüber jederzeit mit einem guten Gewissen vertreten.

ERFOLG DURCH SELBSTHYPNOSE

In diesem Abschnitt erfahren Sie, wie Sie die bisher erlernten Strategien mit einem inneren Zustand intensiven Einprägens verknüpfen können. Wir nennen die Mentaltechnik, die diesen intensiven Lernzustand hervorruft, Selbsthypnose. Zu Beginn dieses Buches haben Sie einiges über die „Daten" des menschlichen Gehirns erfahren. Sie haben gelernt, dass unsere 100 Milliarden Gehirnzellen durch unzählige Verknüpfungen miteinander verbunden sind. Wann immer Sie in Ihrem Leben Neues hinzulernen, wachsen neue Verbindungen zwischen den Gehirnzellen – bis ins hohe Alter. Die Selbsthypnose bewirkt im Gehirn einen Zustand, der das Entstehen und Zusammenwachsen solcher Verknüpfungen begünstigt.

Wann immer Sie in Ihrem Leben Neues hinzulernen, wachsen neue Verbindungen zwischen den Gehirnzellen.

Trance zur Gehirnaktivierung

Vielleicht haben Sie schon einmal in einer Sportsendung gesehen, dass sich beispielsweise Bobfahrer kurz vor dem Start in einen kurzen Trancezustand versetzen, in dem sie mental die Strecke durchgehen. Man hat herausgefunden, dass dieses mentale Vorwegnehmen in den Nervenzellen, die für die Bewegungskoordination verantwortlich sind, eine Erregung verursacht. Diese Erregung sorgt dann später auch real für eine besonders gute und reaktionsschnelle Leistung des Sportlers. Weiter vorn habe ich Ihnen dieses „Warmlaufen" der Gehirnzellen bereits als so genannte „Bahnung" vorgestellt. Genau diese Bahnung funktioniert in der Selbsthypnose besonders effektiv.

Zukünftige Ereignisse programmieren

Mit Selbsthypnose können Sie also Gedanken, Zustände, Emotionen und Reaktionen in sich hervorrufen, die Sie bei zukünftigen Ereignissen gern real denken, fühlen, empfinden oder zeigen möchten. In der Verhaltenstherapie unterscheidet man in diesem Zusammenhang zwei Begriffe:

- *In sensu* bezeichnet das „innere Vorwegnehmen" einer Empfindung oder Reaktion in einer zukünftigen Situation.
- *In vivo* wird die Reaktion oder der Zustand dann im realen Ereignis gezeigt oder empfunden.

Die Selbsthypnose ist demnach eine *In-sensu-Strategie*, die Ihr Gehirn auf gewünschte „Programme" *in vivo* einstellt. Mit anderen Worten: Ihr Gehirn hat sich in der Selbsthypnose schon so intensiv mit einer zukünftigen Situation vertraut gemacht, dass es diese später real „wiedererkennt". Haben Sie dann in der Selbsthypnose die zukünftige Situation mit einem erwünschten, positiven inneren Zustand oder einer wünschenswerten Verhaltensweise verknüpft, wird Ihr Gehirn dieses Verhalten oder Befinden automatisch auch mit der realen Situation verknüpfen und aufrufen.

Hypnose und Selbsthypnose sind ein weites Thema. Daher kann ich Ihnen in diesem Abschnitt nur eine kleine „Kostprobe" dieser Mentaltechnik vermitteln. Bei näherem Interesse an dieser Methode können Sie sich gern an die Fachgesellschaften wenden, deren Adressen Sie im Anhang an dieses Buch finden.

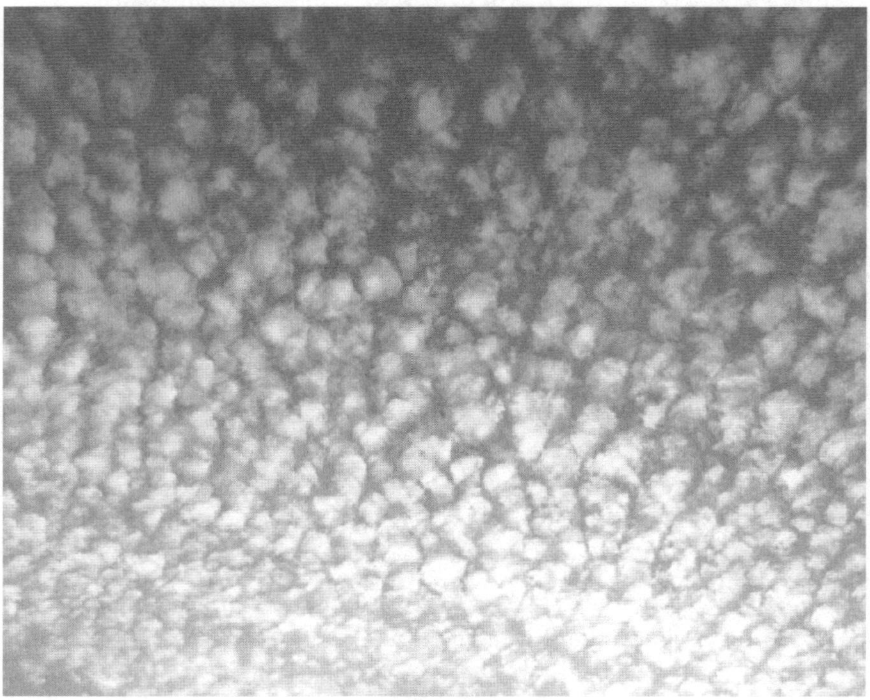

Was ist Hypnose?

So natürlich wie Laufen und Sprechen

Es gibt wohl kaum einen Begriff aus der Psychotherapie, der mit mehr Magie und Aberglauben umwoben ist als die Hypnose. Dabei zählt dieses Verfahren mit zu den am besten erprobten und beforschten Methoden in der modernen Psychotherapie. Aus der Schmerztherapie oder der Behandlung von Angststörungen und Depressionen ist die klinische Hypnose heutzutage nicht mehr wegzudenken. Fast jeder Psychotherapeut und auch eine Reihe von Zahnärzten wurden in diesem Verfahren ausgebildet. Weltweit existieren Fachgesellschaften, die sich der Verbreitung, der Anwendung und der weiteren Erforschung der Hypnose widmen.

Völlig unbegründet – die Angst vor Missbrauch

Der Laie hat gegenüber der klinischen Anwendung oft spontan die Bühnenhypnose vor Augen, wo Menschen wie ein Huhn gackern und nicht mehr wissen, wie sie heißen. Oder man denkt voller Grauen an Spione mit doppelter Identität, die – so sagt zumindest das Drehbuch – per Hypnose in willenlose Tötungsmaschinen verwandelt wurden. Gerade zum letzten Beispiel muss gesagt werden, dass ein Mensch unter Hypnose sehr intensive Erlebnisse haben kann, dass diese Tatsache jedoch nichts an seinen Wertevorstellungen zu ändern vermag. Empfindet ein Mensch beispielsweise Stehlen als Unrecht, wird an dieser Einstellung auch die Hypnose nichts ändern können. Umgekehrt kommt man auch vollständig ohne Hypnose aus, um einen Menschen zu Straftaten zu bewegen – man muss nur genügend Druck auf ihn ausüben oder einen Charakter finden, der von vornherein die Rechte seiner Mitmenschen als völlig unwichtig einstuft.

Kein fauler Zauber – die klinische Anwendung

Und was ist mit der Bühnenhypnose? Hier ist oft die charismatische und autoritäre Ausstrahlung des Show-Hypnotiseurs die eigentliche Suggestion – und nicht die Hypnose selbst. Die klinische Hypnose kommt völlig ohne Show aus. Hier wird nicht nach jedem Satz, den der Therapeut sagt, ein Tusch gespielt, denn der „Star“, nach dem sich hier gerichtet wird, ist der Klient mit seinen Zielen und nicht der Therapeut.

Die klinische Hypnose kommt völlig ohne Show aus.

Trancen – etwas ganz Alltägliches

Die Hypnose hat keinerlei Einfluss auf die Persönlichkeitsstruktur.

Die Hypnose hat also keinerlei Einfluss auf die Persönlichkeitsstruktur. Das persönliche Empfinden für Recht und Unrecht bleibt in der Hypnose vollständig erhalten. Sie reagieren auch in einem tranceartigen Zustand nur auf Vorstellungen, die mit Ihrem persönlichen Wertesystem übereinstimmen. Sie können sich dessen sicher sein, weil Sie ja selbst schon tausende von Malen Hypnose erlebt haben. Sie glauben das nicht? Vielleicht sollte ich erwähnen, dass Sie diesen natürlichen Hypnosezustand anders benennen: tagträumen, mit den Gedanken woanders sein, weggetreten oder „abwesend" sein.

Jeder kennt es: „Weggetreten sein"

Man spricht hier von der so genannten Alltagstrance, in die Menschen zu den verschiedensten Anlässen verfallen: beim Blick aus dem Fenster, während der Zugfahrt, beim Spazierengehen. Es kann sein, dass in einem solchen Moment jemand zu Ihnen laut und deutlich spricht – aber Sie hören es nicht. Plötzlich schütteln Sie sich und sagen zu Ihrem Gesprächspartner: „Kannst du das noch einmal sagen, ich war eben leider ganz woanders." Diese spontanen Trancen sind demnach häufig so intensiv, dass wir alles um uns herum vergessen. Die Muskeln entspannen sich, was man oft feststellen kann, wenn man einen Träumer sanft anschubst: er schaukelt locker und leicht hin und her – ohne seinen Blick in die Ferne aufzugeben.

Mittel zur Bewältigung der Informationsflut

Wir Menschen benötigen spontane Tagestrancen wie Essen und Trinken.

Wir Menschen benötigen diese spontanen Tagestrancen wie Essen und Trinken. Sie ermöglichen uns, mit den vielen Erlebnissen und Eindrücken zurechtzukommen, die minütlich auf uns einstürmen. Sicher haben Sie schon öfter einen Großeinkauf unternommen. Man kommt nach Hause und stellt erst einmal die Tüten und Kisten ab. Doch damit ist der Einkauf noch nicht beendet. Nun folgt nämlich noch das Einsortieren in die Schränke und Vorratskammern. In einer ähnlichen Situation befindet sich oft Ihr Gehirn: Es hat mehrere „Tüten" und „Kisten" voller Sinneseindrücke „eingekauft" und damit nicht immer mehr Tüten hinzukommen, muss zwischendurch „eingeräumt" werden, um Platz für die neuen „Einkäufe“ zu schaffen. Dieses innere Aufräumen geschieht mehrmals täglich beim Tagträumen. Einige dieser Tüten enthalten auch Dinge, von denen man noch nicht weiß, wo sie hingehören. Das sind unerledigte Aufgaben oder Themen, die wir mit uns herumtragen. Zwischendurch versucht das Gehirn immer wieder, auch für diese Inhalte gute Aufbewahrungsplätze zu finden. Deshalb sind Menschen auch vermehrt „abwesend“, wenn sie eine unerledigte Aufgabe mit sich herumtragen.

Wirksame Entspannungstechnik

Leider ist es in unserer Kultur Sitte, den Träumer aus seinem Zustand möglichst schnell herauszuholen. Offensichtlich ist man der Meinung, dass dieser Mensch sich „unnütz“ verhält, da er äußerlich nichts Sinnvolles tut. Dabei ist sein Gehirn in diesem Zustand hochaktiv und sorgt für neue Aufmerksamkeitskapazitäten. Tagträume sind also für die Selbsthypnose eine ideale Voraussetzung. Lernen Sie also zuerst, zu Ihren Tagträumereien zu stehen anstatt sie zu bekämpfen oder sich gar dafür zu schämen, denn: Jede Form von Hypnose ist ein willentlich induzierter Tagtraum.

Die Hypnose ist Ihnen also schon so vertraut wie Laufen und das Einmaleins. Sie erleben beispielsweise beim Tagträumen kein so genanntes „Black -out“, sondern erleben eher eine bunte Gedankenreise, die Sie oft „weit weg“ führt. Trotz des Gedankenschweifens hat man aber das Gefühl, außen dennoch alles mitzubekommen. Die meisten träumen tagsüber ja sogar mit offenen Augen. Sie können den hypnotischen Zustand auch mit der Zeit kurz vor dem Einschlafen vergleichen. Da gibt es eine Phase, in der die Gedanken beginnen, in Träume überzugehen, und man schwingt mit der Wahrnehmung zwischen „draußen“ und „drinnen“ hin und her. Meist wird dieses Träumen subjektiv als ein körperlich leichter Zustand erlebt, weswegen die meisten Menschen eine Hypnose auch als erholsam oder „erfrischend“ beschreiben.

Anzeichen eines Trancezustands
Dieses sind die äußeren und inneren Anzeichen eines Trance-Zustandes:
- eine entspannte, symmetrische Mimik
- geschlossene Augen oder der „in die Ferne" gerichtete Blick
- insgesamt lockere Muskulatur
- das Bedürfnis, zu schlucken (wann immer unser Körper von Stress- auf Ruheprogramm umschaltet, spürt man ein Schluckbedürfnis)
- Magen- und Darmgeräusche (beim Umschalten auf körperliche Ruheprogramme entspannen sich auch die Verdauungsorgane, was oft hörbare Folgen hat)
- ein ruhiger und regelmäßiger Atem
- die Gedanken „fließen"
- man hat ein verändertes Zeitgefühl (Minuten erscheinen wie eine Ewigkeit oder die Zeit vergeht wie „im Flug")

Trancezustände gezielt nutzen

Der feine Unterschied zum bisher Vertrauten ist bei der Hypnose nur der gezielte Einsatz von Tagestrancen, wo Sie selbst oder ein von Ihnen beauftragter Therapeut sagen: „Jetzt geht es los" und „Jetzt hört es auf". Und was passiert dazwischen? Was würden Sie sagen, wenn ein Arzt Ihnen erzählt: „Ich setze bei meiner Arbeit Medikamente ein." Wer es genauer wissen möchte, könnte nachfragen: „Und was für ein Wirkstoff ist darin enthalten? Wofür und wogegen setzen Sie die Mittel ein?" Dieses genaue Nachfragen ist auch bei der Hypnose angemessen. Denn „Hypnose einsetzen" heißt nur, dass man mit Trancezuständen arbeitet. Aber wozu nutzt man diesen besonders intensiven Verarbeitungsmodus des Gehirns? Es hängt ganz allein von Ihnen ab, Ihrem Gehirn quasi zu „sagen", wozu der nun folgende Trancezustand genutzt werden soll. Im Folgenden stelle ich Ihnen einige Selbsthypnosetechniken vor, mit denen Sie einige der im unten stehenden Kasten genannten Bereiche mit der eigenen Mentalkraft bearbeiten können. Es geht hier vor allem um die Stärkung von positiven inneren Zuständen und Empfindungen. Für rein therapeutische Themen möchte ich Ihnen jedoch raten, speziell ausgebildete Therapeuten aufzusuchen.

Es geht hier vor allem um die Stärkung von positiven inneren Zuständen und Empfindungen.

Einsatzbereiche von Hypnose

Hypnosetechniken haben sich bewährt:

- als Erinnerungshilfe
- als Vergessenshilfe
- zum Einprägen von Lernmaterial
- bei der Suche nach kreativen Lösungen für eine Aufgabe oder für ein Problem
- zum Auffinden von „unbewussten Motiven" für ein vom Bewusstsein her unerwünschtes Verhalten
- zur Schmerzlinderung
- für die allgemeine Entspannung
- für die gezielte Ansprache brachliegender Talente
- für die innere Vorwegnahme von erwünschten Zuständen bei zukünftigen Situationen (innerlich ruhig beim Zahnarzt, selbstsicher im Vorstellungsgespräch sein usw.)
- für die innere Motivation zum Erreichen von Fernzielen

ÜBUNG: Tagträumen als Kurzentspannung

1. Setzen oder legen Sie sich bequem hin. Das Liegen ist dabei die angenehmere Position, weil dabei die Hände nicht einschlafen können. Lockern Sie – so weit möglich – Ihre Muskeln.

2. Nun lassen Sie den Blick im Raum umherschweifen. Dann schließen Sie die Augen. Denken Sie nach: Was haben Sie eben gesehen? Ein Möbelstück, eine bestimmte Farbe, ein Bild? Benutzen Sie nun das eben Gesehene als Tagtraumeinstieg, indem Sie dazu einige Ideen assoziieren.
   Hier einige Beispiele:
   - Das Möbelstück besteht aus Holz, dieses Holz war einmal ein Baum. Wo hat dieser Baum gestanden? Wie viele Sommer und Winter hat der Baum erlebt?
   - Die Farbe erinnert mich an einen bestimmten Urlaub, wo diese Farbe vorgeherrscht hat.
   - Bei einem Bild könnten Sie daran denken: Von wem habe ich es eigentlich? Habe ich es selbst gekauft? Und wenn ja: Wo war das?

Oder ist das Bild ein Erbstück von Onkel Josef? Was erinnere ich eigentlich noch von Onkel Josef? Wie mögen die Zeiten gewesen sein, als er geboren wurde?

3. Behalten Sie die Augen geschlossen und lauschen Sie nun auf alles, was Sie in dieser Umgebung hören können und nutzen Sie wieder die Eselsbrückentechnik, indem Sie die verschiedenen Töne, Klänge und Geräusche als Stichwortgeber für weiteres Gedankenschweifen nutzen.
   Zum Beispiel:
   - Ein Auto fährt vorbei. Wer mag wohl am Steuer sitzen? Was ist wohl das Lieblingsurlaubsziel von diesem Menschen? Eine Insel auf den Malediven? Oder die Toskana?
   - Eine Uhr tickt. Wie wurden Uhren eigentlich erfunden? Wie haben die Menschen sich ihre Zeit eingeteilt, als es noch keine Uhren gab?

4. Nun machen Sie aus allen Wahrnehmungen die Sie fühlen, „Fühlgeschichten“:
   - Ich fühle die Luft, die ich atme. Wenn die Luft in meine Nasenlöcher hineinströmt, fühlt sie sich kühl an, wenn ich sie ausatme, fühlt sie sich warm an. Was macht die Luft in meinem Körper? Sie versorgt meine Körperzellen mit Sauerstoff ... usw.
   - Meine Füße werden von Baumwollsocken gewärmt. Baumwolle wächst doch an Büschen. Wie mag das wohl aussehen? Die Büsche blühen in warmen Ländern. Wie sieht es in diesen Ländern aus? usw.

5. Sie können jetzt natürlich – wenn Sie wollen – noch Geschmacks- oder Geruchsgeschichten entwerfen. Denken Sie dabei nicht nur an Parfüms, sondern auch an Dinge wie ofenfrisches Brot oder gemähtes Gras.

6. Spüren Sie, wie Ihr Körper entspannt, wenn Ihre Gedanken ins Schweifen kommen. Das kommt daher, dass Sie nicht gegen die Außenwahrnehmungen angehen, sondern diese als Stichwortgeber für Ihr inneres Gedankenwandern einsetzen. Das hilft Ihnen, sich sanft von der Außenwahrnehmung zu lösen.

7. Wenn Ihnen der gelöste Zustand angenehm genug ist, legen Sie langsam die Fingerspitzen beider Hände aneinander. Auf diese Weise ist der leichte Trancezustand jetzt an die Berührung der Fingerspitzen gekoppelt.

8. Gehen Sie jetzt in Gedanken an einen besonders schönen Ort, an dem Sie sich schon einmal sehr wohl gefühlt haben. Nehmen Sie ihn wieder mit allen Sinnen wahr und tanken Sie auf: mit dem inneren Sehen, Hören, Fühlen, Riechen und Schmecken.

9. Verweilen Sie auf diese Weise fünf bis zehn Minuten bei diesen gezielten Tagträumen. Danach können Sie deutlich die Auswirkungen einer „Mini-erholung“ wahrnehmen.

10. Sie recken und strecken sich, ballen und öffnen die Fäuste mindestens drei Mal, stehen auf und bewegen sich im Raum. Die Bewegung hilft Ihnen, mit den Sinnen wieder ganz in die Außenwelt zurückzukehren.

Hinweise zur Übung:

- Sie dürfen bei jeder Trance alles tun, um es noch bequemer zu haben: sich anders hinlegen oder -setzen, an der Nase kratzen usw.
- Diese Übung eignet sich auch hervorragend als Einschlafhilfe.
- Gehen Sie, wann immer es Ihnen möglich ist, Ihrem natürlichen Impuls zum Tagträumen nach. Betrachten Sie dieses Phänomen als ein ebenso selbstverständliches Bedürfnis wie das Essen und Trinken. Richten Sie sich Zeiten ein, die Ihnen das Tagträumen erlauben: Stellen Sie den Wecker zehn Minuten früher und träumen Sie morgens noch vor sich hin. Lesen Sie in Bus oder Bahn nicht Zeitung, sondern schauen Sie auf einen Fixpunkt und lassen die Gedanken schweifen.
- Beim gezielten Tagträumen mit offenen Augen hilft der so genannte „periphere“ oder auch „weite Blick“: Schauen Sie auf einen Punkt im Raum und öffnen Sie dabei den Blickwinkel weit nach links und rechts. Nehmen Sie – obwohl Sie geradeaus gucken – auch noch wahr, was sich seitlich von Ihnen befindet. Dabei defokussiert Ihr Blick und Sie geraten automatisch in einen leichten Trancezustand.

Vom Sinn des „Sinnierens“

Tagträume als Erfolgskino

Sie haben eben die Übung „Tagträumen“ kennen gelernt. Diese Übung ist eine ideale Selbstanleitung, um in einen leichten Trancezustand zu geraten. Wenn Sie diesen Trancezustand nicht nur zur Erholung, sondern auch zum Bearbeiten verschiedener wichtiger Themen nutzen wollen, fahren Sie so lange mit der Eselsbrückentechnik fort, bis Sie sich insgesamt entspannt fühlen und tief und regelmäßig atmen. Alle Außenwahrnehmungen werden ab jetzt vom Gehirn sofort in eine intensive innere Gedankenwelt umgesetzt. In diesem leichten Trancezustand können Sie jetzt das „Sinnieren“ einsetzen, um Ihre Wahlmöglichkeiten für verschiedenste Lebenssituationen zu erweitern.

In diesem leichten Trancezustand können Sie jetzt das „Sinnieren“ einsetzen, um Ihre Wahlmöglichkeiten für verschiedenste Lebenssituationen zu erweitern.

Verschiedene Situationen durchspielen

Das Wort „Sinnieren“ ist übrigens sehr treffend, denn im leichten Trancezustand sind die Sinne ganz besonders offen für das Erleben einer inneren Welt. Sie können in diesem Zustand vergangene und zukünftige Ereignisse wie lebendige Filme erleben und so zum Regisseur Ihres eigenen Erfolgsfilms werden. Wichtig beim Sinnieren ist nicht die permanente Wiederholung von Gedanken, sondern die verschiedenen Variationen von möglichen Verläufen einer Situation. Wann immer Sie über eine Situation in Ihrem Leben sinnieren, sollten Sie sich vornehmen, möglichst drei verschiedene Denkvarianten im Geiste durchzugehen. Benutzen Sie dabei im inneren Dialog die Sprache eines Regisseurs: „Noch mal das Ganze – diesmal mit mehr Temperament.“ Oder: „Wir fangen nochmals von vorn an und lassen jetzt einfach diesen einen Satz weg.“ Oder: „Das war schon sehr gut, aber beim nächsten Durchgang musst du ihr intensiver in die Augen schauen“, usw.

Drehen Sie Ihren persönlichen Erfolgsfilm
Gehen Sie die verschiedenen Erlebnisszenen (mindestens) mit den drei folgenden Denkkriterien durch:

1. Sollte ich mich hier *aktiver* oder *passiver* verhalten?
2. Ist es angenehmer, die Szene *von außen* – wie ein Beobachter – oder *persönlich beteiligt* (dabei sind die eigenen Augen die Kamera) zu betrachten (assoziiert oder dissoziiert)?
3. Angenommen, diese Szene ist eine Lerngeschichte. Was kann ich auf jeden Fall daraus für meinen Erfahrungsschatz lernen?

Weitere Varianten könnten sein:
- Sie arbeiten an den gesagten Sätzen, vor allem an Ihren eigenen.
- Sie verlassen die Szene.
- Sie halten sie länger durch.
- Sie betrachten die Szene durch die „Loriot-Brille" und entdecken die komischen Momente.

Mut zum Experiment

In jedem Fall variieren Sie stets Ihre eigene Denkweise oder Reaktion und beobachten dann als Ihr eigener Regisseur, was diese verschiedenen Verhaltens- oder Sichtweisen für einen Effekt auf Sie und andere haben. Verschwenden Sie nicht allzu viel Energie an den Gedanken, was Ihre Mitmenschen anders machen könnten, denken Sie vielmehr darüber nach, wie Sie diese dazu bringen könnten sich anders zu verhalten oder auch anders zu denken. Das gute bei dieser Technik ist: Sie dürfen alles ausprobieren, was Ihnen als Wahlmöglichkeit einfällt – und wenn Sie in Gedanken dem Chef eine Torte in's Gesicht werfen. Manche Menschen trauen sich nicht, bestimmten Vorstellungen nachzugehen, weil sie befürchten, diese Vorstellungen würden beim Darüber-Nachdenken automatisch real werden. Doch tatsächlich ist es mit diesen Gedankenmodellen auch nicht anders als beim Autokauf: Sie können sehr wohl in ein Autohaus gehen und eine Probefahrt vereinbaren. Nach der Probefahrt steht Ihnen völlig frei zu sagen: „Das Modell gefällt mir nicht – das will ich nicht kaufen!" Ebenso verhält es sich mit Gedanken, die auch nichts anderes als eine „Probefahrt" sind. Auch hier entscheiden Sie, ob Sie mit diesem Modell „auf die Straße" wollen – oder nicht. Diese Entscheidung fällt Ihnen umso leichter je lebhafter Sie die jeweilige Gedankenszene durchgegangen sind und damit auch geprüft haben.

ÜBUNG: Den eigenen Erfolgsfilm drehen

1. Versetzen Sie sich mit der Eselsbrückentechnik in eine leichte Trance. Wählen Sie selbst, ob Sie dabei die Augen lieber geschlossen haben oder den peripheren Blick benutzen wollen. Legen Sie auf jeden Fall wieder die Fingerspitzen aneinander, wenn Sie sich „wohlig-trancig" fühlen und der Atem regelmäßig fließt.

2. Sinnieren Sie über ein vergangenes Erlebnis, mit dessen Verlauf Sie nicht so sehr zufrieden waren:
   Klappe 1: Gehen Sie in Gedanken die Szene durch – so wie Sie diese spontan erinnern.
   Klappe 2: Gehen Sie die Szene durch, indem Sie sich aktiver als tatsächlich geschehen verhalten.
   Klappe 3: Gehen Sie die Szene durch, indem Sie sich passiver als tatsächlich geschehen verhalten.
   Klappe 4: Schauen Sie sich die Szene – auch sich selbst – von außen an.
   Klappe 5: Erleben Sie alles bewusst assoziiert.
   Klappe 6: Stellen Sie sich vor, Sie müssten einen Text entwerfen nach dem Motto: „Und die Moral von der Geschicht ..." Fragen Sie sich dabei: „Was habe ich auf jeden Fall daraus gelernt?"
   Gehen Sie die „Klappen" immer wieder durch, bis das Erlebnis sich neutral oder sogar positiv anfühlt. Auf jeden Fall können Sie jetzt sicher sein, dass Sie in einer nächsten Situation, in der Ihnen etwas Ähnliches passiert, mehr Wahlmöglichkeiten haben.

3. Sinnieren Sie auf die gleiche Weise über ein zukünftiges Erlebnis, das demnächst auf Sie zukommt. Gehen Sie die zukünftige Szene durch, so wie Sie spontan darüber nachdenken. Dann variieren Sie die Szene wieder mit den drei Denkkriterien, um sich lebhaft ein für Sie wichtiges Fernziel vorzustellen.

4. Sie recken und strecken sich, ballen die Fäuste und bewegen sich dann im Raum. Auf diese Weise kehren Sie wieder in die Außenwelt zurück.

Hinweise zur Übung:

- Diese Übung schult Sie in der inneren Bereitstellung verschiedener Verhaltens- und Denkmöglichkeiten in unterschiedlichsten Lebenssituationen. Ich möchte nochmals wiederholen, dass Sie die verschiedenen „Klappen" beim Sinnieren immer mit einer anderen Variation drehen, anstatt eine Gedankenszene stets auf die gleiche Weise zu wiederholen. Auf diese Weise verbessern Sie sich Ihre innere und äußere Flexibilität.
- Versetzen Sie sich auch einmal in Situationen, in denen sich andere Menschen befinden oder befunden haben: Romanfiguren, Nachbarn, Fernsehhelden. Stellen Sie sich die jeweiligen Szenen vor, gehen Sie diese mit mindestens drei Denkkriterien durch und erleben Sie auch diese Gedankenmomente mit all Ihren Sinnen – so lange, bis Sie mit dem Endergebnis zufrieden sind.

Trance und Modelllernen

Wie man Selbstsicherheit „klauen" kann

Die meisten unserer Klienten wünschen sich in verschiedenen Situationen ihres Lebens mehr Selbstsicherheit, Gelassenheit und Souveränität. Gerade hier bietet die Selbsthypnose eine besonders gute Imaginationsstrategie an: das „Klauen" von Kompetenzen und Talenten anderer Menschen. Anstatt sich ewig darüber zu grämen, dass einem selbst wichtige Fähigkeiten fehlen oder zu schwach ausgebildet sind, sollten Sie lieber Ihren Wahrnehmungsfokus auf Ihre Mitmenschen lenken: Wer kann genau das, was ich mir wünsche? Wer hat dieses sichere Auftreten, diese Gelassenheit, diese Souveränität?

Die Selbsthypnose bietet eine besonders gute Imaginationsstrategie an.

Die eigenen Möglichkeiten entfalten

Meistens können Sie von der Prämisse ausgehen: „Was der/die kann, das kann ich auch. Ich muss es nur üben." Natürlich hat dieser Satz auch seine Grenzen. Ist Ihr Vorbild ein zwei Meter großer Bodybuilder und Sie sind eine 1, 60 Meter kleine (Pardon: große), zierliche Frau, dann trifft besagte Prämisse auf das Thema Gewichte heben sicherlich nicht zu. Dennoch kann man sich überlegen, ob man sich von einem so optisch ungleichen Modell „eine Scheibe" abschneiden könnte: die Art, sich zu bewegen, ein bestimmter Blick, eine Geste. Wir haben oft eine gewisse Scheu, uns Dinge von Menschen anzunehmen, die völlig verschieden von uns wirken. Aber genau hierin liegt eine große Chance: Wenn Sie Ihr Verhaltensrepertoire erweitern wollen, sollten Sie gerade von Menschen lernen, die Ihnen auf Anhieb zunächst fremd erscheinen. Darwin hat zu dem Thema „Repertoire" einmal gesagt: „Das Individuum mit den meisten Wahlmöglichkeiten hat die größte Chance beim Überleben."

„Das Individuum mit den meisten Wahlmöglichkeiten hat die größte Chance beim Überleben." – *Darwin*

Durch Nachahmung lernen

Wie nun können Sie Selbstsicherheit „klauen"? Indem Sie sich nicht darüber ärgern, dass andere Menschen so „verdammt selbstsicher" sind, sondern indem Sie sich ganz intensiv mit diesen Personen beschäftigen, um herauszufinden, was Sie von ihnen abgucken können. Diese Art des Lernens ist Ihnen übrigens von Geburt an vertraut: der aufrechte Gang, die Muttersprache, die ersten Kinderlieder haben wir durch schlichtes Nachmachen anderer Menschen in uns aufgenommen – ohne darüber nachzudenken. Niemand erlernt seine Muttersprache mit Hilfe von Büchern oder gar Lernkassetten. Sie geht uns dadurch „in Fleisch und Blut über", dass wir sie mit unseren Sinnen bei einem anderen Menschen wahrnehmen.

Die Verschachtelungstechnik

Auch zum Trainieren der Selbsthypnose selbst gibt es eine wirksame Trancetechnik, die auf dem Modelllernen beruht. Denken Sie einmal an Menschen, die das Image haben, sich selbst stundenlang in eine tiefe Trance versetzen zu können: ein buddhistischer Mönch, ein indianischer Medizinmann, eine weise Kräuterfrau. Lassen Sie entsprechende Bilder vor dem geistigen Auge auftauchen und entscheiden Sie sich für eine Figur, deren Tranceverhalten Sie in der Fantasie besonders positiv anspricht. Erfinden Sie hierzu eine Geschichte mit „verschachtelten Realitäten": das ist die Geschichte in der Geschichte in der Geschichte ...

Lesen Sie hierzu ein Beispiel.

- Öffnen der ersten Schachtel:
  „Neulich traf ich an der Bushaltestelle einen alten Schulfreund. Wir hatten uns jahrelang nicht mehr gesehen. Er erzählte mir, dass er ..."
- Öffnen der zweiten Schachtel:
  „... fünf Jahre lang in Australien gelebt hatte. Er fand das Land sehr faszinierend: das tropische Wetter, die Größe, das Meer. Was ihn aber besonders interessierte, waren die Ureinwohner, zu denen er sogar Kontakt bekam. Sie heißen ‚Aborigines' ..."
- Öffnen der dritten Schachtel:
  „... Einer dieser Aborigines wurde sogar sein Freund. Er zog mit ihm durch das Land, zeigte ihm die ganze Natur und erzählte ihm die Geschichten seines Volkes, wovon ..."
- Öffnen der vierten Schachtel:
  „... eine besonders interessant war. Sie erzählt von einem Urahnen der Ureinwohner, dem die anderen Fragen stellen oder ihre Sorgen erzählen konnten. Dann setzte er sich unter einen bestimmten Baum, schloss die Augen und fiel in eine tiefe Trance. Er atmete regelmäßig, und ein kleines Lächeln lag auf seinem Gesicht, weil er offensichtlich auf seinen inneren Reisen viele schöne Dinge erlebte. Es schien ihm immer sehr gut dabei zu gehen. In dieser Zeit löste er auch die Probleme seiner Mitmenschen, da er offensichtlich unendlich viele Ideen in diesem Zustand hatte ..."

Der „Trick" besteht in der Ablenkung des Bewusstseins von der Konzentration auf ein bestimmtes Bild.

Das Bewusstsein überlisten

Der „Trick" an diesen verschachtelten Realitäten besteht in der Ablenkung des Bewusstseins von der Konzentration auf ein bestimmtes Bild. Kaum stellt man sich die Bushaltestelle vor, werden die Gedanken schon nach Australien gelenkt. Es tauchen Landschaften und Meere auf. Kaum ist man dort, lernt man schon einen Ureinwohner kennen, den man sich wiederum – ob man will oder nicht – vorstellen muss ... usw. Spätestens bei der dritten Schachtel gibt unser Bewusstsein das haargenaue Aufpassen auf und fängt an, sich mit der Geschichte treiben zu lassen. Kommt man beim Geschichtskern an – in diesem Fall bei unserem Modell für eine tiefe, angenehme Trance – ist das Bewusstsein schon in einen fließenden Zustand übergegangen und befindet sich somit auf dem Weg zu einer Trance.

Auf Gedankenreise gehen

Denken auch Sie sich eine Geschichte mit mehreren Schachteln aus, die Sie ganz allmählich zu Ihrem Trancemodell hinführt. Wenn Sie dann die einzelnen Schichten nach und nach erleben, werden Sie unweigerlich ins Gedankenschweifen hineingeraten. Stellen Sie diesen leichten Trancezustand fest, legen Sie wieder die Fingerspitzen aneinander und fangen mit dem Sinnieren über ein bestimmtes Thema an, indem Sie – genau wie Ihr Trancevorbild – viele Gedanken und Ideen produzieren. Nach etwa zehn Minuten Trance-Beschäftigung mit diesem Thema kommen Sie dann wieder auf Ihre Geschichte zurück.

- Schließen der innersten Schachtel:
  „... und wenn dieser weise Mann dann seine Augen wieder öffnete, hatte er immer eine gute Idee von seiner Reise nach innen mitgebracht ..."
- Schließen der dritten Schachtel:
  „... Das jedenfalls erzählte der junge Aborigine meinem Schulfreund in der Zeit, ..."
- Schließen der zweiten Schachtel:
  „... in der mein Schulfreund in Australien lebte und arbeitete."
- Schließen der ersten Schachtel:
  „... Nach dieser Geschichte kam dann der Bus. Mein Schulfreund und ich stiegen ein und unterhielten uns weiter."

Dieses „wieder einpacken“ der Schachteln hilft Ihnen, auf eine sanfte Weise aus der Trance ins Wachbewusstsein zurückzukehren, ganz gemäß der Regel: Wie man in die Trance hineingeht, geht man auch wieder hinaus. Dann recken und strecken Sie sich wieder und bewegen sich im Raum.

Übrigens eignet sich die Verschachtelungstechnik besonders gut, um Kindern etwas Wichtiges beizubringen. Im Kern der Geschichte taucht dann ein Modell auf, das besonders gern aufräumt, mutig zum Zahnarzt geht, konzentriert an einer Aufgabe arbeitet usw. Kindern kann man besonders gut ansehen, wenn sie in Trance gehen. Da sie in diesem Zustand hoch lernfähig sind, lohnt sich die kleine Mühe einer Verschachtelungs-Geschichte allemal. Man erzielt so schneller Erfolge, als wenn man seinem Kind endlos zureden oder es ermahnen muss.

Erfolgreiche Vorbilder imitieren

Die einfachste Methode des Nachmachens besteht in der Technik, sich „in eine andere Person hineinzuversetzen“. Das Ziel ist nicht, komplett dieser andere Mensch zu werden, sondern sich nur eine „Kleinigkeit auszuleihen“, die dem anderen noch nicht einmal weh tut, da er oder sie den Verlust überhaupt nicht bemerkt. Diese Kleinigkeiten können sein:

Mimik
- Stirn
- Augenbrauen
- Augenausdruck
- Mund
- Kinnpartie

Haltung und Gesten
- Schultern
- Rücken
- Bewegungen
- die Art des Stehens
- Gestik

Stimme
- Tonfall
- Sprechgeschwindigkeit
- Lautstärke
- Satzmelodie
- Sprachniveau

Wie Sie diese einzelnen Ausdrucksformen dann „klauen“ können, zeigt Ihnen die folgende Übung.

ÜBUNG: Selbstsicherheit „klauen“

1. Denken Sie an eine Situation, in der Sie mit sich selbst nicht so zufrieden waren: Sie hätten sich eigentlich mehr Selbstsicherheit gewünscht.

2. Suchen Sie sich jetzt ein „Modell“ für Selbstsicherheit: Freund oder Freundin, einen Schauspieler, Kind oder Greis – die Hauptsache ist, dass Sie urteilen: „Diese Person hätte sich da bestimmt ganz selbstsicher und gelassen verhalten.“

3. Nun versetzen Sie sich in eine leichte Trance. Benutzen Sie die Eselsbrückentechnik oder die Verschachtelungstechnik. Wenn Sie einen leichten Trancezustand wahrnehmen, legen Sie die Fingerspitzen aneinander.

4. Jetzt sehen Sie sich die vergangene Situation wie einen Film von außen an. Auch sich selbst sehen Sie von außen. Fragen Sie sich: Wirkt diese Person – mein eigenes Ich – tatsächlich etwas unsicher? Woran liegt das? Manchmal gibt es bei der Außensicht auch eine positive Überraschung: Man wirkt viel souveräner, als man zunächst annahm.

5. Nun kommt die „Klappe 2“. Hier wird jetzt Ihre Person durch Ihr „Selbstsicherheitsmodell“ ausgetauscht. In dieser Szene steht Ihr Modell stellvertretend für Sie die Situation durch – selbstsicher und gelassen.

6. Überlegen Sie: Woran liegt es, dass Ihr Modell so selbstsicher wirkt? Benutzen Sie zum Nachdenken die Kriterien der Modellliste: Welche Kleinigkeiten machen die gelassene Ausstrahlung aus? Suchen Sie sich mindestens drei Merkmale heraus und nehmen Sie sich vor, diese später aufzuschreiben.

   ....

   ....

   ....

7. Jetzt folgt die „Klappe 3“: Sie gehen auf die „Bühne“ und werden eins mit Ihrem Modell. Schlüpfen Sie ganz in diese Person hinein: Sie sehen mit den Augen Ihres Modells, hören mit dessen Ohren, spüren Mimik und Muskulatur. Durchleben Sie nun als Ihr Modell die Szene. Spüren Sie die Selbstsicherheit Ihres Modells am eigenen Körper.

8. Jetzt lösen Sie sich wieder von Ihrem Modell. Werden Sie wieder Sie selbst. Welche Eigenschaft Ihres Modells bleibt Ihnen jetzt in besonders positiver Erinnerung?

9. Nun denken Sie an eine zukünftige Situation, in der Sie die Fähigkeiten oder Verhaltensweisen Ihres Modells benutzen möchten. Leben Sie die Situation schon jetzt in Trance mit der neu gewonnenen Selbstsicherheit durch.

10. Jetzt kommen Sie wieder aus der Trance heraus: Schließen Sie die Geschichtsschachteln und/oder nehmen Sie wieder ganz bewusst die Sinnesreize Ihrer Umwelt wahr. Sie recken und strecken sich und bewegen sich im Raum. Die „Tricks" Ihres Selbstsicherheitsmodells stehen Ihnen ab jetzt bewusst und unbewusst zur Verfügung.

Hinweise zur Übung:

- Beobachten Sie andere Menschen, wann immer Sie können: im Fernsehen, im Zug, im Supermarkt. Kommt Ihnen jemand besonders selbstsicher und gelassen vor, fragen Sie sich: Woran genau liegt es, dass der/die so auf mich wirkt? Gehen Sie immer wieder die „Modellliste" durch und eignen Sie sich die entscheidenden kleinen Signale selbst an. Vertiefen Sie die Erkenntnisse dann mit Hilfe dieser Trance-Übung.
- Entwickeln Sie Ihren „siebten Sinn" für die scheinbaren Kleinigkeiten der menschlichen Ausstrahlung. Beispielsweise wirken etwas „schmalere" Augen oft selbstsicherer als weit aufgerissene, eine etwas tiefere Stimmlage überzeugender als eine hohe.

Trance und Gesundheit

Die „Zauberhand"

Trancezustände sind besonders gut geeignet, um positive körperliche Gefühle und Heilungsprozesse zu unterstützen.

Vor allem im Gesundheitstraining hat die Hypnose schon lange ihren festen Platz. Trancezustände sind besonders gut geeignet, um positive körperliche Gefühle und Heilungsprozesse zu unterstützen und zu beschleunigen. Die eigene Heilkraft des Körpers ist enorm. Bricht sich jemand beispielsweise ein Bein, so muss der Arzt das Bein zwar richten und gipsen – jedoch die Heilung an sich, das Zusammenwachsen der Knochen, organisiert der Körper allein. Ein weiteres Beispiel für diese körpereigenen Kräfte ist der so genannte Placeboeffekt, der mittlerweile auch von Wissenschaftlern nicht mehr als „Einbildung" gesehen wird, sondern als eine erstaunliche Heilleistung des Körpers.

Nicht zu unterschätzen – der Placeboeffekt

Der Placeboeffekt beruht auf der Gabe eines Scheinmedikamentes – des Placebos – das in Wirklichkeit keinerlei Wirkstoffe enthält. Bei vielen Menschen wirken diese Scheinpillen aber dennoch schmerz- und beschwerdelindernd. Heute weiß man, dass besonders fantasievolle Personen diesen Effekt erleben. Sie stellen sich die Linderung ihrer Beschwerden nach der Gabe des Placebos derart lebhaft vor, dass der Körper daraufhin tatsächlich beginnt, einen Heilprozess einzuleiten, was die Forschung eindrucksvoll beweisen konnte. Demnach produziert der Stoffwechsel nach der Einnahme eines Schmerzmittel-Placebos tatsächlich und real einen Zuschuss an körpereigenen Schmerzmitteln. Diese so genannten Endorphine gehören zur Gruppe der Opiate und wirken ähnlich schmerzlindernd wie beispielsweise Morphium. Seit Jahrtausenden arbeitet man bei Heilritualen mit dem „Handauflegen", was bei vielen Menschen ebenfalls einen positiven Placeboeffekt bewirkt. Daher möchte ich Ihnen hier eine Selbsthypnoseübung vorstellen, die etwas mit der Heilkraft Ihrer eigenen Hände zu tun hat. In der Wortwahl der Übung werden Sie die „Wahrheitstechnik" wiederentdecken.

Die Wahrheitstechnik

Die „Wahrheitstechnik" ist besonders gut geeignet, in sich einen gewünschten Zustand aufzubauen, für den Sie dann selbst ein Wort wählen sollten: innere Ruhe, Energie oder Power, Selbstsicherheit usw. Schreiben Sie sich mindestens drei Eigenschaften auf, die diesen Zustand Ihrem individuellen Empfinden nach ausmachen – wie hier am Beispiel „Energie" beschrieben:

- Leichtigkeit
- Wachsein
- Bewegungsfreude
- die Energie fließt von unten nach oben durch den Körper – wie ein Springbrunnen.

Diese einzelnen Wahrnehmungen bauen Sie dann mit der „Wahrheitstechnik" in sich auf. Das Prinzip ist ganz einfach: Sie nehmen jetzt eine Reihe von Dingen wahr, die real sind und demnach stimmen und richtig sind: Sie halten ein Buch in der Hand, Sie lesen, Sie atmen, Ihr Herz schlägt. Ab und zu müssen Sie beim Weiterlesen eine Seite umblättern. All das ist wahr. Diese Wahrheit wird in einen Satz verpackt, der jedoch noch aus einem zweiten Teil besteht: einer Suggestion über den positiven Zustand, in den Sie sich versetzen möchten:

Wahrer Teil	Suggestionsteil
Ich halte ein Buch in der Hand, und während ich lese ...	... spüre ich, wie sich irgendwo in meinem Körper ein leichtes Gefühl auszubreiten beginnt.
Bei jedem Atemzug ...	... fällt ein kleiner Teil meiner Müdigkeit von mir ab.
Ich spüre deutlich, wie mein Herz schlägt und dabei ...	... steigt in mir der Wunsch auf, loszurennen und ausgelassen umherzuspringen.
Bei jeder Seite, die ich umblättere ...	... wird die aufsteigende Energie eine kleines bisschen stärker.

In der Suggestionssprache ist die Wortwahl möglichst unpräzise, damit viel Platz für den Placeboeffekt bleibt: „irgendwo im Körper", „ein Gefühl beginnt". Darunter kann man sich viel oder wenig vorstellen – je nach persönlichem Tempo. Der Satz ist so offen formuliert, dass jeder die Chance hat, eine „leichte Stelle" im Körper aufzuspüren – und sei sie auch nur so klein (bzw. groß) wie ein Stecknadelkopf. Auch die aufsteigende Energie wird nicht gleich in vollem Schwall eingeschaltet, sondern „dosiert", so dass jeder sich wiederum etwas darunter vorstellen kann: sie wird „ein kleines bisschen stärker".

Wahrheit und Suggestion verknüpfen

Der Zauber dieser Methode liegt in der Satzkonstruktion. Von klein auf an sprechen wir unsere Muttersprache. Wir wissen intuitiv, dass Sätze einen Punkt haben. Dieser Punkt macht den Satz „zu", so wie man eine Tür schließt. Hat ein Satz keinen Punkt, dann ...

Haben Sie gerade eben wahrgenommen, wie schnell man irritiert ist, wenn ein Satz keinen endgültigen Punkt hat? Es entsteht das ungemütlich Gefühl, das man auch empfindet, wenn der Letzte vergessen hat, die Haustür zu schließen. Ist ein Punkt hinter dem Satz, erleben wir ihn als „geschlossen". Bei der Wahrheitstechnik nun verpacken wir eine „Wahrheit" mit einer „Suggestion" zusammen in einen Satz-Raum und machen dann die Tür mit dem Punkt zu. Schon sind Wahrheit und Suggestion verknüpft, nach dem Motto: Wenn der Satz mit einer Wahrheit anfängt, ist der Rest auch wahr. Wir arbeiten hier mit einem tief verankerten Gewohnheitsgefühl des Gehirns bei der Satzbildung. Beginnt ein Satz mit einem Gefühl von Richtigkeit, wird der ganze Satzinhalt komplett als richtig abgespeichert.

Fließende Übergänge schaffen

Sie können alle Außenwahrnehmungen als „Wahrheitsteil" in einen Selbsthypnosesatz einbauen und dann mit einem Erlebniselement Ihres Zielzustandes verknüpfen: was Sie gerade sehen, hören, fühlen, riechen und schmecken, z.B.: „Ich höre, wie ein Auto vorbeifährt. Und während sich das Geräusch in der Ferne verliert (wahr), spüre ich, wie sich eine Form von Ruhe in meinem Körper ausbreitet (Suggestion, unpräzise Wortwahl)." Sorgen Sie in jedem Fall dafür, dass Sie die positiven Erlebniselemente sprachlich sanft mit offenen Formulierungen einführen. Auf diese Weise wird dann die Außenwelt mit inneren positiven Zuständen verknüpft, Ihre Sinneswahrnehmung wird zum Souffleur für das Aufrufen Ihrer inneren Kraftquellen.

ÜBUNG: Die „Zauberhand“

1. Setzen oder legen Sie sich bequem hin. Konzentrieren Sie sich auf Ihre beiden Hände. Spüren Sie die Unterlage, die Ihre Hände berühren. Und während Sie diese äußere Berührung spüren, nehmen Sie wahr, dass Sie auch tief drinnen in den Händen etwas fühlen ... sei es in der Handfläche, in den Knöcheln, in den Fingerspitzen ...

2. Nehmen Sie diese Gefühle im Handinnern wahr und spüren dabei, dass diese Empfindungen so etwas wie eine Energie darstellen, eine positive Energie! Und während Sie darüber nachdenken, überlegen Sie einmal: In welcher der beiden Hände ist diese positive Energie stärker – in der rechten oder in der linken?

3. Egal, welche Hand es nun ist – Sie bewegen jetzt eine der beiden Hände. Und wenn sich die eine Hand bewegt, scheint sie wie von selbst zu einem Körperbereich zu wandern, der dringend etwas Positivenergie benötigt. (Sie suchen sich bitte zunächst eine Stelle aus, wo die Hand bequem hinwandern kann.)

4. Und gleich beim Auflegen merken Sie, wie die gute Energie der Hand in diesen Körperbereich hineinfließt. Dabei entsteht eine bestimmte Temperatur. Und je länger die Hand dort ist, desto tiefer dringt die gute Energie in jede Körperzelle ein – sie erreicht nicht nur die Oberflächen des Gewebes, sondern auch die Schichten darunter.

5. Und Sie wissen ja auch, dass unser Körper verbunden ist durch Nerven, Gefäße, Knochen, durch die Haut ... und über diese Wege kann jetzt die gute Energie überall dort hinfließen, wo sie gebraucht wird.

6. Je länger die Hand dort ist, desto mehr spüren Sie die gute Wirkung ...

Hinweise zur Übung:

- Auf diese Weise kann die Hand mit ihrer positiven Energie jetzt zu allen Körperbereichen wandern. Natürlich können und dürfen sich die „guten Hände“ zwischendurch auch abwechseln. Sie können diese Übung fortsetzen, solange es Ihnen gut tut. Dabei können Sie sowohl die Handfläche als auch den Handrücken auflegen. Wichtig ist, dass Sie auch beim inneren Denken die Satzgestaltung der „Wahrheitstechnik" benutzen. Der „wahre Teil" ist hier Ihre Hand, die ja wirklich beim Auflegen zu spüren ist. Zuvor haben Sie die Hand durch die „Wahrheitstechnik" mit positiver Energie „aufgeladen". Sie können noch mit anderen Sätzen die Wirkung verstärken: „Und während ich jetzt atme, geschieht dies und das ..." Ihrer Kreativität sind da keine Grenzen gesetzt.

- Sie können das Gefühlserlebnis noch durch die anderen Sinneskanäle unterstützen: Die Energie hat ein bestimmtes Licht oder eine Farbe, die überall hinkommt, die gute Energie wird von einem leisen „Heilton" begleitet, der die Zellen erreicht und in „gute Stimmung" versetzt usw.

Schlafend arbeiten

Wie man Traumaufträge erteilt

Kennen Sie noch den alten Kindertraum vom Schulbuch unter dem Kopfkissen, dessen Wissen im Schlaf vom Gehirn aufgenommen wird? Es wird Sie freuen, zu hören, dass diese Geschichte keinesfalls nur ein Märchen ist. Ein Teil ist wirklich wahr: Hat man vor dem Einschlafen wirklich in das Schulbuch hineingesehen und Vokabeln oder Formeln gelernt, so werden diese sich über Nacht tatsächlich besonders gut einprägen. Denn diese Wahrnehmungen sind mit der letzte „Input", den das Gehirn kurz vor dem Einschlafen erhält.

Das Gehirn – ständig in Aktion

Dazu sollte man wissen, dass unser Gehirn alle Sinnesreize nicht nur im Moment der Wahrnehmung registriert. Gehirnforscher haben herausgefunden, dass bestimmte Informationen sich noch vier bis sechs Wochen nach dem Wahrnehmungsereignis im Gehirn „herumtreiben" können, bevor sie ihren endgültigen Speicherplatz im Nervensystem gefunden haben. Die Gehirnzellen geben die Neuigkeiten untereinander weiter, so dass diese sich in den entsprechenden Wochen im Schneeballsystem verbreiten. „Im Nervensystem geht es zu wie in einem Nachbarhaus – wenn eine Zelle etwas Neues weiß, erfahren es nach kurzer Zeit auch alle anderen", erzählte mir neulich ein bekannter Gehirnforscher anlässlich eines Vortrags zu diesem Thema.

Gehirnforscher haben herausgefunden, dass bestimmte Informationen sich vier bis sechs Wochen nach dem Wahrnehmungsereignis im Gehirn „herumtreiben" können, bevor sie ihren endgültigen Speicherplatz im Nervensystem gefunden haben.

Permanente Speichertätigkeit

In einigen Kliniken hat dieses relativ neue Wissen bereits zu praktischen Konsequenzen geführt: Man spielt Patienten während der Operation über Kopfhörer ihre Lieblingsmusik vor, damit die mit dem Eingriff verbundenen Geräusche nicht die Hörnerven „berühren" können. Obwohl ein narkotisierter Mensch natürlich nicht auf Geräusche reagiert, arbeiten die Hörreize noch Stunden und Tage nach der Operation weiter und führen in seltenen Fällen sogar zu Erinnerungserlebnissen an den Eingriff. Früher hielt man diese Erzählungen von Patienten für Fantasien, doch heute hat die Gehirnforschung bewiesen, dass diese Patienten sich sehr wohl erinnern können.

Auch unsere Umgangssprache beschreibt das zeitliche Verbreitungsphänomen in der Wahrnehmungsverarbeitung: „Das muss ich erst einmal sacken lassen“, sagen wir nach dem Erhalt einer wichtigen Information oder man ist der Meinung, dass „eine Idee noch nicht reif ist“. Diese Redewendungen deuten ebenfalls auf einen längeren Prozess bei der Verarbeitung und der Entwicklung von Informationen und kreativen Ideen hin.

Die Katapulttechnik

Sie wissen, wie ein Katapult funktioniert? Man zieht einen Gegenstand an einem elastischen Band zunächst in die entgegengesetzte Richtung des eigentlichen Ziels – also vom Ziel weg – und lässt dann Band nebst Gegenstand einfach los. Der Rest erledigt sich von allein: Der Gegenstand fliegt auf sein Ziel zu. Und je stärker man zuvor zurückgezogen hat, desto höher ist die Geschwindigkeit. Die anschließende Trance-Selbstinstruktion verfolgt das gleiche Prinzip, wie Sie dem folgenden Text leicht entnehmen können:

1. Setzen oder legen Sie sich bequem hin. Schließen Sie die Augen. Spüren Sie das angenehme Gefühl an den Augäpfeln, wenn diese von den Augenlidern bedeckt und geschützt werden.
2. Nun öffnen Sie wieder die Augen. Schauen Sie sich ganz bewusst im Raum um – etwa 30 Sekunden lang. Suchen Sie sich einen Gegenstand aus, der Ihnen besonders gut gefällt.
3. Schließen Sie die Augen, atmen Sie tief und ruhig durch. Spüren Sie die Ruhe, die sich durch ein regelmäßiges Atmen im Körper auszubreiten beginnt. Lassen Sie den Atem im Körper fließen.
4. Jetzt öffnen Sie wieder die Augen. Schauen Sie sich im Raum um. Spannen Sie alle Muskeln bewusst an.
5. Schließen Sie die Augen und lockern Sie wieder alle Muskeln. Fühlen Sie, wie angenehm die Entspannung jetzt im Körper wirkt. Genießen Sie die Ruhe ...
6. Nun öffnen Sie wieder die Augen. Suchen Sie sich einen Punkt, auf den Sie schauen. Dann zählen Sie mit geöffneten Augen langsam bis 10.
7. Nun schließen Sie wieder die Augen und zählen innerlich ganz langsam von 10 bis 0 rückwärts. Und bei jeder Zahl, die Sie rückwärts zählen, fühlen Sie sich ein kleines bisschen wohler.

Die Außenwelt ausblenden

Der Clou an der Katapulttechnik ist folgender: Je öfter man immer wieder die Augen öffnet, desto größer wird der innere Widerstand gegen jegliche Außenorientierung. Man möchte die Augen immer lieber einfach geschlossen halten und die innere Ruhe genießen. Bei jedem Augenschließen fällt man dann etwas tiefer in Trance. Das ist der Katapulteffekt. Man spricht hier auch von der „fraktionierten" Tranceinduktion.

Setzen Sie das Vorwärts- (Augen auf) und Rückwärtszählen (Augen zu) stets als letzten Schritt ein, bevor Sie ganz in die Trance übergehen. Zum Schluss mag man gar nicht mehr die Aufmerksamkeit nach außen richten und fühlt sich so richtig „kuschelig" in einer angenehmen Trance. In diesem Moment legen Sie wieder die Fingerspitzen aneinander und widmen sich Ihrem Thema:

- einer Reise an einen schönen Ort
- dem inneren Aufbau eines positiven Zustands
- der Beschäftigung mit einem positiven Modell in einer für Sie (bisher) nicht so einfachen Situation
- dem Erteilen von „Traumaufträgen" – das gleich beschrieben wird

Störende Wahrnehmungen integrieren

Versuchen Sie nicht, unangenehme Wahrnehmungen krampfhaft abzuschalten. Nutzen Sie gezielt Assoziationen, um sich weg von der störenden Wahrnehmung und hin zu schönen und entspannenden Gedanken zu bewegen. Machen Sie diese störende Wahrnehmung zu einem Bestandteil der kraftspendenden Fantasie.

Die Katapulttechnik können Sie nicht nur in der entspannten Liegeposition durchführen, sondern auch in den Berufsalltag integrieren. Sie können sie unbemerkt während einer langen Besprechung einsetzen, ohne dass man raten kann, was Sie da gerade treiben. Selbst beim Autofahren können Sie die Übungsschritte während einer Reise ablaufen lassen, anstatt Radio zu hören oder mit dem Beifahrer zu sprechen.

Unbewusst lernen

Vor dem Hintergrund dieses Wissens versteht es sich von selbst, dass Selbsthypnose, Wissensverarbeitung und natürlicher Schlaf eine ideale Kombination des Selbstmanagements darstellen. Wichtig ist allerdings, dass das Betrachten oder Aufnehmen von Lernstoff in einem gelassenen Zustand geschieht. Lernen Sie beispielsweise Vokabeln, ist es völlig in Ordnung, wenn ein Teil vor dem Einschlafen noch nicht sitzt. Sie bieten den Stoff nur ganz freundlich Ihren Augen und vielleicht Ihren Ohren (durch lautes Sagen) an, legen den Lernstoff zur Seite, begeben sich mit Ihrer Lieblingstechnik in Trance und lassen dann die Trance ins Einschlafen übergehen. Das Gehirn liebt eine freundliche Ansprache und wird sich die Nacht über jetzt gern mit den interessanten Neuigkeiten beschäftigen. Wann immer Sie tagsüber mit Ihren Lern- und Denkthemen „fest hängen", legen Sie diese zur Seite. Abends bieten Sie dann die Aufgaben und Themen nett und entspannt nochmals Ihrem Gehirn an und schlafen dann ein. Sie werden staunen – und sich freuen –, auf welch angenehme Weise Sie so mit Ihren Denk- und Lernprozessen weiterkommen.

Das Gehirn liebt eine freundliche Ansprache und wird sich die Nacht über jetzt gern mit den interessanten Neuigkeiten beschäftigen.

Probleme im Schlaf lösen

Es versteht sich von selbst, dass gerade auch die Übung „Strategien zur Kreativitätssteigerung", die Sie auf Seite XX kennen gelernt haben, sich hervorragend für das „Arbeiten im Schlaf" anbieten. Hier hatte ich Ihnen empfohlen, Ihre Denkaufgabe auf einen Zettel zu schreiben und dann zu „vergessen". Dieses Vorgehen können Sie hier kombinieren: Schreiben Sie Ihr Thema auf einen Zettel. Legen Sie sich ins Bett und zeigen Sie den Zettel nochmals freundlich Ihren Augen – und vielleicht auch Ihren Ohren. Dann legen Sie ihn tatsächlich unters Kopfkissen und verweben das Thema – wie gleich in der Übung beschrieben – mit einer angenehmen Einschlaftrance.

Mentaler Trick mit Tradition

Ich war übrigens sehr begeistert, als ich eines Tages auf einem Weihnachtsmarkt winzige Püppchen entdeckte, die in einem kleinen Säckchen aufbewahrt werden. Dazu gab es folgende Gebrauchsanweisung: „Abends erzählen Sie den Püppchen Ihre Sorgen. Legen Sie sie in den Beutel und diesen unter das Kopfkissen. Am Morgen finden Sie nur noch die Püppchen vor, die Sorgen sind weg. Alter Brauch der Hochlandindios Guatemalas." Demnach handelt es sich bei der Technik der „Traumaufträge" um eine uralte Methode, die wir heutzutage nur wiedererlernen müssen. Vielleicht mögen auch Sie sich diese Püppchen besorgen, die nachts für Sie arbeiten

– manchmal findet man sie in Geschäften für alternatives Kinderspielzeug oder in Geschenkartikelläden. Ich selbst kaufte mir gleich bei der Entdeckung zehn von den Säckchen, woraufhin der Verkäufer mich erstaunt fragte: „Ist es denn so schlimm?“

Der innere Ratgeber

Zur Aktivierung brachliegender Kraftquellen hat sich auch die Metapher vom „inneren Ratgeber“ bewährt. Diese mentale Strategie funktioniert nach dem gleichen Prinzip wie die Sorgenpüppchen: Das Problem, für das Sie eine Lösung suchen, wird einer vorgestellten Person zur Bearbeitung übergeben. Es geht nun zunächst darum, eine lebhafte und ganz persönliche Vorstellung von diesem inneren Ratgeber zu entwickeln. Manche Menschen stellen ihn sich als weisen Guru, als Schamanen oder Einsiedler vor, andere bevorzugen innere Bilder von Feen, Zauberern und anderen Fabelwesen. Oft wird auch einem Tier diese Rolle zugesprochen – einem Elefanten oder einem Vogel.

Wie man mental in Beratung geht

Von Bedeutung ist auch das innere Bild von dem Ort, an dem der innere Ratgeber Hilfe und Ideen vermittelt. Es könnte sich dabei um eine Höhle, ein Zelt oder einen Tempel handeln. Vielleicht sitzt er auch unter einem Baum. Sie versetzen sich nun – möglichst kurz vor dem Einschlafen – in eine leichte Trance und stellen sich vor, wie Sie den inneren Ratgeber an diesem Ort aufsuchen. Sie schildern ihm das Problem und bitten ihn darum, Ihnen bei der Suche nach Lösungen behilflich zu sein. Dann verabreden Sie mit dem Ratgeber, wie lange die Ergebnisentwicklung dauern wird. Sie verabschieden sich, lösen sich wieder aus der Trance und warten den Verlauf der Dinge ab.

Den richtigen Zeitpunkt abwarten

Wenn sich die ersten Ergebnisse in Form von ideenreichen Gedanken einstellen, bedanken Sie sich bei Ihrem inneren Ratgeber dafür. Sollten sie sehr lange aus sich warten lassen, wiederholen Sie Ihren „Besuch“ und schildern Ihr Anliegen nochmals in dringlichen Worten. Sie sollten das aber nicht allzu häufig tun, sondern nur im Abstand von ein paar Tagen.

Es ist für Sie wichtig, sich daran zu gewöhnen, dass die Lösungswege des Gehirns einen eigenen zeitlichen Rhythmus haben. Vergleichen Sie das Konsultieren des inneren Ratgebers mit dem Vorgang des Säens: Sie können für die optimale Pflege der Saat sorgen – das Wachstum der Pflanze folgt jedoch eigenen Gesetzen. Genauso verhält es sich mit der Entwicklung Ihrer Ideensaat.

ÜBUNG: Traumaufträge erteilen

1. Suchen Sie sich eines der folgenden beiden Themen aus. Wählen Sie zum Üben wieder nur „mittelwichtige" Projekte:
   - Sie wollen sich ein bestimmtes Wissen einprägen.
   - Sie suchen nach einer guten Idee für ein bestimmtes Thema bzw. eine bestimmte Aufgabe.

   Mein Thema heißt ....

2. Sie legen sich nun den Wissensstoff bereit oder schreiben die Aufgabe, für die Sie eine Idee suchen, auf einen Zettel.

3. Sie zeigen den Wissensstoff oder den Aufgabenzettel über Augen und Ohren nochmals Ihrem Gehirn – aber bitte freundlich und gelassen.

4. Nun legen Sie den Zettel unters Kopfkissen bzw. den Wissensstoff neben das Bett.

5. Schließen Sie die Augen und begeben sich mit Ihrer Lieblingstechnik in eine leichte Trance.

6. In der Trance angekommen, legen Sie die Fingerspitzen aneinander und arbeiten Sie mit der Wahrheitstechnik weiter:
   „Ich fühle meine geschlossenen Augen und weiß dabei, dass sich jetzt meine geistigen Augen weiter mit dem Thema/dem Wissen beschäftigen."
   „Und mit jedem Atemzug spricht sich das Thema/das Wissen jetzt weiter in meinen Gehirnzellen herum."
   „Ich spüre die Wärme unter der Bettdecke und merke dabei, wie jetzt auch die Verbindungen zwischen den Gehirnzellen warmlaufen, um sich gleich im Schlaf mit dem Thema/dem Wissen zu beschäftigen." ...

7. Wenn Sie mögen, stellen Sie sich jetzt die vielen Milliarden Gehirnzellen und deren Verknüpfungen vor, wie sie Kontakt haben und „bunte“ Informationen austauschen.

8. Hier geht dann die Trance allmählich in den Schlaf über. Es ist selbstverständlich, dass sich im Schlaf – der noch ein ganz anderer Zustand als die Trance ist – die Fingerspitzen wieder voneinander lösen werden.

Hinweise zur Übung:

- Sie können sich auch beim Einschlafen vom eigentlichen Thema wieder lösen. Die Bearbeitung ist jetzt „gestartet“ und läuft von allein weiter. Wenn Sie möchten, können Sie sich noch kurz in Trance mit den Gedanken an ein erfrischtes und ausgeruhtes Erwachen beschäftigen.
- Die Lernpsychologie hat herausgefunden, dass unser Gehirn beim Lernen Wiederholungen liebt. Dabei ist es wichtig, sich immer wieder vom Lernstoff zu lösen, um ihn dann am nächsten Tag dem Gehirn wieder zu „zeigen“. Dreimaliges Wiederholen fördert die Lernleistung enorm. Am besten sollte man noch eine Woche später eine weitere Wiederholung einschalten.
- Hier noch ein Lerntipp: Sicher kennen Sie schon die Karteikartentechnik: Sie schreiben beispielsweise jede Vokabel auf ein Kärtchen und auf die Rückseite die deutsche Übersetzung. Nun gehen Sie die Lernkärtchen durch und legen die zur Seite, die Sie schon kennen. Auf diese Weise wird das Wissenshäufchen immer größer und das Lernhäufchen optisch immer kleiner. Dieses „Seherlebnis“ ist eine besonders große Lernmotivation, weil man genau wahrnimmt, wie gut der Lernvorgang voranschreitet.

Ein letztes Wort zum Thema „Hypnose“

Sie haben in diesem Abschnitt eine Reihe von Trancetechniken kennen gelernt und erfahren, zu welchen Themen Sie diese einsetzen können. Dem Gehirn ist es nämlich gleich, ob seine gesteigerte Leistungsfähigkeit in der Trance zur Gewinnung neuer Erkenntnisse, zum Einprägen von Wissen oder zum individuellen Erfolgstraining genutzt wird. Daher können Sie die Übungen, die Sie bisher in diesem Buch kennen gelernt haben, mit der Selbsthypnose kombinieren. Probieren Sie es aus.

BEZIEHUNGEN LEBENDIG GESTALTEN

Das Thema Beziehungen ist – ebenso wie das Thema Hypnose – derart umfangreich, dass am Ende dieses Buches nur noch Platz für einige Anregungen bleibt. Für die meisten Menschen ist es das wichtigste Thema überhaupt. So hat man herausgefunden, dass das Eingebunden-Sein in ein Netz von zufriedenstellenden sozialen Kontakten für uns Menschen lebensverlängernd wirkt. Entsprechend zeigt sich auch ein deutlicher Zusammenhang zwischen Einsamkeit und psychosomatischen Erkrankungen. Daher ist jede Form von Beziehungspflege eine Investition in Ihre Gesundheit und in langfristige Lebensqualität.

Das Eingebunden-Sein in ein Netz von zufriedenstellenden sozialen Kontakten wirkt für uns Menschen lebensverlängernd.

Soziale Verbindungsmotive

Nun gibt es eine ganze Reihe von Möglichkeiten, Beziehungen herzustellen und aufrechtzuerhalten:

- **Bewunderung:** Eine Person ist besonders schön, hat ein tolles Haus, eine außergewöhnliche Begabung – die nicht unbedingt ehrenvoll sein muss, um zu wirken. So kann in gewissen Kreisen eine durchaus ernstgemeinte Bewunderung für einen perfekten Profikiller entstehen.
- **Leistung:** Ein Mensch vermag etwas Bestimmtes so schnell, perfekt, dauerhaft und am Ende auch noch zuverlässig zu leisten, dass man deshalb auf ihn oder sie einfach nicht verzichten kann.
- **Macht:** Hier wird die Beziehung auf einer hierarchischen Ebene geregelt. Der Untergeordnete muss tun, was der Übergeordnete möchte – ansonsten gefährdet er die eigene Position. Deshalb heißt die Kehrseite der Macht oft auch Angst.
- **Pflicht:** Es gibt feste Regeln, die verbindlich festlegen, was Menschen füreinander zu tun haben. Die Kehrseite der Pflicht heißt oft Schuld.
- **Dankbarkeit:** Sie ist die freundliche Variante der Pflicht. Ihre Kehrseite heißt manchmal schlechtes Gewissen.
- **Solidarität:** Sie ist eigentlich ein Versprechen, das man anderen und sich selbst gibt: Jemand mag sein, wie er will – ich halte zu ihm.

Besonders beständig – Sympathie

Die bisher genannten Verbindungsmotive sind ausnahmslos sozial hochwirksam. Dennoch können sie alle gelebt werden – ohne dass man sich gegenseitig dabei besonders mögen muss. Deshalb scheinen diese Motive vielen Menschen auch völlig ausreichende Varianten von Verbundenheit zu den Mitmenschen zu sein. Diese Einschätzung kann ich jedoch nach jahrelanger Arbeit als Psychotherapeutin nicht teilen. Meiner Erfahrung nach sind die allerwichtigsten Verbindungsmotive zwischen den Menschen folgende: Sympathie, Freundschaft und Liebe. Diese Motive halten Strapazen aus, bei denen die zuerst genannten allzu oft versagen. Das finden Sie ganz einfach durch den „Alterstest" heraus. Sie wissen, dass wir Menschen heutzutage ohne weiteres über achtzig Jahre alt werden können. Wer sich da beispielsweise nur auf Eigenschaften und Fähigkeiten wie Schönheit, Leistung, Autoritär-Sein oder Aufopferungsgabe beschränkt, sieht im hohen Alter wirklich alt aus. Wenn Sie schon in jungen Jahren lernen, ein Sympathieband zwischen sich und anderen zu knüpfen, werden Sie sich auch im Alter auf Ihren Charme verlassen können.

Wenn Sie schon in jungen Jahren lernen, ein Sympathieband zwischen sich und anderen zu knüpfen, werden Sie sich auch im Alter auf Ihren Charme verlassen können.

Beliebtheit öffnet viele Türen

Tatsache ist, dass dies erwiesenermaßen auch ein wichtiges Thema für junge Menschen darstellt. So verfolgte man beispielsweise in einer amerikanischen Studie jahrelang den Werdegang einer großen Anzahl von Highschoolabsolventen und kam zu einem erstaunlichen Ergebnis: Zehn Jahre später gehörten die Abgänger mit den besten Noten keinesfalls zwangsläufig zu den beruflich Erfolgreichsten – wie man doch hätte meinen können. Gerade ehemals durchschnittliche Schüler wurden später zu Spitzenverdienern und Topmanagern. Ihr Geheimnis: Sie waren bei ihren Mitmenschen einfach besonders beliebt und erhielten in ihren Unternehmen vor allem auch deshalb besondere Chancen – die sie dann offensichtlich auch zu nutzen wussten.

Bewusst eine positive Wellenlänge erzeugen

Das soll nun nicht heißen, dass nur die Sympathie das alleinige Wundermittel für glückliche Beziehungen ist. Ist jemand nur nett und dabei unzuverlässig, kann das für eine Ehe oder Freundschaft eine erhebliche Belastung werden. Doch in Kombination mit den anderen Werten werden Beziehungen unendlich viel leichter und lebenswerter, wenn man sich gegenseitig schlichtweg mag, wenn die Beziehung beiden Menschen ein lebendiges und gutes Gefühl gibt. Doch eine gegenseitige Anziehung unterliegt nicht nur dem Zufall. Sie können regelrecht lernen, wie Sie mit anderen Menschen eine positive Wellenlänge herstellen können – auch mit ganz unterschiedlichen Persönlichkeiten. Lernen Sie nicht nur Fremdsprachen, Sportarten, Ihren Beruf, Geographie oder Geschichte – lernen Sie vor allem bis an Ihr Lebensende Menschenkenntnis.

Sie können lernen, wie Sie mit anderen Menschen eine positive Wellenlänge herstellen können.

Andersartigkeit tolerieren

Alle Menschen sind gleich – oder nicht?

In der Tat haben alle Menschen zwei Ohren, zwei Hände, eine Nase und vieles mehr gemeinsam. Doch gibt es im äußerlichen Erscheinungsbild auch erhebliche Unterschiede. Im Denken und Fühlen kann dieser Unterschied so gravierend sein wie zwei Welten. Unglücklicherweise gehen aber fast alle Menschen mit der festen Vorstellung in ihr Erwachsenenleben, dass die Mitmenschen im Denken und Fühlen gleich sind. Diese Annahme wird auch nicht in Frage gestellt – wozu denn auch? Man weiß ja jetzt durch die eigene Familie, einige Lehrer und Freunde ganz genau, wie die Menschen funktionieren – so meint man jedenfalls.

Von der Einzigartigkeit des Individuums

Tatsache ist aber, dass unser Gegenüber meist seine eigene Welt im Kopf hat.

Wenn unsere Mitmenschen dann nicht unseren Erwartungen gemäß handeln, sprechen und reagieren, kann das nur eine Ursache haben: Sie wollen uns gezielt ärgern, verunsichern oder gar beleidigen. Tatsache ist aber, dass unser Gegenüber meist seine eigene Welt im Kopf hat und uns als ebenso enttäuschend erlebt. Eigentlich handelt es sich um die gleichen Missverständnisse, wie zwischen Menschen unterschiedlicher Kulturen. Doch wenn Sie beispielsweise nach Japan reisen wollen, erkundigen Sie sich zuvor sorgfältig nach der Denk- und Gefühlswelt der Menschen aus der anderen Kultur. Sie gehen gar nicht automatisch davon aus, dass alle Menschen dort wie Sie selbst bewerten und empfinden. Ich möchte Ihnen vorschlagen, jeden Menschen wie einen Vertreter einer völlig anderen Kultur zu sehen und offen für sein innerliches Anders-Sein zu werden. Denn in vielen Familien werden gänzlich unterschiedliche Werte für wichtig oder unwichtig erachtet, weswegen wir in unserer Beziehungskultur manchmal nahezu gegensätzlich geprägt sind. Hierzu zwei Beispiele:

Beispiel 1 – Bereich Freundschaft

1. Die Freundinnen Sabine und Katja werfen sich gegenseitig ein „unmögliches" Diskussionsverhalten vor:
   - Katja leidet unter Sabines „Ausbrüchen". Für sie ist der Fall klar: Die Freundin will sie ihrer Meinung nach „an die Wand reden".
   - Sabine leidet unter Katjas „eiskalter Art". Sie weiß genau Bescheid über Katjas böse Absicht: Sie redet extra „von oben herab", damit Sabine sich „klein und doof" fühlen muss.

Unterschiedliche Lernprägung

Im Supervisionsgespräch mit beiden stellt sich dann heraus: Sabine wird im Meinungsaustausch laut, Katja in der Stimme leise. Das hat etwas mit ihren Lerngeschichten zu tun:

- Sabine wuchs auf einem Bauernhof auf. Die Familienmitglieder waren stets weit voneinander entfernt: im Stall, in der Küche, auf dem Feld. Wenn man sich verständigen wollte, musste man immer laut rufen. Das tat man nur, wenn man sich gerade gut verstand. War jemand böse oder beleidigt, wurde er oder sie leise, „einsilbig" und entzog sich so den anderen Familienmitgliedern. „Maulen" nannte man das. Wertschätzung wurde durch lautes und vernehmliches Sprechen und Rufen ausgedrückt.
- Katja wuchs mit drei Geschwistern und den Eltern in einer winzigen Zweizimmerwohnung auf. Gegenseitige Wertschätzung wurde durch Leise-Sein gelebt und ausgedrückt. Lautes Sprechen galt als rücksichtslos.
- Nur aus diesen Gründen wird Sabine in Diskussionen laut und Katja leise. Und deshalb erlebt Katja Sabine als „rücksichtslos" und Sabine Katja als „gefühlskalt". Das hat nichts mit böser Absicht zu tun, sondern nur mit der individuellen Lernprägung.

Beispiel 2 – Bereich Beziehung

David und Jasmin haben gerade ihr erstes Kind bekommen. Schon nach ein paar Wochen ist Jasmin unglücklich:

- David entpuppt sich als die große Enttäuschung. Anstatt ihr zu helfen, macht er so viele Überstunden wie nie zuvor. Er hat das Interesse an ihr und dem Kind verloren und flüchtet sich in die Arbeit – ihrer Meinung nach.

In der Supervision stellt sich heraus:

- Davids Eltern trennten sich, als er noch klein war. Es gab immer Ärger mit der Unterhaltszahlung des Vaters, weshalb er und seine Mutter häufig unter massiven Geldproblemen litten. Daher nahm David sich vor: Wenn ich ein Kind habe, kann meine Familie auf mich zählen – worunter er einen geregeltes Einkommen verstand. Also stürzte er sich nach der Geburt seines Kindes in seine Arbeit, um besonders gut für das Wohl seiner Familie zu sorgen.

  David und Jasmin hatten einfach eine unterschiedliche Vorstellung von dem, was „gut füreinander sorgen" in einer kleinen Familie genau bedeutet.

Ratespiele vermeiden

An den zwei Beispielen im Kasten können Sie nachvollziehen, wie kränkend für einen Menschen Aussprüche wie: „Du liebst mich nicht", „Du nimmst mich ja doch nicht wichtig" oder gar „Das machst du extra, um mich zu ärgern" sein können. Wir nennen diese Interpretationen Gedankenlesen. Man tut so, als wüsste man genau über den anderen Bescheid. Wann immer Sie erleben, dass Ihr Gegenüber voller Abwehr auf Ihr Gedankenlesen reagiert, gehen Sie davon aus, dass Sie seine oder ihre Gedanken tatsächlich falsch gelesen haben, anstatt zu vermuten, dass die Abwehr nur ein zusätzlicher, ganz besonders durchtriebener Trick ist.

Die Absichten des anderen ergründen

Finden Sie wie ein Detektiv etwas über die bewussten und unbewussten Maßstäbe Ihres Gegenübers zum Thema „Beziehungen" heraus.

Versuchen Sie also, Ihre Mitmenschen nicht an Ihren Maßstäben zu messen, sondern finden Sie wie ein Detektiv etwas über die bewussten und unbewussten Maßstäbe Ihres Gegenübers zum Thema „Beziehungen" heraus. Sie werden staunen, wie oft Sie bei dieser Vorgehensweise dann entdecken, dass die andere Person tatsächlich voller guter Absichten ist. Durchlaufen Sie mit Ihrer Vorstellungskraft immer wieder in Ihren Kontakten die folgende Imaginationsübung:

ÜBUNG: Das Planetenspiel

1. Denken Sie an eine Person, die Ihnen „mittelwichtig" ist: ein Nachbar, eine Kollegin, ein Freund.

2. Wenden Sie nun mit Ihrer Vorstellungskraft den „Entfremdungstrick" an. Tun Sie so, als stamme diese Person von einem fremden Planeten, von dem Sie zuvor noch nie etwas gehört haben. Finden Sie nun heraus, wie die Wesen in dieser Welt denken und fühlen.

3. Stellen Sie sich voller Interesse und Neugier Fragen zu dieser „fremden Kultur":
   - Was schätzen diese Wesen ganz besonders?
   - Wofür wird man auf diesem Planeten belohnt?
   - Was mag man hier gar nicht?
   - Welche Erfahrungen durchleben die Bewohner hier in ihrer Kindheit?
   - Was für eine Wertehierarchie (siehe Seite 115ff.) haben die Bewohner?

4. Nun denken Sie an einen Konflikt oder an ein Missverständnis, den bzw. das Sie immer wieder mit dieser Person erleben. Stellen Sie sich vor, dass man auf dem fremden Planeten das Verhalten dieser Person als genau richtig und als positiv bewerten würde.

5. Nehmen Sie wahr, wie diese Sichtweise Sie wieder versöhnlich stimmt.

Hinweise zur Übung:

- Diese Übung soll keine aktive Konfliktlösung darstellen. Sie soll Ihnen helfen, Menschen mit einem inneren „Weitwinkel" zu betrachten, um sie etwas versöhnlicher wahrzunehmen und um sich vorübergehend von den eigenen Vorstellungen und Maßstäben zu lösen.
- Sammeln Sie von Ihren Mitmenschen in guten Gesprächen möglichst viele Informationen für dieses Planetenspiel. Ersetzen Sie Ihre Gedanken über die anderen Personen durch möglichst viele Informationen. Vermeiden Sie „Gedankenlesen".
- Durchlaufen Sie die Fragen des „Planetenspiels" auch einmal für die eigene Person. Fertigen Sie aus dem Ergebnis eine Art „Gebrauchsanweisung" für Ihre wichtigen Mitmenschen an, damit auch die wissen, woran sie mit Ihnen sind und damit auch Sie nicht mit Gedankenlesen konfrontiert werden.

- Drehen Sie zu den einzelnen Fragen richtige innere Filme. Gefällt Ihnen beispielsweise ein bestimmter Tonfall Ihres Gegenübers nicht, so stellen Sie sich vor, wie er auf „seinem Planeten" von den Mitbewohnern für diesen Tonfall ganz besonders gelobt oder bewundert wird. Und plötzlich fangen Sie an, zu verstehen.

Metaprogramme

Die unterschiedlichen Welten im Kopf

In diesem Kapitel möchte ich Ihnen noch einige weitere Inspirationen für das Planetenspiel vermitteln. Sie können sich hier die so genannten „Metaprogramme" Ihrer Mitmenschen und Ihrer eigenen Person bewusst machen. Metaprogramme sind so etwas wie Persönlichkeitsmerkmale eines Menschen. Sie beschreiben die Art und Weise, wie er oder sie die Wahrnehmung der äußerlichen Welt innen – also in der Welt im Kopf – sortiert und bewertet, seine Vorlieben, Stärken und Schwächen. Diese Metaprogramme können von Person zu Person sehr unterschiedlich sein. Daher führen sie oft zu Missverständnissen oder gar Kränkungen im täglichen Miteinander, wie Sie aus den folgenden Beispielen ersehen können.

Metaprogramme sind so etwas wie Persönlichkeitsmerkmale eines Menschen.

„Gebrauchsanweisung" für Menschen

Das Imaginationstraining besteht in diesem Fall nicht aus konkreten Übungen. Vielmehr soll Ihnen dieses Kapitel als eine Art „Gebrauchsanweisung" für Ihre Mitmenschen dienen. Gebrauchsanweisungen enthalten oft Kapitel mit einer Überschrift, die so ähnlich lautet wie „Störungen und Selbsthilfe bei Fehlersuche". Funktioniert ein Gerät nicht auf Anhieb so, wie ich es mir wünsche, muss ich es deshalb noch lange nicht für unbrauchbar erklären. Oft genügt irgendeine Kleinigkeit, die ich bisher übersehen hatte, um die Störung in kurzer Zeit zu bereinigen. Sehen Sie hier ein Beispiel aus einer Telefon-Bedienungsanleitung:

Symptom	**Mögliche Ursachen**	**Abhilfe**
kein Tonruf	Tonruf-Lautstärke ist auf „0" gestellt	Tonruf-Lautstärke einstellen

So mancher mag den Vergleich zwischen technischen Geräten und menschlichem Kommunikationsverhalten kritisch sehen. Ich möchte jedoch zur Diskussion stellen, dass etliche Personen heute oft für diese „technischen Freunde" mehr Verständnis, Geduld und Sensibilität aufbringen als für ihren Mitmenschen oder für sich selbst. Vielleicht mögen Sie den Vergleich mit der Gebrauchsanweisung in diesem Sinne als Denkanstoß auffassen.

Kommunikationsfallen

Um zu verdeutlichen, wie störend sich unterschiedliche Wahrnehmungsmuster auf die zwischenmenschliche Kommunikation auswirken können, habe ich für Sie hier drei wichtige Metaprogramme ausgesucht. Die Ausführungen sind jedoch nur als „Trendmeldungen“ zu verstehen. Sie reichen nicht aus, um einen Menschen bis in sein Innerstes durchleuchten zu können. Aber sie geben Ihnen eine wertvolle Hilfe zum Verständnis der Personen, die Ihnen wichtig sind – einschließlich Ihrer selbst.

Unterschiedliche „Sinnestypen“

Im Kapitel „Die visuelle Vorstellung schulen“ haben Sie bereits die unterschiedlichen „Wahrnehmungstypen“ hinsichtlich der Sinneskanal-Vorlieben kennen gelernt. Lesen Sie hier einige weitere Hinweise über die verschiedenen „Sinnestypen“ im Zusammenhang mit zwischenmenschlicher Kommunikation.

Der visuelle Typ

Visuelle Menschen lieben natürlich alles, was schön aussieht. Sie erleben die Welt über die Augen. Deshalb kann dieser Typ beispielsweise ein aufgeschriebenes „Ich liebe dich“ noch mehr genießen als ein gesagtes – und sei es noch so romantisch in‘s Ohr gehaucht. Ein visueller Schüler nimmt die Hinweise auf der Tafel intensiver auf als die aus dem Mund des Lehrers. Es ist leicht nachzuvollziehen, dass der visuelle Typ nicht nur die eigenen, sondern auch die Augen des Gegenübers schätzt. Er liebt Blickkontakt und zieht deshalb auch ein Gespräch „von Angesicht zu Angesicht“ einem Telefongespräch vor. Visuelle Typen zeigen gern – auch in Anwesenheit ihrer Mitmenschen – Einsatz für ihre Sinnesvorliebe: Sie rücken Bilder gerade, schütteln zerknautschte Kissen auf, schließen offene Schränke und Schubladen. Dabei ist es ihnen nicht wichtig, wie es in der Schublade aussieht. Hauptsache, sie ist „hübsch“ geschlossen.

Der visuelle Typ liebt Blickkontakt und zieht deshalb auch ein Gespräch „von Angesicht zu Angesicht“ einem Telefongespräch vor.

Der auditive Typ

Auditive Menschen genießen die Welt vorzugsweise über ihre Ohren. Töne, Klänge und Geräusche verursachen im wahrsten Sinne des Wortes die verschiedenen Stimmungslagen dieser Menschen. Sie achten auf den

Klang von Stimmen, wobei vor allem der „Ton die Musik macht". Natürlich spielt Musik eine bedeutsame Rolle in ihrem Leben. In der Kommunikation lassen sie sich gern etwas erzählen und sie schätzen Telefongespräche, reagieren aber auch außerordentlich empfindlich, wenn sie sich „vollgelabert" fühlen. Sie merken sich gesprochene Inhalte besser als geschriebene. Auditive Typen reagieren sensibel auf Geräuschkulissen aller Art. Sie würden mit ihrem Partner oder ihrer Familie in kein noch so schönes Haus einziehen, wenn es an einer lauten Straße liegt.

Auditive Menschen achten auf den Klang von Stimmen, wobei vor allem der „Ton die Musik macht".

Der kinästhetische oder „Fühl"-Typ

Diese Menschen schätzen körperliches Wohlbehagen. Daher können sie auch in Unordnung leben – solange sie dabei spürbare Gemütlichkeit fühlen. Erst die Krümel im Bett lassen sie energisch aufräumen, denn diese „pieken" ja bekanntermaßen. Natürlich lieben diese Menschen entspannende Vollbäder, kuschelige Kissen, Sofas und Decken und gemütliche Kleidung. Sie scheinen in den Augen der anderen meist nicht so viel Wert auf ihr Äußeres zu legen. In der Kommunikation tauen sie vor allem bei Berührung auf. Bei einem Streit helfen als Versöhnungsgeste weder ein Blumenstrauß noch ein Entschuldigungsschreiben, sondern eine Umarmung, eine zärtliche Berührung oder ein liebevoller Klaps auf die Schulter.

Kinästhetische Menschen tauen vor allem bei Berührung auf.

Weitere Sinnestypen

Natürlich gibt es dann noch Menschen, die auch ganz intensiv den Geschmacks- oder den Geruchssinn in ihre Erlebniswelt einsetzen. Diese mischen sich jedoch oft mit den ersten drei Sinnestypen. Hier muss noch hinzugefügt werden, dass für den Geschmacksmenschen natürlich „Liebe durch den Magen" geht und für den Geruchstypen ist es wichtig, dass man den anderen auch „gut riechen" kann.

Typische Missverständnisse

Leben oder arbeiten ein auditiver und ein visueller Sinnestyp zusammen, kommt es meist zu einem Missverständnis, das man hier schon Standardkrise nennen könnte. Wie bereits gesagt, schätzt der visuelle Typ vor allem in wichtigen Gesprächen den Blickkontakt mit seinem Gegenüber. Beim auditiven Typ ist tragischerweise das Gegenteil der Fall: Während der

Visuelle in Bildern denkt, konzentriert er sich stark auf das innere „Nachhören“ des Gesagten und auf die Antworten. Dabei muss er zur Seite schauen, denn der seitliche Blick erleichtert das innere Hören der Inhalte und das Entwickeln von geeigneten Erwiderungssätzen.

Unterschiedliches Gesprächsverhalten

Das Wissen um diese Eigenheit sollte man unbedingt in seine „Gebrauchsanweisung“ zum Verständnis auditiver Menschen mit aufnehmen. Gerade, wenn sich der Auditive nun besonders auf die Unterhaltung konzentriert, sagt plötzlich der Visuelle: „Du hörst mir ja gar nicht zu!“ – „Aber das tue ich doch!“ antwortet der Ohrenmensch wahrheitsgemäß. „Aber du schaust die ganze Zeit weg – also hörst du mir nicht zu!“ insistiert der Augenmensch, dem die reine „Ohren-Anwesenheit“ des Gegenübers nicht ausreicht, um sich wohl zu fühlen. Das ist wiederum etwas, was der Auditive im Kontakt mit visuell orientierten Menschen bedenken und umsetzen sollte. Die meisten Auditiven tun das aber nicht, sondern reagieren gekränkt: „Obwohl ich so intensiv zuhöre und nachdenke, behauptet der (oder die), ich sei mit den Gedanken woanders – das ist doch eine Frechheit!“ Schon ist der schönste Konflikt vorprogrammiert, obwohl jeder ursprünglich voller guter Absichten in das Gespräch ging.

Verschiedene Auffassungen von Lebensqualität

In der Kombination visueller Typ und „Fühl-Typ“ kann ebenfalls trotz guter Absichten auf beiden Seiten allerhand schief gehen. Sie erinnern sich: Der visuelle Typ hat gern immer alles „hübsch“. Beispielsweise liebt er schön gedeckte Tische, ganz im Sinne von „Das Auge isst mit“. Strahlend setzt er oder sie sich an den Tisch. Nach einiger Zeit ist dann allerdings von der ursprünglichen Augenweide nur noch ein Schlachtfeld übrig geblieben: zerknüllte Servietten, abgekaute Knochen oder Gräten, bekleckertes Geschirr und Besteck.

Ordnungssinn kontra Gemütlichkeit

Bei diesem Augen-Desaster fühlt der visuelle Typ sich einfach schlecht und möchte schnell abräumen, damit er sich bald wieder wohl fühlen kann. Das wird ihm oder ihr von den anderen, vor allem von den Fühl-Typen, sehr übel genommen: „Nun sitzen wir hier alle schön zusammen und du verbreitest Unruhe!“ Dem Fühl-Typen wird nämlich ganz kribbelig zumute, wenn andere um ihn herum eifrig hin- und herräumen. Den unerfreulichen Ausgang solcher Gespräche kann man sich sicherlich vorstellen.

Zwischen den Sinnen „dolmetschen“

Hier wäre es wichtig, dass die Betroffenen lernen, mit den Eigenheiten ihres Gegenübers verständnisvoll und tolerant umzugehen. Beispielsweise könnte man sich einigen: An einem Tag bleibt man „gemütlich“ sitzen, am Tag darauf räumt man nach der Mahlzeit gemeinsam „hübsch“ auf. Das ist eine wesentlich lebens- und liebenswertere Lösung, als bis in alle Ewigkeit auf seiner persönlichen Definition der Frage: „Was ist schön?“ zu beharren. Alle Menschen wünschen sich ein schönes und angenehmes Leben, aber nicht alle haben die gleichen Vorstellungen davon, wie das konkret aussieht, sich anhört oder anfühlt. Kommunikation heißt nicht, auf seinem Standpunkt zu beharren, sondern ab und zu auch aufeinander zuzugehen.

Kommunikation heißt nicht, auf seinem Standpunkt zu beharren, sondern ab und zu auch aufeinander zuzugehen.

Nicht jeder hat es – das Bedürfnis nach Nähe

Letztlich sei noch erwähnt, dass natürlich auch der auditive und der kinästhetische Typ heftige Missverständnisse erleben können. Vor allem in der Liebe kommt es hier oft zu Pannen. Verständlicherweise liebt der Fühl-Typ alles Körperliche: Streicheln, Schmusen, Arm-in-Arm-Gehen und natürlich auch Sex. Es kann schon sein, dass er oder sie dabei hin und wieder mal das Reden vergisst. Da jedoch der auditive Typ Erotik vor allem auch über die Ohren erlebt, wird das „Liebesgeflüster“ schmerzlich vermisst. „Du liebst mich nicht richtig“, heißt es dann. „Wie kommst du darauf? Ich nehme dich doch so oft in den Arm und gebe dir jeden Tag mehrere Küsse!“ – „Aber es ist schon eine Woche her, seitdem du mir etwas Nettes gesagt hast!“ So sind die Menschen, kann man da nur sagen. Als würden sie tatsächlich von verschiedenen Planeten kommen. Hier kann dann wiederum nur das „Sinnes-Dolmetschen“ helfen.

Chancen

Man könnte hier über die Missverständnisse unter den Sinnestypen und deren mögliche Erklärung stundenlang weiterschreiben. Die geschilderten

Beispiele sind nur ein kleiner Ausschnitt der gesamten möglichen Themenbandbreite. Ich hoffe jedoch, dass die Schilderungen ausreichen, um sich den großen „Rest" denken zu können und um Ideen für ein Brückenbauen zwischen diesen verschiedenen Erlebnisweisen zu entwickeln.

Das Zusammensein mit einem anderen Sinnestyp braucht nicht als artfremdes Ärgernis aufgefasst zu werden, sondern kann eine Bereicherung sein.

Die Vorliebe in der Wahrnehmung für bestimmte Sinneskanäle ist kein festgelegtes Merkmal wie die Augenfarbe oder die Körpergröße. Es handelt sich vielmehr um individuelle Bevorzugungen nach dem Motto „Geschmäcker sind verschieden". Das Zusammensein mit einem anderen Sinnestyp braucht demnach nicht als artfremdes Ärgernis aufgefasst zu werden, sondern kann auch eine Bereicherung sein. Wir lernen von den anderen Menschen, die Welt auch einmal durch andere Sinnesfilter wahrzunehmen und können so durch den anderen im wahrsten Sinne des Wortes eine Bewusstseinserweiterung erleben.

Extrovertierte und introvertierte Typen

Entgegen aller Vorurteile müssen introvertierte Menschen nicht zwangsläufig stumm und ungesellig sein und extrovertierte Menschen auch nicht unbedingt überdreht und „überkandidelt". Diese Begriffe in der Überschrift beschreiben nur die Lieblingsorientierung von Menschen, vor allem in Situationen, wenn sie Kraft und Energie tanken möchten.

Der extrovertierte Typ

Extrovertierte Menschen leben mit Vorliebe in der äußeren Welt. Sie sind kontaktfreudig und genießen das Zusammensein mit anderen Menschen. Möchte dieser Typ seine Energiereserven auftanken, sucht er die Nähe zu Freunden, Partnern und zur Familie. Die zwischenmenschlichen Begegnungen laden diese Menschen regelrecht auf. Hier erholen sie sich und tanken neue Energie. Das kann ein Plausch mit dem Nachbarn sein, ein Runde Doppelkopf oder auch eine nette Party. Hier reden sie dann lieber mit vielen Menschen als nur mit einer Person. Der Extrovertierte trägt sein „Herz auf der Zunge". Er braucht Weite im Leben und auch Herausforderungen.

Der introvertierte Typ

Diese Menschen tanken am besten auf, wenn sie allein sind. Sie genießen ihre inneren Kraftquellen beim Lesen, Spazierengehen, Musikhören oder einfach beim „Aus-dem-Fenster-Schauen". Dabei erleben sie es als Störung, von anderen Menschen abgelenkt zu werden. Sie brauchen einfach ihre Intimsphäre – vor allem, wenn sie erholungsbedürftig sind. In Gesellschaft sind die Introvertierten auch freundlich, aber sie halten ihre Gefühle zurück. Sie führen durchaus gern intensive Gespräche, schätzen dabei aber die Thementiefe mit einem einzelnen Gesprächspartner. Introvertierte sind sehr leistungsfähig, wenn man sie vor sich „hintüfteln" lässt. Jegliche Profilierungs- oder Beifallsszenen sind ihnen dabei eher unangenehm.

Typische Missverständnisse

Oft ziehen sich diese beiden Typen zunächst an – vor allem in der Partnerschaft. Man erlebt das Anders-Sein des Partners zunächst als sinnvolle Ergänzung. Aber schon nach kurzer Zeit kann es zur Krise kommen, vor allem in stressigen und aufreibenden Zeiten. Hier driften dann nämlich diese beiden Charaktere auseinander. Da sagt der Extrovertierte: „Komm, wir gehen ins Theater und lenken uns ab!" Das aber erlebt der Introvertierte als pure Zumutung. „Lass uns den Abend zu Hause verbringen. Ich würde gern ein Buch lesen." Diese Bemerkung gibt dem Extrovertierten das Gefühl, in einen Käfig eingesperrt zu werden: „Nun hatte ich schon eine so anstrengende Woche und dann komme ich noch nicht einmal raus!" – Woraufhin der Introvertierte antworten könnte: „Kannst du denn nie genug bekommen? Müssen wir immer von Ereignis zu Ereignis hetzen?"

Oft ziehen sich diese beiden Typen zunächst an – vor allem in der Partnerschaft.

Ablenkung kontra Selbstbesinnung

Keiner der beiden begreift, dass er oder sie dem anderen mit seinem Erholungs-Vorschlag tiefstes Unbehagen bereitet: Für den Extrovertierten ist „gemütliches" Zu-Hause-Bleiben höchster Stress und Freiheitsberaubung und der Introvertierte erlebt natürlich das Hinausgehen als unzumutbare Überstunden. So empfindet mit der Zeit der Introvertierte den Extrovertierten als hoffnungslos oberflächlich und sprunghaft und umgekehrt wird entsprechend Verschlossenheit und Eigenbrötlertum diagnostiziert. Das Schlimme ist, dass die unversöhnlichen Fronten dann jeden immer mehr in sein Extrem treiben: der eine wird immer überdrehter, der andere immer in sich gekehrter.

Chancen

Auch hier heißt die Devise: verstehen statt bekämpfen. Denn auf einer höheren Ebene streben doch beide nach dem gleichen Ziel: Ausgleich und Erholung. Dieses Ziel fühlt sich dann völlig gleich an – nur, dass es auf unterschiedlichen Wegen erreicht wird. Vor allem sollte man aufhören, sich gegenseitig als überdreht und langweilig zu betiteln, sondern dem anderen jeweils großzügig seine Kraftquelle gönnen. Auf dieser Basis ist es dann auch möglich, sich gegenseitig Wünsche zu erfüllen. Dann kommt man eben mit auf die Party; und zwar nicht, weil man es selber toll findet, sondern um den anderen zu seiner Tankstelle zu begleiten. Das gleiche gilt dann auch für die ruhigen Stunden daheim.

Wenn Gegensätze sich ergänzen

Dem Introvertierten wird dadurch geholfen, dass man ihn bei seinem Rückzug auf die Privat-Insel unterstützt.

Ist nur einer der beiden Typen gestresst, kann man als Freund oder Partner auch wunderbar helfen. Dem Extrovertierten helfen Gespräche und Ablenkung, um sich zu beruhigen oder zu regenerieren. Dem Introvertierten wird dadurch geholfen, dass man ihn bei seinem Rückzug auf die Privat-Insel unterstützt: Man schirmt ihn oder sie ab, indem man Telefongespräche stellvertretend annimmt, Tee oder Kaffee bringt und dann verständnisvoll wieder verschwindet. Nach kurzer Zeit ist der Introvertierte dann wie neu und riskiert wieder den Schritt nach draußen. Im Zusammensein gibt es die große Chance der Balance: Der Extrovertierte wird davor geschützt, auf zu vielen Hochzeiten gleichzeitig zu tanzen und der Introvertierte erlebt auch mal die Inspiration von außen, die er freiwillig von sich aus nicht suchen würde.

Sensorische und intuitive Wahrnehmung

Dieses Metaprogramm beschreibt, ob ein Mensch sich lieber im Reich seiner Kreativität und Fantasie (intuitiv) oder seines Wissens und seiner Erfahrung (sensorisch) bewegt. Das bedeutet keinesfalls „entweder/oder". Auch hier sind nur die persönlichen Vorlieben gemeint.

Der sensorische Wahrnehmungstyp

Den sensorischen Wahrnehmungstypen erkennt man an der Art und Weise, wie er seine Umwelt wahrnimmt. Er registriert bis ins kleinste Detail alles, was er oder sie mit den fünf Sinnen erfassen kann. Beispielsweise nimmt er alle Einzelheiten auf einem Foto wahr. Sagt dann aber jemand: „Das ist bestimmt eine wunderschöne Gegend, in der dieses Foto geknipst wurde“, reagiert der Sensoriker zurückhaltend: „Das kann man so nicht sagen. Wir wissen nicht, wie die Fotoperspektive zustande gekommen ist. Um das zu beurteilen, müssen wir erst einmal hinfahren und uns die Gegend genau angucken.“ Man nimmt also nur wahr, was im Moment da ist und entwickelt keine „gewagten“ Fantasien um die äußere Wahrnehmung herum, von denen man nicht weiß, ob sie verlässlich stimmen. Diese Wahrnehmungsvorliebe macht den Sensoriker zum praktischen Menschen. Es ist sehr schwer, einen solchen Menschen dazu zu bringen, sich vor unsichtbaren Gespenstern zu fürchten. Er arbeitet lieber mit Dingen, die da sind, als dass er sich etwas ausdenkt. Im Krimi würde der Sensoriker lieber den Spurensucher als den Detektiv spielen. Er würde lieber Autos nach genauen Plänen bauen als neue Autotypen zu konstruieren. Insofern liebt der sensorische Typ auch alles, was man irgendwie messen und in Zahlen ausdrücken kann. Das hat wenigstens Hand und Fuß – seiner Meinung nach. Auch als Akademiker möchte er oder sie das erworbene Wissen lieber abrufen, erweitern und einsetzen anstatt Hypothesen zu entwickeln und diese zu beforschen. Im Kapitel „Erfolge auf der Zeitlinie“ haben Sie sich bereits mit der assoziierten und der dissoziierten Zeitwahrnehmung vertraut gemacht. Entsprechend bevorzugt der Sensoriker die assoziierte Zeitwahrnehmung: das Hier und Jetzt. Das gibt ihm oder ihr auch die Fähigkeit, die Feste so zu feiern, wie sie fallen. Er genießt den Augenblick und fragt nicht so sehr, was das Morgen und Übermorgen bringt. Denn: Vielleicht kommt ja alles anders, als man denkt. Also macht es für den Sensoriker keinen allzu großen Sinn, sich heute nach dem Morgen zu richten – es sei denn, es gäbe wirklich vernünftige Gründe dafür.

Diese Wahrnehmungsvorliebe macht den Sensoriker zum praktischen Menschen.

Der intuitive Wahrnehmungstyp

Der intuitive Typ nun macht sich allerhand Gedanken um die Dinge herum, die er über seine fünf Sinne wahrnimmt. Ihm oder ihr genügt ein kleiner Puzzlestein, um intensiv darüber zu fantasieren, wie wohl das gesamte Bild aussehen könnte. Er sieht in die Dinge hinein, wie sie sein

Dieser Typ liebt alle kreativen Prozesse und ist hervorragend für künstlerische Aufgaben geeignet.

könnten und findet es nicht so interessant, wie sie jetzt im Moment sind. Natürlich liebt dieser Typ alle kreativen Prozesse und ist hervorragend für künstlerische Aufgaben geeignet. Als Wissenschaftler schätzt er eher die Forschung als die Wissensanwendung. Alles, was mit Lösungen zu tun hat, bringt einem solchen Menschen Spaß. Er denkt gern in großen Zusammenhängen und mag keine Anleitungen, die seine Gedankenfreiheit einschränken. Mit Zahlen und Messungen irgendwelcher Art steht er eher auf dem Kriegsfuß und betrachtet sie als störende Detail-Krämerei. Einerseits genießen diese Menschen das Reich der Fantasie und Kreativität. Andererseits kann ihnen diese besondere Fähigkeit aber auch schnell zum Problem werden: Der intuitive Typ kann sich nämlich auch ganz besonders gut und intensiv Katastrophen ausmalen, die weit und breit nicht in Sicht sind. Hier macht ihm dann das besonders gut ausgeprägte Vorstellungsvermögen zu schaffen. Entsprechend leicht kann man den Intuitiven mit übersinnlichen Phänomenen faszinieren. In der Zeitwahrnehmung tendiert dieser Typ zum dissoziierten Zeiterleben. Da er vorzugsweise in der Überblicksperspektive denkt, spekuliert er gern über die Zukunft. Bekommt eine intuitive Person ein Kind, kann sie sich sofort ausmalen, wie das Kind einmal studieren wird und wie die Enkelkinder sein werden. Natürlich hat dieses großzügige Zeiterleben zur Folge, dass der intuitive Typ die Gegenwart manchmal zu flüchtig wahrnimmt, weil er gerade von anderen Zeiten träumt. So entgeht ihm oft das „Eintauchen“ in den Moment, die Fähigkeit, den Augenblick zur Ewigkeit zu machen.

Typische Missverständnisse

Man kann sich nach diesen Ausführungen leicht denken, was typische Probleme zwischen den verschiedenen Charakteren sein könnten. Natürlich hält der sensorische Typ den intuitiven schnell für einen Spinner oder Hans-Guck-in-die-Luft. Sein Hang zum Fantasieren und Träumen weckt tiefstes Misstrauen sowie den Gedanken „Wenn das man gut geht“. Umgekehrt hält der Intuitive den Sensoriker für unerträglich unromantisch und unkreativ. Er nimmt es übel, dass der Sensoriker ihm immer wieder die schönsten Illusionen durch störende Fakten und Sachwissen „vermiest“ und sagt dann schnell: „Du bist ein Kopfmensch, denk doch auch einmal mit dem Bauch! Es gibt auch noch andere wichtige Dinge im Leben als nur den Verstand!“ Auch hier besteht wieder die Gefahr, dass diese beiden Typen sich gegenseitig ins Extrem treiben, wenn sie zusammen leben oder arbeiten. Der Sensoriker verstärkt seine Sachlichkeit, weil er den vermeintlichen Luftschlössern des Intuitiven ein sicheres Fundament geben möchte. Der Intuitive hingegen versucht mit aller Macht, die rationalen Aussagen des anderen wie einen lästigen Klotz am Bein loszuwerden und baut deswegen die Gedankenschlösser nun erst recht luftig und gewagt.

Der Sensoriker verstärkt seine Sachlichkeit, weil er den vermeintlichen Luftschlössern des Intuitiven ein sicheres Fundament geben möchte.

Chancen

Auch hier gilt das Motto: Gemeinsam sind wir stark. Der Sensoriker kann dafür sorgen, dass der Intuitive immer wieder seinen Kontakt zum Boden findet und der Intuitive versorgt den anderen mit der Welt der Fantasie, die vor allem auch für das Seelenheil eines Menschen sehr wichtig ist. Außerdem werden eher sachliche Menschen motiviert, sich auch einmal auf die Suche nach neuen Realitäten zu begeben anstatt immer das schon Bekannte wiederzukäuen. Entsteht eine gegenseitige Toleranz, erleben diese scheinbar gegensätzlichen Menschen oft auch eine Überraschung: So gegensätzlich wie man anfangs meinte, ist man im Endergebnis doch nicht. Denn natürlich denken die Intuitiven sich nicht ausschließlich den letzten Blödsinn aus und schon so manches Mal musste ein Sensoriker voller Verwunderung erkennen, dass die Luftschlösser nachher doch aus echten Steinen bestanden. Umgekehrt sind Sensoriker keinesfalls unromantisch. Sie können den Intuitiven dazu bewegen, das Hier und Jetzt mit allen Sinnen zu genießen, was vor allem die Lebensfreude anspricht. Und das kann dann eine Form von Romantik sein, die dem Intuitiven bisher gar nicht bewusst zur Verfügung stand.

Den Standpunkt wechseln

„Spezialbrillen“ für Beziehungen

Unsere Sprache zeigt uns recht deutlich drei wesentliche Erlebnisstandpunkte in Beziehungen. Laut Grammatik gibt es die erste, die zweite und die dritte Person: ich, du und er/sie/es. Im Plural heißt es natürlich entsprechend: wir, ihr und sie. Wann immer Sie mit einem anderen Menschen in Kontakt treten, stehen Ihnen diese drei Möglichkeiten als Erlebnisbrillen zu Verfügung. Im NLP spricht man von den „drei Positionen“ im Beziehungserleben:

Die drei Wahrnehmungspositionen

Erste Position

Von dieser Warte aus erlebe ich den Kontakt vollständig durch „meine Brille“. Ich stecke in meiner Haut und fühle ständig, wie der Kontakt auf mich wirkt: die Worte, die Stimme, die Gesten, die Erscheinung meines Gegenübers.

Zweite Position

Ich kann mich aber auch „in den anderen hineinversetzen“ und „durch seine oder ihre Augen“ sehen. Dabei erlebe ich meine eigene Person von außen. Nun kann ich nachvollziehen, wie meine Worte, meine Stimme, meine Gesten wohl auf mein Gegenüber wirken, denn jetzt bin ich im Kontakt mit den Gefühlen des „Du“.

Dritte Position

Ich kann den Kontakt auch einmal mit den Augen einer außenstehenden Person betrachten mit der Fragestellung: „Wie wirkt das Miteinander dieser beiden Menschen? Ist es ausgewogen oder nicht? Verstehen die sich oder ist einer – oder sind beide – blockiert oder gehemmt? Könnte man mehr aus dieser Beziehung machen?“

Pluspunkt in Partnerschaften

Sie können Ihre Beziehungen am lebendigsten gestalten, wenn Sie es lernen, innerlich zwischen den drei Erlebnispositionen flexibel hin- und herzuwechseln, denn jeder Standpunkt erfüllt eine wertvolle Aufgabe für die Beziehung. So achten Sie auf Ihre eigenen Gefühle, können die Gefühle Ihres Gegenübers wahrnehmen und zusätzlich erlaubt Ihnen die dritte Position, kreative Ideen über die Beziehungsgestaltung zu entwickeln.
Nun gibt es eine Reihe von Menschen, die sich nur auf eine der Beziehungspositionen spezialisiert haben. Je nachdem, auf welchen Standpunkt man sich versteift hat, gibt es auch entsprechende Probleme:

Ich-betonte Menschen

Erlebt man die Welt ausschließlich in der „Ich-Position", zählen auch nur die eigenen Gefühle. Diesen Menschen wird nicht bewusst, wie andere sich mit ihnen fühlen. Deshalb verletzen sie auch häufig die Gefühle ihrer Mitmenschen – und wundern sich darüber. Denn „eigentlich haben sie es ja nicht so gemeint". Dabei geht man von den eigenen Gefühlen aus: Es fühlte sich gar nicht schlimm an, als sie die Botschaft sendeten, ihnen selbst hat das nicht weh getan. Insofern ist es auch unverständlich „was der andere nun schon wieder hat". „Ich-betonte" Menschen fallen mit ihrer Art oft unangenehm auf, merken das aber nicht, weil sie sich nie durch die Brille des außenstehenden Beobachters sehen.

Du-betonte Menschen

Es gibt aber auch Menschen, die sich ausschließlich in der „Du-Perspektive" aufhalten. Sie fühlen sich ständig in ihre Mitmenschen hinein und fragen sich immer wieder, wie es den anderen wohl geht. Diese Personen neigen zum Helfersyndrom, wobei das Gegenüber selten gefragt wird, ob es sich überhaupt helfen lassen möchte. Weil die Du-Menschen die Ich-Perspektive vernachlässigen, spüren sie auch nicht, wie es ihnen selbst geht, wenn sie stets für die anderen und in den anderen leben. Sie neigen dazu, sich zu verausgaben, wie die Schriftstellerin Marie von Ebner-Eschenbach es so schön beschreibt: „Wer in der Familie aufgeht, geht in ihr unter." Natürlich fehlt auch diesen Personen der kritische Blick auf ihr eigenes Tun – der ihnen manchmal sicherlich gut tun würde.

Der distanzierte Beobachter

Der dritte Wahrnehmungs-Typ hält sich überwiegend in der Rolle des Außenbeobachters auf. Deshalb steht er den Gefühlsaspekten einer Beziehung auch distanziert gegenüber. Diese Menschen wirken schnell „cool". Sie haben sich gut unter Kontrolle. Meistens machen sie auch einen guten Eindruck, weil sie aus ihrer Position heraus immer wissen, wie sie wirken und wie sie bei anderen ankommen. Sie können jedoch nicht gut auf sich aufpassen, weil auch sie nicht spüren, wann ihnen etwas zu viel wird. Auch Freude wird nicht überschwänglich empfunden, weshalb diese Menschen oft Langeweile spüren. Sie kennen viele Menschen – oft jedoch nur oberflächlich. Das „Du" vermisst bei diesen Personen manchmal den „Tiefgang", weshalb sie in Familien und Partnerschaften oft Probleme bekommen.

Öfter mal die „Brille" wechseln

Wie so oft kann man also auch bei diesem Thema sagen: Die gute Mischung macht's. Nur das ausschließliche Verharren auf einem Standpunkt blockiert zufriedenstellende Beziehungserlebnisse. Das Imaginationstraining besteht bei diesem Thema also im *Perspektivenwechsel.* Die Szene bleibt jedoch stets die gleiche: Ihre Beziehung mit einem anderen Menschen.

ÜBUNG: Den Standpunkt wechseln

1. Denken Sie an einen „mittelschweren" Konflikt, den Sie in den letzten Wochen mit einer Person hatten. Die Situation sollte sich im „Live"-gespräch miteinander entwickelt haben.

2. Erleben Sie die gesamte Szene nochmals aus Ihrer Erinnerung heraus: Ihre Augen sind die Kamera bei der Wiederholung dieser Szene. Spüren Sie Ihr Körperecho in den Phasen des Gesprächs. Fühlen Sie nochmals, wie Ihr Gegenüber auf Sie wirkte. Lassen Sie die Szene in Gedanken „zurückspulen".

3. Jetzt erleben Sie die Szene aus der Kameraperspektive Ihres damaligen Gegenübers. Versetzen Sie sich jetzt ganz in die Sichtweise der anderen

Person. Sehen Sie mit deren Augen, dies ist jetzt die Kamera. Vis à vis sehen Sie sich selbst. Sehen Sie sich mit den Augen des Gegenübers, hören Sie mit den anderen Ohren, fühlen Sie mit dem anderen Körper. Wie geht es Ihnen in dieser Position? Was erfahren Sie aus dieser Blickrichtung Neues über sich? Lassen Sie die Szene in Gedanken zurückspulen.

4. Nun wechseln Sie in die Sichtweise des außenstehenden Beobachters. Stellen Sie die gedankliche Kamera so auf, dass Sie zu den beiden in Beziehung stehenden Personen den gleichen Abstand haben. Aus dieser Sicht erleben Sie die Gesprächssequenz ein drittes Mal. Nun nehmen Sie die beiden Personen auf einmal wahr. Lassen Sie das Miteinander auf sich wirken. Nehmen Sie zur Kenntnis, welche zusätzlichen Gedanken, Erkenntnisse und Ideen jetzt auftauchen. Spulen Sie die Szene wieder zurück.

5. Zuletzt durchleben Sie die erinnerte Szene ein viertes Mal. Versuchen Sie nun, während des Durchgangs wechselnd in alle drei Positionen zu gehen, wobei Sie zum Schluss dann wieder bei sich selbst ankommen. So trainieren Sie Ihre Wahrnehmungsflexibilität.

Hinweis zur Übung:

- Wann immer Sie jetzt mit Menschen im Gespräch sind, nehmen Sie innerlich abwechselnd die drei Wahrnehmungspositionen ein. So erhalten Sie sich eine lebendige Reaktionsbereitschaft im Kontakt.

Erfolgreich kommunizieren

Wie man einen „guten Draht“ aufbaut

Für dieses Kapitel möchte ich Sie von vornherein in die dritte Wahrnehmungsposition bitten. Stellen Sie sich vor, Sie sitzen in einem gut besuchten Restaurant und beobachten die Menschen an den Nebentischen. Sie wissen nicht, worüber gesprochen wird, sollen aber von außen raten, ob die Menschen sich jeweils gut verstehen oder nicht. Sie wissen intuitiv, dass jeder Mensch so etwas wahrnehmen kann. Das erkennen Sie nicht am Wortinhalt, sondern an den so genannten nonverbalen Zeichen der Körpersprache. Menschen neigen dazu, bei einem guten Kontakt ähnliche Bewegungen zu machen: „Man steckt die Köpfe zusammen“, nickt an der gleichen Stelle. Man teilt auch gern Gefühlswahrnehmungen: gemeinsames Lachen oder gemeinsames Stirnrunzeln bei Besorgnis erregenden Themen.

Menschen neigen dazu, bei einem guten Kontakt ähnliche Bewegungen zu machen.

Bezüge herstellen

Aus dem Alltag kennen Sie sicher viele ähnliche Beispiele, ohne sie bisher in diesem Zusammenhang gesehen zu haben. So ändern viele Erwachsenen spontan ihre Stimmlage, wenn sie sich über einen Kinderwagen beugen. Sie passen sich den kindlichen Tönen an. Im Gespräch mit Kindern gehen sie oft in die Knie, um auf Augenhöhe Kontakt aufzunehmen. Hier wird ein Bezug zur Körpergröße des Kindes aufgebaut. In bestimmten Kulturen wird bei festlichen Anlässen noch der Volkstanz gepflegt. Gemeinsame rhythmische Bewegungen stärken das Zusammengehörigkeitsgefühl der Gruppe.

Die Zeichen der Körpersprache

Für eine gelungene Kommunikation müssen die „Verbindungen“ zwischen Ihnen und den anderen Menschen in Ordnung sein.

Für eine gelungene Kommunikation müssen die „Verbindungen“ zwischen Ihnen und den anderen Menschen in Ordnung sein. Nicht umsonst spricht man davon, einen „guten Draht“ zu jemand anderem zu haben. Doch selbst bei drahtloser Kommunikation muss zumindest die „Wellenlänge“ stimmen, damit die gesendete Botschaft so aufgenommen wird, wie sie gemeint war. Kommunikationspartner drücken ihre Wellenlänge nonverbal über die Körperhaltung (Nähe/Distanz), die Lautstärke und das Sprechtempo aus.

Sich angleichen

Diese nonverbale Verständigung können Sie auch aktiv mit Ihren Gesprächs- und Beziehungspartnern aufbauen. Da dieses nicht im eigentlichen Sinne eine Imaginationsübung darstellt, sondern eine Anregung auf der Verhaltensebene, gebe ich Ihnen hier einen kleinen tabellarischen Überblick über Ihre Möglichkeiten, mit verschiedensten Menschen eine nonverbale positive Wellenlänge herzustellen.

Der Schnellsprecher

- Versuchen Sie, ebenfalls mit der Stimme Tempo zuzulegen. Das ist für diese Person ein angenehmes Hörerlebnis. Danach werden Sie wieder langsamer und die Person folgt Ihnen jetzt.
- Vermeiden Sie es, den Schnellsprecher durch betontes Langsamreden zu „beruhigen" – das regt diese Person nur noch mehr auf.

Der Langsamsprecher

- Versuchen Sie, Pausen zwischen den Worten zu machen und bedächtig zu sprechen. Das gibt diesem Menschen ein vertrautes Gefühl. Wenn Sie nach einer Minute dann wieder etwas schneller sprechen, wird diese Person Ihnen gern entgegenkommen und ihr Sprachtempo ebenfalls etwas beschleunigen.
- Vermeiden Sie es, den Langsamsprecher durch ein gesteigertes Tempo „wachzurütteln" oder „mitzureißen". Er oder sie wird nur auf der Strecke bleiben, Sie als anstrengend erleben und sich dann ganz verweigern.

Der lebhafte Nähemensch

- Versuchen Sie, ebenfalls gestenreich zu sprechen. Berühren Sie Ihren Gesprächspartner beim Reden am Arm, beugen Sie sich vor – genau wie Ihr Gegenüber. Wenn Sie sich dann nach einer Minute zurücklehnen, wird Ihr Gegenüber Ihnen aus „Geselligkeit" folgen und sich auch zurücklehnen.
- Vermeiden Sie es, ängstlich zurückzuweichen und ganz steif dazusitzen oder -zustehen. Das veranlasst den Nähemenschen nur dazu, Ihnen noch mehr „auf die Pelle" zu rücken, um Sie quasi „aufzutauen". Außerdem fühlt sich der Nähemensch von Ihnen unbewusst abgelehnt, was der Atmosphäre nicht gerade gut tut.

Der distanzierte Typ

- Versuchen Sie, sich ebenfalls etwas zurückzuhalten. Macht die Person auch noch ein ernstes Gesicht, setzen Sie bitte kein übertriebenes Lächeln auf, sondern schauen Sie ebenso aufmerksam-ernst. So gewinnt der distanzierte Typ Vertrauen zu Ihnen. Nach ein bis zwei Minuten können Sie etwas mehr Lebendigkeit riskieren. Nun wird der distanzierte Typ ebenfalls etwas lockerer werden.
- Vermeiden Sie es, diesen Typ aufzumuntern. Das wäre eine Überforderung und weckt nur das Misstrauen des distanzierten Typs.

Ähnlichkeit schafft Vertrauen

Sie haben also die Möglichkeit, nonverbal eine positive Wellenlänge herzustellen, indem Sie Ihre innere Stimme in Tonalität, Melodie, Rhythmus, Lautstärke und Tempo an Ihren Gesprächspartner anpassen – in der Psychologie nennt man das Angleichen. Auch die Angleichung des Sprachniveaus trägt zu einem guten Gesprächsklima bei – achten Sie darauf, ob Ihr Gegenüber eher einen volkstümlichen, umgangssprachlichen oder einen „gewählten" Sprachstil benutzt. Ahmen Sie die Kopfbewegungen, die Körperhaltung, Atemfrequenz und Gestik Ihres Gegenübers andeutungsweise nach. Selbstverständlich können auch Dinge wie ein ähnlicher Kleidungsstil oder gleiche Ansichten die positive Wellenlänge intensivieren.

Das Eisbergprinzip

Rufen Sie sich zur Verdeutlichung des bisher Gesagten einmal folgendes Bild vor Augen: Wenn zwei Eisberge sich unter Wasser berühren, sind die Eisbergspitzen über Wasser noch weit voneinander entfernt. Das gleiche gilt für Kontakte: Bevor zwei Menschen über etwas Wichtiges sprechen, haben sie sich „unter Wasser" schon lange vorher über die nonverbale Begegnung berührt. Auf dieser unbewussten Ebene lieben Menschen das Gleichgesinnte, die Ähnlichkeit. Das schafft Vertrauen und ein Nähegefühl. Daher lohnt es sich, einen Menschen auch in seiner Art ernst- und anzunehmen, ihm durch das eigene Verhalten zu zeigen: „Ich akzeptiere deine Wesensart." Die oben genannten Beispiele helfen Ihnen dabei.

Bevor zwei Menschen über etwas Wichtiges sprechen, haben sie sich „unter Wasser" schon lange vorher über die nonverbale Begegnung berührt.

Der Weg zum Charisma

Wie man sich eine positive Aura zulegt

Manche Menschen wirken so, als würde die Luft, die sie umgibt, noch zu der Person dazugehören und eine angenehme Energie verbreiten. Ich möchte Ihnen hier eine Übung zeigen, mit der Sie sich gezielt so etwas wie eine „bewusste Aura“ um sich herum aufbauen können. Wenn Sie diese Übung täglich anwenden, wird das einen positiven Effekt auf Ihr Erscheinungsbild haben: Sie werden unbewusst aufrechter gehen, eine entspannte Mimik und einen offenen Blick haben.

Eine gute Ausstrahlung öffnet viele Türen

Dies ist dann auch der erste Eindruck, den Sie bei anderen Menschen auslösen: selbstbewusst und freundlich. Auf diese Weise haben Sie im Sinne des Eisbergeffekts gleich in den ersten Sekunden des Kontakts „gute Karten“. Denn in den ersten sieben Sekunden Erstkontakt macht sich Ihr Gegenüber innerlich ein Bild von Ihrer Person, auf das er oder sie sich später immer wieder bezieht. Warten Sie also nicht ab, wie andere Menschen auf Sie zugehen – um dann eine Stimmung in sich selbst zu entwickeln. Zeigen Sie vielmehr gleich die Stimmung und die Ausstrahlung, mit der Sie von Ihren Mitmenschen wahrgenommen und „abgespeichert“ werden möchten.

ÜBUNG: Meine positive Aura

1. Setzen oder legen Sie sich bequem hin.

2. Nehmen Sie die Luft wahr, die Ihren Körper umgibt. Diese Luft ist Ihr „persönlicher Raum".

3. Füllen Sie diesen „persönlichen Raum" in der Vorstellung mit einem angenehmen Licht, mit einer schönen Farbe oder auch verschiedenen Farben an. Stellen Sie sich lebhaft diesen Luftmantel aus Licht und Farbe um sich herum vor.

4. Stellen Sie sich vor, dass diese Aura auch „denken" kann: Wann immer Menschen nett und angenehm sind, lässt die Aura diese gute Energie zu Ihnen durchkommen. Ist das nicht der Fall, blockt die Aura eine etwaige negative Energie wie ein Schutzschild vor Ihrem Körper ab – und schickt sie zurück an den Absender.

5. Nachdem Sie die Aura „angezogen" haben, denken Sie von nun an mehrmals am Tag daran.

Hinweise zur Übung:

- Versehen Sie Ihren Badezimmerspiegel mit einem Aufkleber, der Sie schon am frühen Morgen daran erinnert, die Aura „anzuziehen".
- Schaffen Sie sich für die Aura-Übung einen „Anker", der Sie schnell und oft an den Aura-Mantel erinnern kann: Am besten wäre ein Schmuckstück, das Sie immer tragen.
- Wählen Sie einen ruhigen Moment, um die Aura in Gedanken zu verstärken. Die gute Wirkung hält dann mindestens für zwei Stunden an – auch wenn Sie dann vom Bewusstsein her wieder Ihren Alltag wahrnehmen.
- Die Aura ist eine äußerst wirkungsvolle Hilfe in unangenehmen Situationen: Sie schützt Sie, wenn Menschen Sie kritisieren, benörgeln oder mit Ihnen streiten. Sie bekommen thematisch zwar mit, worum es geht, die schlechte Stimmung verbleibt jedoch Dank der Aura außerhalb Ihres Körpers.

Die tägliche Beziehungspflege

Kleine Aufmerksamkeiten erhalten die Freundschaft

Zum Abschluss dieses Kapitels zum Thema Beziehungen möchte ich Ihnen noch einige einfache Tipps geben, die eigentlich ganz selbstverständlich sein sollten, oft in Beziehungen aber vergessen werden. Viele Menschen verstehen es besser, ihr Auto oder ihre Rosen zu pflegen als ihre Beziehungen. Beziehungen sind etwas Lebendiges, das täglich Nahrung und Pflege benötigt. Freunde, Kollegen und Lebenspartner sind keine Anschaffungen wie eine Schrankwand oder eine Eigentumswohnung, die über Jahre gut aussehend still vor sich hinstehen und nicht mucken. Natürlich ist die folgende Liste unvollständig. Sie soll auch nur ein wichtiges Prinzip verdeutlichen – das Prinzip der täglichen Aufmerksamkeit.

- Sorgen Sie dafür, dass Sie ein angenehmer Anblick sind. Hierbei geht es nicht um die neueste Mode. Schon kleine Kinder lieben freundlichen Blickkontakt und vor allem ein Lächeln. In der Partnerschaft gehört Kleidung und Körperpflege sehr wohl zur Liebe dazu. Nicht umsonst gibt es das berühmte Lied: „Du lässt dich gehen ...“ Partner empfinden es schnell entwürdigend, wenn man sich nur „für die Balz“ schön macht und im Liebes-Alltag dann mit Feinripp-Unterhemden oder Gesichtsmasken und Lockenwicklern herumläuft.
- Auch die Ohren Ihrer Mitmenschen lieben Beziehungspflege. Machen Sie daher ab und zu ernst gemeinte Komplimente, geben Sie positives Feedback. Sagen Sie nicht nur bei der Hochzeit „Ich liebe dich“ und gehen dann davon aus, dass das für die nächsten 20 Jahre reicht. Lassen Sie sich in der Wortwahl auch etwas Kreatives einfallen, damit Ihr Gegenüber nicht das Gefühl bekommt, Sie wollten ihm nur „Honig um den Bart schmieren“. In diesem Zusammenhang möchte ich an den wunderschönen Titel von Stevie Wonder erinnern: „I just called to say I love you ...“. Das ist Beziehungspflege über die Ohren par excellence.
- Jeder Mensch freut sich über Aufmerksamkeiten: eine Geburtstagskarte, ein kleines Geschenk, eine Einladung, ein Fax über einen interessanten Zeitungsartikel, von dem man weiß, dass das Thema den anderen interessiert. Diese Dinge dürfen gern auch als lästige Pflicht empfunden werden. Beziehungspflege muss nicht immer lustig sein – dafür aber aufmerksam. Wenn diese Aufmerksamkeit im Gegenüber Freude auslöst, können so schöne Dinge passieren, dass man schnell erkennt, wie lohnenswert der Einsatz für die Beziehung ist.

Übrigens: Sie selbst dürfen sich gern in Ihre tägliche Beziehungspflege einbeziehen: Wann haben Sie sich zuletzt etwas geschenkt oder sich ein Kompliment gemacht?

Lassen Sie es anderen und sich selbst gut gehen – vielleicht hilft ja auch dieses Buch dabei. Das würde mich freuen.

Literatur

Andreas, C. / Andreas, S.: Mit Herz und Verstand. Paderborn: Junfermann 2004[4]

Bandler, R. / Grinder, J.: Neue Wege der Kurzzeittherapie. Paderborn: Junfermann 2002[13]

Besser-Siegmund, C.: Easy Weight. Der mentale Weg zum natürlichen Schlanksein. Paderborn: Junfermann 2002

Besser-Siegmund, C. / Siegmund, H.: EMDR im Coaching. Paderborn: Junfermann 2005[2]

Besser-Siegmund, C. / Siegmund, H. (Hrsg.): Erfolge bewegen – Coach limbic. Paderborn: Junfermann 2003

Besser-Siegmund, C. / Siegmund, H.: Imaginative Familienaufstellungen mit der **w**ingwave-Methode. Paderborn: Junfermann 2004

Besser-Siegmund, C.: Magic Words. Der minutenschnelle Abbau von Blockaden. Paderborn: Junfermann 2001

Butler, G. / Hope, T.: So wird Ihre Psyche fit. München: Droemer Knaur 1997

Coué, E.: Selbstbemeisterung durch bewusste Autosuggestion. Basel: Schwabe 1997

Dilts, R.: Identität, Glaubenssysteme und Gesundheit. Paderborn: Junfermann 2001[4]

Dilts, R.: Know-how für Träumer. Paderborn: Junfermann 1994

GEO-Wissen: Das Geheimnis der Hypnose – Heilen durch Trance. Heft 2, 1995

Hamm, M. / Boberg, J. / Mühleib F.: Die Schönheitsdiät. München: Mosaik 1993

James, T. / Woodsmall, W.: Time Line. NLP-Konzepte. Paderborn: Junfermann 2002[5]

James, T.: Kompaktkurs Hypnose. Paderborn: Junfermann 2001

Ludwig, P.H.: Sich selbst erfüllende Prophezeiungen im Alltagsleben. Stuttgart: VAP 1991

O'Connor, J. / Seymour, J.: Neurolinguistisches Programmieren: Gelungene Kommunikation und persönliche Entfaltung. Kirchzarten: VAK 1992

Oettingen, G.: Psychologie des Zukunftsdenkens. Göttingen: Hogrefe 1997

Shapiro, F.: EMDR – Grundlagen und Praxis. Paderborn: Junfermann 1998

Shapiro, F. / Silk Forrest, M.: EMDR in Aktion. Paderborn: Junfermann 1998

Sheehan, E.: Selbsthypnose – Wie geht denn das? Paderborn: Junfermann 1996

Verzeichnis der Übungen

Sachwortregister

Anhang

Kontakt zur Autorin

Cora Besser-Siegmund freut sich über Ihr weiteres Interesse an der Arbeit ihres Instituts. Hier erhalten Sie nähere Informationen.

BESSER-SIEGMUND-INSTITUT HAMBURG
Mönckebergstraße 11, 20095, Hamburg
Tel.: 040-3200 49 36, Fax: 040-3200 49 37
www.besser-siegmund.de

Das Besser-Siegmund-Institut ist zentral in der Hamburger Innenstadt gelegen. Hier finden die NLP- und **w**ing**w**ave-fundierten Coachings statt. Die Autorin und ihr Ehemann Harry Siegmund sind NLP-Lehrtrainer (DVNLP) und ECA-Lehrtrainer (European Coaching Association). Das Besser-Siegmund-Institut ist als ECA-Ausbildungsinstitut anerkannt.
eMail: info@besser-siegmund.de

Weitere Veranstaltungen des Besser-Siegmund Instituts

Ausbildung zum NLP-Practitioner, -Master und -Coach (DVNLP)

www.besser-siegmund.de
www.nlp-coach-yourself.com

Ausbildung zum wingwave-Coach

www.wingwave.com

Imaginative Familienaufstellung mit der wingwave-Methode

www.wingwave.com

Ausbildung zum Easy-Weight-Kursleiter

www.easy-weight.de

wingwave-Homepage

Umfangreiche Informationen zum Thema wingwave finden Sie auf der **Homepage** www.wingwave.com.

Hier finden Sie Ihren wingwave-Coach in Ihrer Nähe **sowie** Veranstaltungstermine **und weitere** Ausbildungsmöglichkeiten zum wingwave-Coach.

wingwave-Bücher von Cora Besser-Siegmund und Harry Siegmund

wingwave-Grundlagenbuch: „EMDR im Coaching. Wingwave – wie der Flügelschlag eines Schmetterlings“, Junfermann, Paderborn 2001

wingwave-Praxisbuch mit vielen Einsatzbeispielen von wingwave-coaching in den Bereichen Sportcoaching, der Medizin und dem Leistungscoaching:
„Erfolge bewegen – Emotions- und Leistungscoaching mit der wingwave-Methode“, Junfermann, Paderborn 2003
wingwave-Vertiefungsthema: „Imaginative Familienaufstellungen mit der wingwave-Methode. Die innere Familie heilen“, Junfermann, Paderborn 2004

Die wingwave-CD

zur Unterstützung mentaler Selbstregulation: bilateral-auditive Hemisphären-Stimulation. Sie hilft den Leistungsstress zu reduzieren und unterstützt kreative Prozesse. Die wingwave-coaching-CD ist über das Besser-Siegmund-Institut zu beziehen.

Die wingwave-DVD

mit verschiedenen mitgeschnittenen Falldemonstrationen ist zu beziehen über: Boehm Molnar, Uwe Böhm, Kissinger Weg 11, 59067 Hamm, Tel. 02381-445 012, eMail: uweb@nlp-megastore.de.

Nützliche Adressen

1. Adressen von NLP-Coaches, -Trainern und Therapeuten erhalten Sie bei:

Deutscher Verband für NLP e.V. (DVNLP)
Lindenstraße 19
10969 Berlin
Tel.: 030-2 59 39 20
Fax: 030-2 59 39 21
eMail: dvnlp@dvnlp.de
Internet: www.dvnlp.de

2. Weitere Informationen über Hypnose erhalten Sie bei:

Milton H. Erickson Gesellschaft für Klinische Hypnose e.V.
Waisenhausstraße 55
80637 München
Tel.: 089-34 02 97 20
Internet: www.meg-hypnose.de

Deutsche Gesellschaft für Hypnose – Geschäftsstelle
Druffels Weg 3
48653 Coesfeld
Tel.: 02541-88 07 60
Fax: 02541-7 00 08
eMail: DGH-Geschaeftsstelle@t-online.de
Internet: www.dgh-hypnose.de

3. Hier finden Sie Adressen von EMDR-Therapeuten:

EMDRIA – Deutschland e. V.
Bergiusstraße 26
22765 Hamburg
Tel.: 040-69 66 99 37
Fax: 040-69 66 99 38
eMail: info@emdria.de
Internet: www.emdria.de

Erfolgsfaktor Stimme

80 Seiten • € (D) 9,95 • ISBN 978-3-87387-704-7

ARNO FISCHBACHER

»Geheimer Verführer Stimme«

Soft Skills kompakt Bd. 7

Stimme wirkt. Sie verrät Ihre innersten Regungen. Sie bestimmt, wie Sie von anderen wahrgenommen werden. Die Stimme ist ein Schlüsselreiz in der Kommunikation. Sie signalisiert, ob Sie meinen, was Sie sagen. Ihr Ton lässt hören, ob Sie zu Ihrem Anliegen stehen. Stimme und Sprechweise werden so zum Gradmesser Ihrer Authentizität. Was aber ist eine »gute« Stimme? Welche unerwünschten Wirkungen kann Stimme haben und mit welchem Aufwand lässt sich die eigene Stimme trainieren?

Als Stimmcoach und Experte für den Wirtschafts- und Karrierefaktor Stimme gibt Arno Fischbacher klare Antworten und zeigt, inwieweit die Stimme ein Schlüssel zum Herzen, aber auch zum beruflichen Erfolg ist. Notfalltipps sowie Sieben-Sekunden-Übungen für mehr Stimmfitness runden das Buch ab.

Arno Fischbacher, geb. 1955, Stimmcoach und Rhetoriktrainer. Initiator und Vorstand von www.stimme.at, dem europäischen Netzwerk der Stimmexperten.

Weitere erfolgreiche Titel:
»Die Kunst der Präsentation«
ISBN 978-3-87387-693-4
»Erfolgreiche Rhetorik für gute Gespräche«
ISBN 978-3-87387-666-8
»Fragen der KörperSprache«
ISBN 978-3-87387-662-0

www.junfermann.de

Verlag

Junfermann

Die große Gesamtschau des NLP

944 Seiten, in 2 Teilbänden • € (D) 44,– • ISBN 978-3-87387-615-6

ALEXA MOHL

»Der große Zauberlehrling«

Das NLP-Arbeitsbuch für Lernende und Anwender

Aufbauend auf dem Bestseller »Der Zauberlehrling« enthält dieses Buch eine systematische Darstellung der Kommunikationsmethoden und Vorgehensweisen des NLP. Es schildert die Ergebnisse der Begründer des NLP und stellt darüber hinaus die wichtigsten Arbeiten ihrer Nachfolger dar. Das Buch wurde für Lernende des NLP der Practitioner- und Masterstufe geschrieben.

»Wie das vorliegende Buch zu benutzen ist, möchte ich dem Interesse meiner Leser überlassen. Sie können sich ein Gesamtverständnis dieser Disziplin, ihrer Wurzeln, ihres Wesens und ihrer praktischen Bedeutung erarbeiten. Sie können sich auf Einzelthemen konzentrieren, sich NLP als Kommunikationskunst aneignen oder bestimmte Kategorien der Veränderungsarbeit studieren. Und Sie können dieses Buch als Nachschlagewerk für NLP-Formate benutzen.« – Alexa Mohl

Dr. Alexa Mohl ist psychologische Beraterin, Führungstrainerin und Coach. Sie entwickelt und leitet Seminare für die Weiterbildung von Führungskräften und die Managementausbildung von Frauen.

Weitere erfolgreiche Titel vom Junfermann Verlag:

»Der Zauberlehrling«
ISBN 978-3-87387-090-1
»Praxiskurs NLP«
ISBN 978-3-87387-335-3
»Wort sei Dank«
ISBN 978-3-87387-370-4

www.junfermann.de

Junfermann Verlag

Lampenfieber ade!

208 Seiten, kart. • € (D) 22,50 • ISBN 978-3-87387-683-5

CORA BESSER-SIEGMUND,
MARIE-LUISE DIERKS &
HARRY SIEGMUND

»Sicheres Auftreten mit wingwave-Coaching«

Im Jahr 2006 führten die Medizinische Hochschule Hannover und das Besser-Siegmund-Institut eine Studie zum Thema: »wingwave im Einsatz bei Lampenfieber und Redeangst« durch. Marie-Luise Dierks, die wissenschaftliche Leiterin des Projekts, stellt in diesem Buch die positiven Effekte von wingwave-Coaching für ein sicheres Auftrittserlebnis vor. Cora Besser-Siegmund und Harry Siegmund beschreiben u.a. den Einsatz der wingwave-Intervention für eine stabile Stress-Resistenz und eine positive Leistungsmotivation im berühmten »Rampenlicht«.

Die Diplom-Psychologen **Cora Besser-Siegmund** und **Harry Siegmund** sind als Psychotherapeuten, Lehrtrainer und Supervisoren in ihrem Institut im Herzen Hamburgs tätig.

Prof. Dr. Marie-Luise Dierks, Medizinische Hochschule Hannover, Leitung des Arbeitsschwerpunktes Patienten und Konsumenten.

Das komplette Junfermann-Angebot rund um die Uhr – Schauen Sie rein!

Sie möchten mehr zu unseren aktuellen Titeln & Themen erfahren? Unsere Zeitschriften kennenlernen? Veranstaltungs- und Seminartermine nachlesen? In aktuellen Recherchen blättern?

Besuchen Sie uns im Internet!

www.junfermann.de

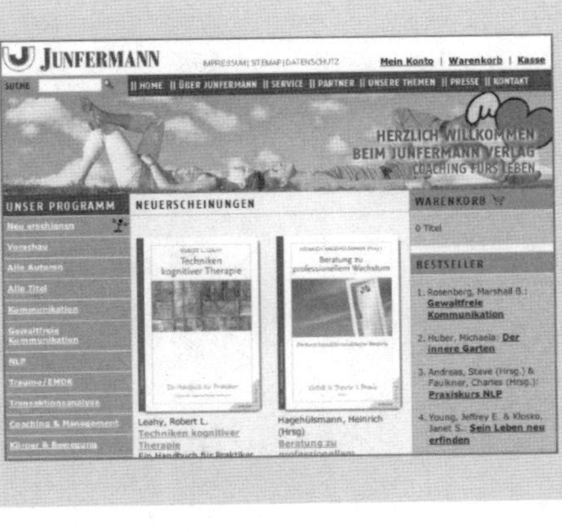